dtv

Warum der Rechtsanwalt Harry von Duckwitz auf die Idee kommt, in den diplomatischen Dienst einzutreten, obwohl er das Auswärtige Amt für ein Versagerministerium hält. Was er in Bonn und in den diversen Botschaften treibt und welche Rolle drei Frauen in seinem Leben spielen. – Ein Schelmenroman aus dem Leben eines unangepaßten Zeitgenossen, »frivol, frech, bei aller Unverschämtheit auch ein bißchen wehmütig und sogar ein bißchen weise« (Frankfurter Allgemeine Zeitung). Joseph von Westphalens Buch »ist ein wahres Füllhorn scharfzüngiger Sottisen«, schreibt Klaus Modick in der ›Zeit‹. »Wer sich nicht ausschließlich als staatstragende Gesellschaftsstütze versteht, sondern sich ein Auge für die zahlreichen Haare in der Suppe unserer Lebensformen und Verhaltensnormen bewahrt hat, der findet hier beste Unterhaltung.«

Joseph von Westphalen, geboren am 26. Juni 1945 in Schwandorf, studierte Germanistik und Kunstgeschichte und lebt heute als freier Schriftsteller und Journalist in München. Buchveröffentlichungen u. a.: ›Warum ich Monarchist geworden bin‹ (1985), ›Warum ich trotzdem Seitensprünge mache‹ (1987), ›Sinecure. Ein Gedicht von David Elphinstone‹ (1989), ›Von deutscher Bulimie‹ (1990), ›Das schöne Leben‹ (1993), ›Das Drama des gewissen Etwas‹, ›Dreiunddreißig weiße Baumwollunterhosen‹, ›High Noon‹ (1994), ›Das Leben ist hart‹, ›Die Geschäfte der Liebe‹ (1995), ›Die Liebeskopie‹, ›Die bösen Frauen‹ (1996).

Joseph von Westphalen

Im diplomatischen Dienst

Roman

Deutscher Taschenbuch Verlag

Von Joseph von Westphalen
sind im Deutschen Taschenbuch Verlag erschienen:
Das Drama des gewissen Etwas (11784)
Dreiunddreißig weiße Baumwollunterhosen (11865)
Das Leben ist hart (11972)
Die Geschäfte der Liebe (12024)
Das schöne Leben (12078)
High Noon (12195)
Die Liebeskopie (12316)

Ungekürzte Ausgabe
Dezember 1992
5. Auflage August 1997
Deutscher Taschenbuch Verlag GmbH & Co. KG,
München
© 1991 Hoffmann und Campe Verlag, Hamburg
ISBN 3-455-08168-1
Umschlagkonzept: Balk & Brumshagen
Umschlagbild: ›Empfang einer venezianischen Gesandtschaft
in einer orientalischen Stadt‹,
Giovanni Bellini zugeschrieben (um 1430–1516) (© AKG, Berlin)
Satz: IBV Satz- und Datentechnik, Berlin
Druck und Bindung: C. H. Beck'sche Buchdruckerei,
Nördlingen
Gedruckt auf säurefreiem, chlorfrei gebleichtem Papier
Printed in Germany · ISBN 3-423-11614-5

I

Wie Harry von Duckwitz in seiner Kanzlei ein Unwohlsein überkommt und die Zweifel am Sinn seines Berufs sich mehren. Über grüne, graue und schwarze Telefone, was Harry von der Abwesenheit seiner Freundin Helene hält und wie ihm seine Mandanten immer suspekter werden, nebst einigen Informationen über seine Herkunft, seine Umtriebe als Student, seine Frühstücksgewohnheiten und bevorzugten Fortbewegungsmittel.

So nicht! So konnte es nicht weitergehen. Harry von Duckwitz stand vom Schreibtisch auf und trat ans offene Fenster. Er hatte nicht jahrelang Jura studiert, um jetzt in einem Büro zu sitzen und irgendwelche Briefe zu diktieren, die sich Schriftsätze nannten. Nicht abends um 7 Uhr, im Mai, bei diesem Wetter.

Frankfurt, Mitte der 70er Jahre. 1975, genaugenommen, aber was spielten Jahreszahlen für eine Rolle, verglichen mit dem Wetter und der Jahreszeit. Dieser Übergang vom Spätfrühling in den Frühsommer, und das an einem warmen Abend, noch ohne Spuren der Dämmerung, das war es doch, was die Sehnsucht so ziellos auf Trab brachte und wieder einmal die Seele spüren ließ.

Seit fast einem Jahr arbeitete Duckwitz in dieser Kanzlei. Es war durchaus nicht die Hölle, aber auf die Dauer war es keine Art. Nicht, daß er den Himmel auf Erden erwartet hätte. Aus dem Alter war er heraus. Er erwartete überhaupt nichts. Falls er jemals etwas erwartet hatte. Was erwartest du vom Leben? Eine ganz vernünftige Frage eigentlich, aber wenn man sie aussprach, wenn man sie hörte, wurde sie obszön. Man mußte schon sehr auf dem Hund sein, um eine solche Frage nicht als zudringlich zu empfinden. Fragen dieser Art durfte man sich höchstens selbst stellen, und auch das nicht allzuoft. Erfüllung zu erwarten, noch dazu im Beruf, war lächerlich.

Dabei hatte er noch Glück gehabt. Florierende Kanzlei in guter Lage am Rand der Frankfurter City. Altbau, das war wichtig. Schöner Parkettboden. Nichts gegen Hochhäuser im Stadtbild, aber er wollte in keinem arbeiten. Er war kein Insekt. Hier gab es vernünftig unterteilte Fenster, die sich weit öffnen ließen. Von unten drang beruhigend das Getöse des Verkehrs herauf. Wenigstens auf der Straße war etwas los. Sogar Bäume standen vor dem Fenster. Linden. Jetzt blühten sie. Ihr ländlicher süßer Duft mischte sich angenehm mit den Gerüchen der Stadt.

Um 5 Uhr waren wie immer die zwei Sekretärinnen gegangen. »Auf Wiedersehen, bis morgen, Herr von Duckwitz!« Um sechs hatten sich seine beiden Kollegen und die Referendarin verabschiedet, erlöst und freundlich, mit einer Spur von Respekt und Bedauern: »Arbeite dich nicht tot!«

Nun war auch die Putzfrau verschwunden, nachdem sie als letzte Tat die Erde der Zimmerpalme mit den Knöcheln der Finger geprüft hatte: »Nicht gießen. Noch gut!« Sie war jetzt ein Stockwerk höher in der Praxis von diesem Hautarzt am Werk. Man hörte sie staubsaugen und die Möbel verrücken. Sie arbeitete vielleicht auch elf oder zwölf oder dreizehn Stunden am Tag wie Duckwitz. Er verdiente vermutlich vier- bis fünfmal soviel wie sie. Und der Hautarzt da oben, der Pfuscher, mochte das Zehnfache einstreichen. Doch die grotesken Verdienstunterschiede waren nicht das Problem. Früher war man gegen die Ungerechtigkeit auf die Straße gegangen. Das war einmal.

Duckwitz schloß das Fenster. Frankfurt wurde eine häßliche Stadt genannt, das konnte er nicht finden. Neuerdings gab es Stimmen, die von einer ehrlichen Stadt sprachen. Wenn Häßlichkeit zu Ehrlichkeit hingedreht wurde, dann mußte folglich Lüge etwas Schönes sein.

Er ging zum Schreibtisch zurück und konzentrierte sich auf die Schadensersatzforderung eines Hausbesitzers gegen eine Elektroinstallationsfirma und auf die Strafsache mit diesem lachhaften Einbruchsdiebstahl des rückfällig gewordenen Alkoholikers. Er hatte Lust, die Briefe auf und ab gehend ins Diktiergerät zu sprechen, aber seltsam, obwohl er allein in den Räumen der Kanzlei war, kam ihm das zu wichtigtuerisch vor. Noch nicht einmal 30 Jahre alt, wollte er nicht bedeutungsvoll herumstolzieren wie ein Schauspieler, der auf der Bühne einen grübelnden Staranwalt kurz vor dem rettenden Einfall spielt.

Das übrigens war ein größeres Problem als der Lohn der Putzfrau: sein Image. Es war kein quälendes Problem, aber es beschäftigte ihn. Er war der junge, erfolgreiche Anwalt, also genau das, was er gemeinsam mit Helene vor kurzem noch aus Leibeskräften verachtet hatte. Erfolg war das letzte, soviel war klar gewesen. Wer in dieser Gesellschaft erfolgreich war, an dem mußte etwas faul sein.

Wer weiß, ob Helene sich nicht auch deswegen von ihm zurückgezogen hatte. Vielleicht hatte sie keine Lust mehr gehabt, mit einem jungen, erfolgreichen Anwalt zusammenzusein, der immer weniger Zeit für sie aufbrachte. Harry war sich nicht sicher. Doch was hätte er tun sollen. Es gab keine Alternative. Er war in den Erfolg hineingerutscht. Andere rutschten in den Mißerfolg. Man rutschte hin, man rutschte her, man rutschte aus. Das Ganze war eine Rutschpartie. Immerhin war der Makel des Erfolgs eher zu ertragen als der Makel des Mißerfolgs.

Im übrigen tat Harry alles, um nicht wie ein junger, erfolgreicher Anwalt zu wirken. Er war sorgfältig darauf bedacht, sich nicht zu verändern. Keine Anzüge, sondern weiter ausgeleierte Jacken, weiter das alte Rostauto und keine neue Wohnung. Es war die Frage, ob sich der Lauf der Dinge auf diese Weise aufhalten ließ. Noch hatte er Zeit genug, sich selbst mißtrauisch zu beobachten. Lieber wäre er von Helene beobachtet worden. Das wäre nicht so anstrengend. Jedenfalls mußte man aufpassen, nicht wie ein Etablierter auszusehen, wenn man schon einer war. Oder war er gar keiner?

Doch irgendwann würde der Widerstand albern sein. Warum sollte man sich nicht wenigstens ein besseres Auto kaufen? Verwandelte man sich gleich in ein Scheusal, wenn man einen Mercedes oder einen Volvo fuhr, wie es der Steuerberater schon längst befohlen hatte? Was sprach gegen eine neue Jacke, und warum waren Anzüge eigentlich so verwerflich? Was wären die Fotoalben von früher, die alten Filme ohne Anzüge. Die wunderbar verkommenen Detektive der 30er und 40er Jahre waren unvorstellbar ohne Anzüge. Es war zweifellos kindisch, sich derart gegen Anzüge und intakte Autos zu sperren. Und einen Schlips zu tragen war zwar das letzte, aber das letzte war es auch, sich vehement gegen das Tragen von Schlipsen zu wehren. Als werde man zum Schwein, wenn man einen trug.

Das waren die großen Fragen. Vorläufig unbeantwortbar. Sie müßten mit Helene besprochen werden. Es war eine Gemeinheit von ihr, sich aus dem Staub zu machen. Harry nahm ein Blatt Papier und schrieb: »Liebe Helene, ich brauche eine Imageberaterin. Gute Bezahlung. Willst Du die Stelle nicht annehmen?« Den unfertigen Brief legte er in die Schublade mit den Privatsachen. Dann holte er die Kommentarbände zum Straf- und Baurecht aus dem Regal, um die paar Briefe zu diktieren. »Verdingungsordnung von Bauleistungen« nannte sich ein Kommentar. Vorn prangte die Widmung des Verfassers: »In tiefer Dankbarkeit meiner lieben Frau, insbesonders für die langjährige Geduld und Nachsicht, durch die diese 7. Auflage möglich wurde.«

Ein Kommentar war die Krönung der Juristenlaufbahn. So weit würde er es nicht treiben, sagte sich Harry, weder würde er Verdingungsordnungen noch sonst etwas kommentieren oder gar die Unverschämtheit besitzen, solchen faden Schmarren irgendwelchen lieben Frauen zu widmen. Er stellte die Bücher ins Regal zurück. Er sollte sich spezialisieren. Dann würde es weniger werden mit der Arbeit. Nur müßte er erst ausprobieren, was ihm lag. Strafrecht oder Zivilrecht und welche Richtung.

Trotzdem, es stimmte einiges nicht. Das mit dem Erfolg war mehr ein Witz. Noch fühlte er sich stark genug, gegen den Verdacht des Etabliertseins anzulachen. Lieber hätte er mit Helene gelacht. Alleine lachen bekam leicht etwas Verbittertes. Dem Image des jungen Erfolgsanwaltes konnte man eventuell noch ausweichen, nicht aber den Spielregeln der Rechtsprechung. Der famose Typ neulich, der wütend gegen ein Auto getreten hatte, weil er von dem Autofahrer fast überfahren worden wäre, hätte nie recht bekommen, obwohl er recht hatte, das zu tun. Der Fahrer der Protzlimousine hatte natürlich sofort auf Sachbeschädigung geklagt. Verbeulte Seitentür. 7000 Mark Sachschaden durch Fußtritt. Schätzung eines vereidigten Sachverständigen. Da hatte selbst der Richter geschmunzelt: So dünnes Blech an einem so teuren Wagen? Trotzdem, in Autotüren tritt man nicht. Nur wenn man schon angefahren worden ist, kann vom Anwalt Reflexhandlung geltend gemacht werden. Oder noch besser: Notwehrexzeß. Wenn Duckwitz die seltene Gelegenheit hatte, mit solchen Begriffen vor Gericht herumzuhantieren, gefiel ihm sein Beruf. Aber der Kläger hatte dann plötzlich seine Klage zurückgezogen, er wollte den Zeugen beziehungsweise die Zeugin nicht nennen, die bei ihm im Auto gesessen hatte. Aha!

Das war es eben. Anstatt dem Beklagten ein Denkmal zu errichten für seinen wunderbaren Tritt, anstatt dem Autofahrer dreißig Peitschenhiebe auf die Fußsohlen zu verordnen, endet die Sache ohne jeden Triumph. Wenn dem Gegner nicht die läppische Angst vor den Fragen seiner Ehefrau nach der Beifahrerin dazwischengekommen wäre, dann hätte Duckwitz dem Autotreter schon zu seinem Recht verholfen. Nur wie. Welcher Richter wäre schon bereit gewesen, seinem heldenhaften Mandanten recht zu geben mit der Begründung: Autotüren dürfen in diesem Fall eingetreten werden! Nur so hätte Justiz einen höheren Sinn.

Also wurde weitergetrickst und -getuschelt und verschwiegen und abgelenkt. Man benutzte Finten und Ausflüchte, kleinkariert hielt man sich Formfehler vor, mit Hilfe von Halbwahrheiten wurde desinteressiert nach der Wahrheit gesucht. Kein Glanz, keine Idee von Recht, kein Konzept, nur dieses Geschnüffel und Gebossel und Gefummel und Gewühle. Ein alberner Denksport für Tüftler. Gut, das hatte er gewußt. Als Student und Referendar und Assessor hatte er Zeit gehabt, sich auf diesen Unsinn vorzubereiten. Aber es war eben etwas anderes, den Unsinn selbst zu betreiben, als nur von ihm zu wissen.

Was er nicht gewußt hatte, war, daß das Schlimmste die Mandanten sein würden. Man konnte sie nicht verjagen, man lebte von ihnen, und sie waren fürchterlich. Empört kamen sie als Kläger, larmoyant als Beklagte. Die Kanzlei stand in dem Ruf, eine linke Kanzlei zu sein, also erschienen bevorzugt die Beleidigten und Zukurzgekommenen und Zahlungsunfähigen.

Heute vormittag hatte er die Kassiererin eines Supermarktes vertreten, der gekündigt worden war. Ganz klar, daß man mit allem Schwung und vollem Einsatz dieser armen Maus helfen mußte. Bei der Verhandlung stellte sich heraus: Sie war unpünktlich, langsam, schlampig, schwatzhaft, ungeschickt; sie konnte sich nichts merken, nicht rechnen, sie war fehl am Platz. Sie gehörte zu jenen Frauen, über die man sich in der Schlange vor der Kasse totärgert, weil sie die Preise der Waren nicht kennen, bei jedem Stück Butter die Kolleginnen fragen müssen, und es geht nicht weiter. Die Kunden hatten sich beschwert. Die Schilderung des Filialleiters war absolut glaubhaft. Er war fair gewesen. Die Kündigung war in Ordnung, hart, aber so ist das Leben. Nur leider hatte der wirklich freundliche Filialleiter die Kündigung nicht per Einschreiben geschickt, und Harry mußte seiner Mandantin eintrichtern, sie habe den Brief erst am 2. Januar erhalten und nicht rechtzeitig am 31. Dezember. Mühelos hatte Duckwitz für diese unfähige Gans 12000 Mark Abfindung erstritten. Ihr Chef dagegen, ein Italiener noch dazu, wurde bestraft, weil er nicht wußte, daß er in diesem Fall ein deutsches Einschreiben auf einer deutschen Post aufzugeben hatte. Und für diesen billigen Sieg zog ihm Duckwitz auch noch 2000 Mark Anwaltskosten aus der Tasche. So konnte es nicht weitergehen.

Am Allerschlimmsten aber waren die Scheidungen. Duckwitz schien eine geheime Anziehungskraft auf einen Typus von Männern auszuüben, die sich von ihren Frauen erotisch und finanziell betrogen fühlten. Nach soundso vielen Jahren Ehehölle wollten sie bei der Scheidung nicht auch noch die Hälfte ihres selbstverständlich sauer verdienten Einkommens der betrügerischen Bestie in den Rachen stopfen.

Duckwitz nickte immer und dachte: Wer heiratet, ist selbst schuld. Wenn es zur Verhandlung kam, stellte sich heraus, daß die Prozeßgegner beziehungsweise –gegnerinnen die zauberhaftesten Frauen waren. Seine Mandanten aber verwandelten sich vor Gericht in häßliche, stinkige Kerle, eine Zumutung für jede vernünftige Frau. Warum kamen diese Frauen nicht zu ihm in die Kanzlei? War das ein geheimer Widerspruch: schöne Mandantin und linke Kanzlei? Es war ohnehin etwas romantisch, als linker Anwalt in einer linken Kanzlei zu gelten. Wenn es auch noch die Folge dieses fragwürdigen Rufs war, daß man nur Jammergestalten anzog, dann, danke nein. Dann lieber ideologiefrei für schöne Frauen streiten und lebenslang Geld aus schmierigen Männern herausholen. Für die Schönheit mußte man sich einsetzen, verdammt noch mal.

Neulich hatte ihm im Gericht eine Prozeßgegnerin gegenübergesessen, mit Augen so grün, daß er die haarsträubendsten Behauptungen der Gegenseite unwidersprochen hingenommen hätte. Und angesichts dieser Frau mußte er die widerlichen Anschuldigungen seines abscheulichen Mandanten in juristisch verwendbare Formeln zusammenkleistern. Die grünen Augen ruhten in milder Verachtung auf seinem Mandanten. Wenn sie doch eine Pistole aus der Tasche zöge und ihn erschösse, dachte Duckwitz. Er würde ihr sofort seine Verteidigung anbieten. Er rückte von seinem Mandanten so weit es ging ab, um nicht auch vom Bannstrahl dieser schönen grünen Verachtung getroffen zu werden. Bei seinen Ausführungen versuchte er, geheime Sympathiesignale für die Gegnerin einzuschleusen, ließ es dann aber sein, weil er merkte, daß es nach den Gesetzen der Rhetorik seinem Mandanten zugute kam. Er müßte ihn so miserabel vertreten, daß die Gegnerin in allen Punkten siegte. Nur würde sie nicht erkennen, wem sie diesen Sieg zu verdanken hatte. Duckwitz würde als Verlierer dastehen, und solche Frauen mochten keine Verlierer. Ihr Anwalt müßte ihr von sich aus sagen, der Kollege habe sie gewinnen lassen. Dann würde sie bei Duckwitz anrufen, um sich zu bedanken, und Harry würde auf eine doppeldeutige Art »Ich bitte Sie!« sagen. Natürlich würde er dann mit der Grünäugigen essen gehen und ihr ziemlich bald tief in die Augen sehen und fragen: Sagen Sie, was ist an mir, daß ich immer nur an so schreckliche Mandanten gerate?

Für das Kino war es jetzt zu spät. Viertel nach neun schon wieder. Der Name der Grünäugigen war Wagner. Wagner hießen viele. Duckwitz suchte in der Akte Wagner Adresse und Vornamen heraus. Der Fall Wagner. Dann schlug er im Telefonbuch nach. Da standen sie beide friedlich vereint, die jetzt geschieden waren. Sybille und Hubertus. Wo lebten eigentlich Leute nach der Scheidung? Jetzt Sybille Wagner anrufen, das wäre ein wirklicher Ausrutscher. Das denkbar Ungehörigste zu tun, dazu hätte er schon Lust.

Zu Hause betrachtete Harry sein Telefon. Er war nicht essen gegangen. Nicht allein. Das war nicht erfreulich. Man mußte sich beim Essen unterhalten. Sonst konnte man seinen Fraß auch am Kühlschrank in sich hineinmampfen. Das hatte er soeben getan. Irgendwie auch komisch, den Körper wie ein Auto zu betrachten, einfach den Tank auffüllen und dann weiter. Bloß weiter wohin?

Er würde Helene nicht anrufen. Sie mußte anrufen. Sie war gegangen. Im übrigen gab es keinen Grund zur Eile. Er war noch keine dreißig.

Harry war stolz auf sein altes schwarzes Telefon. Bakelit. Dem penetranten Fortschritt mußte man den Zugriff verwehren. Nicht nachlassen im Kampf gegen die unsinnigen Neuerungen. Sie hatten sich neue Telefone ausgedacht, obwohl die alten gut und schön waren. Der Hörer war schwer wie eine Hantel. Es gab eine Gabel, die den Namen Gabel noch verdiente, auf die man den Hörer fallen lassen oder bei Bedarf knallen konnte. Man brauchte ihn nicht in eine lachhafte Mulde zu legen. Wenn sich die Wählscheibe drehte, klang es wie in einem Kriminalhörspiel, wenn bald der rettende Inspektor naht. Das prachtvolle Telefon stammte vom Vormieter. Es knisterte immer in der Leitung. Der Mann von der Störungsstelle hatte den Apparat auswechseln wollen. »So, jetzt kriegen Sie endlich auch ein neues!« hatte er fröhlich gesagt und den Schraubenzieher hervorgeholt. »Sind Sie wahnsinnig!« hatte Duckwitz so empört geschrien, daß der Mann sofort sein Werkzeug einpackte und verschwand.

Daß in der Kanzlei keine alten schwarzen Telefone standen, war ärgerlich. Verglichen mit den unseligen Mandanten, war es ein Nebenärger. Aber auch die Telefone durften einem nicht egal sein, wenn man sich als ein denkendes Wesen begriff, fand Harry. Ein Büro ohne schwarze Telefone hatte weniger Gewicht, so, wie die neuen Telefone weniger Gewicht hatten. Wenn man schon täglich stundenlang in einer Kanzlei sitzen mußte, dann brauchte man wenigstens ein Telefon, an dem man sich festhalten konnte, und kein Spielzeug, das beim Wählen wegrutschte.

Als die Kanzlei vor einem Jahr eingerichtet worden war, hatte er mitreden können. Ein Monopolganove von Siemens hatte ihnen ein Tastentelefon aufschwatzen wollen. Tastentelefone seien die neueste Erfindung. Eben erst, im Sommer 1974, habe man das erste Exemplar dem Bundespräsidenten hingestellt, und schon wurden sie in Serie produziert. »Kommt nicht in Frage«, hatte Duckwitz gesagt, er sei kein Buchhalter, er tippe nicht auf Zahlen ein. Er bestehe auch beim Telefon auf seinem Wahlrecht, er wolle kein Tipprecht oder Tupfrecht. Dann war noch einmal eine Entscheidung nötig gewesen wegen der Farben. Es gab Grau, Grün und ein indiskutables Orange. Der Siemensmann hatte Grün empfohlen. Farngrün. Freundlich. Wenn schon nicht Schwarz, dann Grau, war Harrys Meinung. Wozu Farngrün im Büro? Was sollte der Unsinn. Ein Büro war kein Waldboden. Das hatten doch nur irgendwelche Betriebspsychologen und Betriebswirte ausgetüftelt, die dem Vorstand ihre Existenzberechtigung beweisen wollten. Grün wirkt freundlich, sagten sie, je grüner der Arbeitsplatz, desto eifriger die Angestellten. Und das beste: Gegen freundliche Arbeitsplätze konnte nicht mal der Betriebsrat etwas einwenden.

Sie hatten jetzt aber doch farngrüne Telefone in der Kanzlei, weil nur die Sekretärinnen dagewesen waren, als sie geliefert wurden, und die hatten sich natürlich für Grün entschieden. Helene hatte Harrys Hymne auf das alte schwarze Telefon übrigens einmal mit einer gemeinen Bemerkung unterbrochen: Sie könne sich nicht helfen, das Ding erinnere sie an die Gestapo und das Führerhauptquartier. »Du kannst einem auch alles versauen«, hatte Harry gesagt.

Harry brauchte keinen Wecker, er schlief kurz und gut und wachte immer ausgeruht auf. Darum konnte er Menschen nicht leiden, die morgens stundenlang gähnten und klagten, wie schwer es gewesen sei, aus dem Bett zu kommen. Schon vor sechs wachte er heute auf, die Sonne schien ins Zimmer. Ein frisches Hemd, Hose und Jacke wie gestern. Gut, daß man ein Mann war, das vereinfachte die Sache. Raus aus der Wohnung. Die Wohnung war nicht schlecht, und das Treppenhaus war noch besser. Schöne breite Holztreppe aus der Zeit, als noch keine Idioten Häuser bauten. Keine Tiefgarage, in die man mit einem Lift eindrang. Ein Morgen im Mai. Spazierengehen. Am Fluß entlang. Man hatte einen Kopf, und da war etwas drin. Das reichte aus, um sich zu erinnern, um abzuschalten, um aufzunehmen. Es hätte schlimmer kommen können. Die Augen waren gut, die Haare dicht, er lispelte nicht, was wollte man mehr.

Sah man von diesem kleinklauberischen Hin- und Hergetrickse ab, von dieser miesen Tour, mit der allein man zu seinem Recht kam beziehungsweise seinen nichtswürdigen Mandanten zu ihrem unverdienten Recht verhalf, dann war es angenehm, seinen Kopf zu gebrauchen, Schaum zu schlagen, Mitleid zu erregen, Richtern und Richterinnen tief in die Augen zu blicken und es so weit zu treiben, daß der Mund des Staatsanwalts sich wie der eines Karpfens bewegte. Das waren die eigentlichen Triumphe.

Scheußlich waren die Kutten, die sich Talar nannten. Das war auch ein Grund, diesen Job eines Tages an den Nagel zu hängen. Andererseits war es schon fast wieder gut, wie sich das ganze Rechtswesen lächerlich machte, indem sich seine Darsteller verkleideten, als sei Karneval. Dadurch, daß die meisten Urteile von Richtern in Talaren gefällt wurden, hatten sie etwas Spielerisches. Das konnte doch nicht wahr sein, daß so ein Clown in einem Kittel andere Menschen sieben Jahre in ein wirkliches Gefängnis schickte. Irgendwie war das unglaubwürdig und vielleicht deshalb überhaupt erträglich.

In Amerika hatten sie keine Talare, aber das half den Amerikanern auch nichts, sie waren ein blödes Volk. Wenn man von Blues und Jazz absah, hatten sie nicht viel hervorgebracht. Ein paar Dutzend schöne Schlagerschnulzen noch, die waren nicht zu verachten. Und natürlich einige Filme. Und die Protestsongs. Die wirklich guten Nummern der Popmusik hatten immer gegen irgend etwas protestiert, wenn nicht gegen den Krieg, dann gegen die Dickfelligkeit, mit der das amerikanische Spießbürgertum die kriegerische Politik seiner Präsidenten billigte, und gegen den naiven Kaugummigehorsam, mit dem die GIs an wildfremden Orten der Welt Menschenleben verheizten und sich selbst verheizen ließen. Nun war der elende Vietnamkrieg seit zwei Jahren vorbei, jedenfalls auf dem Papier. 1973 hatten sich die Amis tatsächlich zurückgezogen. Schon war Napalm Vergangenheit, Ho Chi Minh nur noch der Nachklang eines übermütigen Demonstrationsschlachtrufs und tief hinten im Kopf die Erinnerung an ein paar schreckliche Fotos. Geblieben waren ein paar Songs von Bob Dylan und Joan Baez, von Janis Joplin und Jimi Hendrix und von den Doors, ein paar wilde Laute und Gitarrengriffe. Erst hatten sie als mordsmäßig rebellisch gegolten. Dann hatte sich herausgestellt, daß das Rebellentum der Popmusiker entweder aufgesetzt oder gar nicht bezweckt war. Nichts weiter als eine Erfindung von Fans und euphorischen Musikjournalisten. Irgend etwas an ihnen aber mußte doch echt sein, trotz aller Verkifftheit. Denn obwohl es nicht weit her war mit Auflehnung und Widerstand, übertrugen manche alten Titel noch immer eine erstaunliche Kraft. Sie schleuderten die Töne auf eine irgendwie glaubwürdige Art heraus, die einen nach wie vor hart und weich und stolz und widerstandsfähig machte.

Harry war den Fluß entlanggegangen bis zum Kunstmuseum und kehrte nun um. Es war Zeit, sich ein Radio mit Kassettenrecorder ins Auto einbauen zu lassen. Es war Zeit, das Trompetenspielen wiederzubeleben. Der Plattenspieler mußte repariert werden.

Wenn es stimmte, daß eine verbrecherische Politik eine brisante Musik erzeugte, dann war es verwunderlich, daß die Nazizeit keinen populären musikalischen Protest hervorgebracht hatte. Warum war nicht ein Exilmusiker auf die Idee gekommen, die Lili-Marlen-Schnulze umzudichten in einen furiosen Song, in dem eine Attentäterin davon träumt, die ganze Nazibande in die Luft zu sprengen? Und zwar detailliert: »Vor der Kaserne/ seh ich den Hitler stehn./ Den töte ich jetzt gerne/ und jeder wird's verstehn./ So hell ist das Laternenlicht–/ ich schieß ihm mitten ins Gesicht: für dich, Lili Marlen.« Die musikalische Vision eines gerechten Attentats. Und das mit einer mordlüstern klagenden Trompete paraphrasiert. Und dann mit diesem Song via BBC in die Schützengräben. Warum war solche Musik nicht entstanden, nicht im Krieg und auch nicht danach? Der Widerstand war eine wenig wirkungsvolle Sache von Offizieren und Kommunisten gewesen, die Vergangenheitsbewältigung war eine Pflichtübung von Festrednern und Intellektuellen. Historiker und Psychoanalytiker hatten eine Menge Erklärungen zur deutschen Vergangenheit bereit. Was aber wirklich fehlte, waren ein paar grandiose Songs, die jeder hören wollte und jeder pfeifen konnte, Songs, die mit rückwärtsgewandter Wut gegen den Nationalsozialismus anschrien und mit der Wucht ihrer Rhythmen die ganze Vergangenheit erschlugen.

Harry dachte an seine Trompete, an die Schülerjazzband und daß es noch nicht zu spät war, auch hier in Frankfurt gegen irgend etwas anzuspielen. Den ›West End Blues‹ würde er schon noch hinkriegen. So jedenfalls, mit nichts als Kanzlei und Kanzlei, konnte es nicht weitergehen.

In der Nähe seiner Wohnung war eine kleine Bäckerei, die schon um sieben aufmachte. Hier frühstückte er fast immer, und jedesmal gab es den Kampf, ob er die Bedienung ansprechen sollte. Haben Sie heute abend Zeit? Jeden Morgen liebte er sie. Aber er war alt genug, um zu wissen, daß es keinen Sinn hatte. Diese Liebe funktionierte nur in der Caféstube der Bäckerei oder an warmen Frühlingstagen wie heute, wenn die kleinen Tische auf dem Bürgersteig standen.

Carola. Natürlich nannte er sie nicht Carola, und natürlich rief er sie nicht so. Er rief sie überhaupt nicht. Bescheiden hob er den Finger, wenn er bestellen oder bezahlen wollte. Jeden Morgen das gleiche. Kaffee und ein Brötchen mit Butter. Auch dafür liebte er Carola, daß sie nicht sagte »Wie immer?« oder gar wortlos dem Stammgast das Immergleiche brachte. Nein, jeden Morgen stellte sie sich vor ihn hin und lächelte ihn an, als erwarte sie eine besondere Bestellung. Und er sagte: »Einen Pott Kaffee und eine Semmel mit Butter.«

Harry mochte das Wort »Kännchen« nicht. Das war Ausflugslokal. »Ein Kännchen Kaffee« zu sagen war fast so schlimm, wie jemanden zu fragen, was er vom Leben erwarte. Daher sagte er »Pott«. Und das Wort »Brötchen« mochte er auch nicht. Er sagte »Semmel« wie die Süddeutschen. Harry war in Süddeutschland groß geworden. Oberbayern, Alpenrand, schön. An der Kindheit gab es nichts auszusetzen. Dort hatte man »Semmel« gesagt und sich über Leute amüsiert, die »Brötchen« sagten. Die Preußen. Es war gut, jetzt in Frankfurt zu sitzen, preußischer Herkunft zu sein und ein Brötchen eine Semmel zu nennen. Was das betraf, war Harry mit seinem Leben zufrieden.

Carola hatte seinen Wunsch akzeptiert, sich von den Brötchen- und Kännchensagern abzusetzen. Wenn sie gut aufgelegt war, sagte sie nicht ohne Ironie: »Hier, Ihr Pott und Ihre Semmel.« Heute sagte sie es wieder. Sekundenlang sahen sie sich verschwörerisch an, und Harry fragte sich, ob er es nicht doch versuchen sollte. Harry und das Bäckermädchen. Wenn er diesen absurden Titelsalat nicht gehabt hätte. Zeig mal deinen Paß, würde sie auf der bald fälligen Reise nach Venedig oder Paris sagen. »Dr. Harry Freiherr von Duckwitz.« Das war nur noch lächerlich. Früher gab es Standesdünkel. Das war vorbei. Jetzt gab es andere Trennungen.

Küssen, streicheln, vögeln, schweigen – prima. Kinobesuche auch noch gut, aber schon kritisch das Glas Bier oder Wein danach. Wohin dann mit den ganzen Assoziationen. Fraglich, ob Carola mit seinen Beobachtungen etwas anzufangen wüßte. Und ziemlich unvorstellbar, mit ihr in ein Museum zu gehen und sich alte Bilder anzugucken. Bei gutem Wetter natürlich, wenn es schön leer ist. Sie würde vielleicht mitkommen, vielleicht wäre sie auch aufgeschlossen und neugierig, aber dann würde er womöglich anfangen zu dozieren. Abscheulich. In Gemäldegalerien konnte man nur allein gehen. Oder mit Helene. Wortlos vorbei an der gesamten modernen Kunst. Wunderbar, all den Schrott keines Blicks zu würdigen, zu wissen, daß es nichts taugt. Dieses sichere Hochgefühl, auf das, was sich Museumsdirektoren und Kunstkritiker aufschwatzen ließen, nicht hereinzufallen. Und dann zu den alten Meistern eilen. Auch auf die durfte man nicht hereinfallen, auch da gab es viel billigen Unsinn. Bloß keine Ehrfurcht, sondern kichernd auf schlecht gemalte Figuren deuten, auf lächerliche Mythenszenen, auf Christenquatsch, auf mickrige Heilige. Das, worauf es ankam, war den alten Meistern nebenbei gelungen: ein Fensterbrett mit einem Handtuch und einer Vase darauf, ein Hündchen in der Ecke, und hinten verblauen die Berge am Horizont – das Ende der Welt. Das, was ihnen am unwichtigsten erschienen war, war heute das Beste. Da gab es nichts zu deuten.

Das war das Leben mit Helene gewesen. Eine Wellenlänge. Ein paar Jahre immerhin. Studieren hieß, Zeit haben. Man paukte einmal im Jahr kurz und heftig, und dann war wieder viel Zeit. Helene studierte dies und das. Sprachen, Theater und vor allem Kunst. Man schlief zusammen. Man redete und vögelte, man aß und trank. Man hatte wenig, aber ausreichend Geld. Man war nicht glücklich und nicht unglücklich. Man ging ins Kino. Man ging in Ausstellungen. Man hörte Platten. Man kam sich mit Mitte Zwanzig für Popkonzerte zu alt vor. Man konnte sich nicht vorstellen, wie das sein würde, wenn man einmal einen Beruf hatte und Geld verdienen mußte. Irgendwoher kam immer genug Geld, um den Tank zu füllen. Was kostete noch mal das Benzin vor der 1973er Ölkrise? Unter 60 Pfennig? Harry bekam eine Rente,

Kriegswaisenrente. Beide Eltern waren tot. Nicht gekannt. Nicht schlimm. Obwohl Helene anderer Meinung gewesen war: »Unter diesen Umständen kann man nicht normal werden. Wenn du ohne Mutter aufwächst, mußt du einen Knacks haben!«

Harry hatte ihr von seinen Tanten erzählt. Villa Huberta. Schöne Kindheit am Rand der Alpen, nahe der österreichischen Grenze. Manchmal in Salzburg Schokolade kaufen und sich wie ein Schmuggler vorkommen. Später Rum, 80prozentigen, und hoffen, daß der nicht impotent macht, wie manche sagten.

Eine der Tanten hatte Harry zu seinem 21. Geburtstag im Oktober 1966 das uralte Motorrad geschenkt, das er als Kind schon immer bewundert hatte. Es gehörte einem Liebsten der Tante, der aus dem Krieg nicht zurückgekehrt war. Mit dem Motorrad war er ein König gewesen und Helene eine Königin. Die beiden riesigen Zylinder rechts und links. Boxermotor. Das tiefe Knattern. Das unentwegte Reparieren. Der Ersatzteilhändler war wichtiger gewesen als die Universität. Er war genauso wichtig wie die Demonstrationen gegen den Krieg der Amis in Vietnam.

Harry hatte damals ein paar Semester in Berlin studiert. Um dem Militär zu entgehen. Bundeswehr, zum Bund gehen, beim Barras sein – schon bei diesen Ausdrücken kam es ihm hoch. Wehrdienstverweigerung, Kriegsdienstverweigerung, diese Wortklauberei, das war nicht in Frage gekommen. Einem Gremium von böswilligen Fangfragenstellern konnte man sich nicht aussetzen. Im übrigen war das monatelange Pflegen von Kranken auch keine Alternative.

In Berlin muß er auch gezeugt worden sein, wenn alles mit rechten Dingen zugegangen war. Wie man in der Zeit überhaupt auf die Idee kommen konnte zu vögeln, war rätselhaft. Sein Vater war Arzt in einem Berliner Krankenhaus gewesen. Garantiert kein Parteimitglied. Das hatten die Tanten später geschworen. Anfang Februar

1945 war er bei einem der großen Bombenangriffe auf Berlin ums Leben gekommen. 3000 Tonnen Sprengbomben, 22000 Tote. Kurz vorher hat er vermutlich Harry gezeugt. Vielleicht an seinem Todestag. Denn im friedlichen Oktober kam Harry in Berlin zur Welt.

1946 kam Fritz zur Welt, sein Halbbruder – unbegreifliche Lebenslust der Mutter. Sie starb bei der Geburt. Fritz wuchs im Rheinland bei Pflegeeltern auf. Harry kam nach Bayern zu den Tanten. Bestens versorgt. Im Winter tiefer Schnee, im Sommer hohe Wiesen.

Die Erinnerungen an die Kindheit hatten Carolas Reize verblassen lassen. Harry nahm eine Zeitung vom Haken. 16. Mai 1975. Die Stute »Halla« wird 30 Jahre alt. Unglaublich. Ein Pferd und ein halbes Jahr älter als er. 1956 errang der heroische Reiter namens Winkler trotz Bauchmuskelriß auf Halla die Goldmedaille. Großer Gesprächsstoff damals. »Doll, der Kerl«, hatte Tante Frieda gesagt, die früher selbst geritten war. Angeblich wie der Teufel. Vor dem Krieg. Und zwar vor dem Ersten. Anders Tante Ursula. Sie hob ihre kräftige verrauchte Stimme. »Der Idiot!« rief sie, »Scheiß-Stalingrad! Durchhaltemanier!« Tante Huberta gab noch eins drauf: »Selbst schuld, der eitle Affe!« Tante Frieda schwieg überstimmt. Harrys Mitschüler und der Klassenlehrer neigten zu Hochachtungserklärungen à la Tante Frieda. Und Harry, der meistens zu Tante Ursula hielt, gefiel sich darin, den gefeierten Sieger als Scheißkerl und eitlen Idioten zu beschimpfen. Mit seinen zehn Jahren spürte Harry deutlich, wie seine Flüche den anderen imponierten. Das Fluchen hatte er von den Tanten gelernt. Es waren ausschließlich Gräfinnen und Baroninnen, und sie redeten nur von Scheißern und Saftsäcken und Saukerlen und Kretins und Knoten und Pfeifen.

Carola kassierte am Nebentisch. Während der Gast den Hintern hob und in den Hosentaschen nach Geld suchte, stand Carola mit der großen Geldbörse souverän neben ihm und blickte ohne festes Ziel die Straße entlang, so weit es ging. Man sollte nur mit Frauen etwas anfangen, dachte Harry, bei denen man einigermaßen sicher war, daß man mit ihnen nach der zweiten Nummer, wenn vorläufig nichts mehr ging, eine Stunde lang lästern konnte, beispielsweise über den Blödsinn des Springreitens, über die Tierschinder und die Ekelhaftigkeit von Reitstiefeln und Sporen.

In wenigen Tagen, stand in der Zeitung, sollte in Stuttgart der Prozeß gegen die Terroristen von der Roten Armee Fraktion beginnen. Es war bitter für Harry, daß er es nicht geschafft hatte, als Anwalt da hineinzukommen. Sich gegen diese Hunde von Staatsanwälten aufzubäumen, das wäre eine Genugtuung. Und das wären Mandanten gewesen, die er gerne verteidigt hätte. Wie recht sie hatten, wenn sie vom Schweinestaat sprachen. Isolationshaft, Hochsicherheitstrakt. Und die alten Nazis laufen lassen.

Duckwitz zahlte. Er brachte in seinem Zorn kein Lächeln für Carola zustande. Man konnte eine Handvoll Wichtigtuer, denen immerhin zugute gehalten werden mußte, daß sie im Glauben an eine bessere Gesellschaft herumgeballert hatten, nicht wie Tollwütige behandeln, während man KZ-Massenmörder frei herumspazieren ließ und noch immer Richter im Amt waren, die in der Nazizeit die übelsten Urteile gefällt hatten. Bekannt, bekannt, nichts zu machen. Das vor Gericht schwungvoll vorzutragen wäre sinnlos. Richter und Staatsanwalt würden gähnen. Nur die Journalisten der linken Presse, die keine Ahnung von Rechtsprechung hatten, würden diesen populären Hinweis in ihre Berichterstattung aufnehmen. Und Helene würde gelegentlich von ihm in der Zeitung lesen. Rechtsanwalt Duckwitz setzt Vorladung neuer Zeugen durch. Richter Sowieso auf Antrag von Rechtsanwalt Duckwitz wegen Befangenheit ausgeschlossen. Vielleicht würde Helene bei den Schlußplädoyers unter den Zuschauern sitzen, herbeigeeilt aus ihrer komischen nordenglischen Universitätsstadt, wo sie, ohne mit der Wimper zu zucken, einen Job als Lektorin angenommen hatte. »Ich glaube, eine Trennung tut uns ganz gut«, hatte sie gesagt. Ob Harry noch nicht aufgefallen sei, daß sie schon seit einiger Zeit nur noch nebeneinander herlebten.

Nein, das sei ihm nicht aufgefallen. Im übrigen fände er es gar nicht schlecht, nebeneinander herzuleben.

»Danke bestens«, hatte Helene gesagt, »nicht mit mir.« Und weg war sie. Leider nicht, ohne hinzuzufügen: »Du lebst dein Leben, und ich meins.« Was für ein häßlicher Satz für das Ende einer jahrelangen Geschichte.

Harry ging zu seinem Auto. VW-Käfer. Natürlich. Nichts Neumodisches. Helene hatte früher immer für ein VW-Käfer-Kabrio geschwärmt. Vermutlich würden sie sich heute darüber streiten. Wozu Harry denn bitte soviel arbeite und soviel verdiene, wenn er sich nicht einmal ein angenehmeres Auto zulege. Sei doch nicht protzig, ein Kabrio! Aber zu schick, zu affig, fand Harry. Junger Rechtsanwalt, der mit einem Kabriolett angebraust kommt. Nein danke. Völlig unglaubwürdig. Harry kam sich zwar durchaus unglaubwürdig vor, aber auf andere Art.

Am liebsten wäre er mit dem Motorrad in die Kanzlei gefahren. Aber er genierte sich. Mittlerweile fuhren, wie man lesen konnte, eine Menge Ärzte, Unternehmer und auch Anwälte mit dem Motorrad zu ihrer Arbeitsstelle. Selbst fette Ministerpräsidenten ließen sich Motorräder schenken, setzten sich drauf, sahen aus wie die Mistkäfer und drehten ihre Runden. Vor ein paar Jahren noch war es ungewöhnlich, armselig, rentnerhaft gewesen, auf einmal war es Mode. Die Leute fuhren sich haufenweise tot oder halbtot, und die Versicherungen wurden teurer. Harry würde warten, bis diese Mode wieder vergangen war.

Ein sonniger, warmer, trockener Frühsommermorgen – und das Auto sprang nicht an. Das war das Neueste. Das hatte man davon, wenn man sich von den alten Sachen nicht trennen konnte. Wäre Harry Mitglied im ADAC, würde ihm jetzt der Pannendienst helfen. Aber der Automobilclub war selbstverständlich eine Mafia. Normale Autofahrer waren schon das letzte, was war dann erst ein Club, der Millionen von ihnen vereinte.

Es war halb acht. Um neun hatte er einen Gerichtstermin. Zu Fuß brauchte er 20 Minuten ins Büro, über den Fluß und am Rathaus vorbei, schon war er da. Die Frage war nur, welche Brücke über den Main sollte er nehmen. Eine der Autobrücken oder den alten »Eisernen Steg«. Das waren die wirklichen Entscheidungen. Das Sein bestimmte das Bewußtsein, und die Art der Brücke, über die man ging, beeinflußte die Stimmung. Die Fußgängerbrücke bewirkte eine eher beschauliche Gemütsverfassung. Harry fand, ihm war heute schon beschaulich genug zumute, und wählte die laute, verkehrsreiche Brücke. Wenn er auch Autopfleger, Autoputzer, Autokenner verabscheute, diese deutschen Ausgeburten, so hatte er doch nichts gegen morgendliche Autos und ihren Gestank. Wenn es auch noch so ungesund war, war es doch ein Zeichen von Leben und Bewegung. Die autolosen, verschwiegenen Eckchen der Altstadt hatten etwas vergleichsweise Totes an sich.

Kurz vor acht war er in der Kanzlei. Die Sekretärinnen waren noch nicht da. Gestern der letzte, heute der erste. So ging es nicht weiter.

Duckwitz konzentrierte sich auf die Verhandlung um neun. Bauherr gegen Elektroinstallationsfirma. Steckdosen falsch gelegt. Es war zu befürchten, daß es sich bei der beklagten Firma um einen kleinen freundlichen Handwerksbetrieb handelte, in dem man es nicht so genau nahm, und Duckwitz würde die sympathische Schlamperei systematisch zerpflücken müssen, weil dieses Arschloch von Bauherr den Aufpreis für die Umverlegung der Steckdosen nicht zahlen wollte. Was mußte sich der überhaupt ein Haus bauen!

Jetzt gab es Geräusche im Treppenhaus und an der Tür. Schlüsselgeklimper und dann Stimmen im Flur. Es waren die hübschere der Sekretärinnen und die Referendarin. Duckwitz konnte sie durch seine angelehnte Tür genau verstehen. »Alles Fassade, alles Getue«, sagte die Sekretärin, »glauben Sie mir, ein eiskalter Typ.« Duckwitz sah einen Discoschnösel vor sich, der den beiden Bienen gestern abend erfolglos etwas vorgemacht haben mochte. Man hörte das Kramen in einer Handtasche, dann Stille, vermutlich wurden Lippen nachgezogen. Dann das obligatorische Hantieren mit der Kaffeemaschine.

»Was der gestern anhatte!« sagte die Referendarin.

Duckwitz stellte sich einen dieser jungen Grinsköpfe vor, die für Girokonten Reklame machen.

»Dasselbe Hemd wie vorgestern«, sagte die Sekretärin.

»Jetzt übertreiben Sie aber«, sagte die Referendarin.

»Ich hab' doch Augen im Kopf!«

»Riecht er denn?«

»Das nicht, das fehlte noch.«

Kaum noch Zweifel, sie unterhielten sich über ihn. Das mit den Hemden hatte die Sekretärin richtig beobachtet. Auf was die achtgaben. Die Sekretärin war mit dem Beziehen ihres Arbeitsplatzes beschäftigt, die Referendarin, die harmlose, loyale Seele, ging in ihr Zimmer. Die Kaffeemaschine prustete und gurgelte leise, die Unterhaltung schien vorbei zu sein. Da rief die Referendarin aus ihrem Büro: »Also, daß er neulich nicht mit auf dem Betriebsausflug war, hat mich doch geärgert.«

Auch du, dachte Duckwitz.

Die Sekretärin goß sich geräuschvoll Kaffee ein, rührte in der Tasse und sagte: »Glauben Sie, daß er sich in den ganzen Monaten auch nur ein einziges Mal erkundigt hätte, wie es mir geht?« Sie trank einen Schluck. »Er hat nichts im Kopf als seine Karriere. Ich kann solche Typen nicht ausstehen.«

2

Wie Duckwitz seinen Entschluß bekanntgibt, in den diplomatischen Dienst einzutreten, wie er sich verschiedenen Prüfungen unterzieht und die Vorteile seines neuen Lebenswegs bald zu schätzen lernt.

Einmal war ihm ein Fingernagel eingerissen, den er zu hastig und zu eckig geschnitten hatte. Die Zeit war auch vorbei, wo man gemütlich seine Nägel feilte. In diesem Augenblick war Harry seine Schulzeit eingefallen. Auf die Frage des Lehrers, was beim Wiener Kongreß geschehen sei, hatte ein Mitschüler gesagt: »Da haben ein paar Diplomaten herumgesessen und sich die Fingernägel gefeilt, mehr nicht.« Das war ein hübsches Bild, das hatte sich Harry eingeprägt. Und dann erinnerte er sich daran, daß kurz vor dem Abitur ein Berufsberater gekommen war. Harry hatte keine Ahnung, was er studieren sollte, weil das Leben ja sinnlos war, und der Berufsberater hatte gesagt, unter diesen Umständen und mit diesem Namen würde er ihm die diplomatische Laufbahn vorschlagen.

Das alles war Harry wieder eingefallen, und aus Spaß hatte er beim Auswärtigen Amt in Bonn angerufen und sich Informationsmaterial schicken lassen. Er überflog die Broschüre, die sich »Hinweise für Bewerber für den höheren Auswärtigen Dienst« nannte. Aus Spaß füllte er den Bewerbungsbogen aus. Es war ein normaler, öder Aktentag, wie so viele in letzter Zeit. Er verdiente Geld, mit dem er nichts anfangen konnte. Seinen Plattenspieler hatte er immer noch nicht zum Reparieren gebracht, immer noch kein Autoradio mit Kassettenrecorder in den alten Käfer einbauen lassen. Immer noch die Frühstücke in der Bäckerei, und Helene war immer noch in Nordengland. Der Stillstand war bedrohlich, und es sah nicht so aus, als würde sich etwas ändern.

Wenig später bekam er die Mitteilung, sich am 12. September 1976 in Frankfurt zur schriftlichen Aufnahmeprüfung einzufinden. Harry liebte Prüfungen. Sie waren ihm immer leichtgefallen. Diesmal war es ein besonders angenehmes Gefühl, so unverbindlich in eine Prüfung zu gehen, aus einer Laune heraus, wie man ein Los kauft, bei dem man nicht viel gewinnen oder verlieren kann. Er sagte niemandem in der Kanzlei Bescheid.

Wie er schon bald danach erfuhr, hatte er die schriftliche Prüfung bestanden. Offenbar hatte er die Texte aus dem Englischen und Französischen über die Butter-Preis-Politik und die französische Atombombe zufriedenstellend hin- und herübersetzt. Auch sein Gefasel über das Verhältnis zwischen China und der Sowjetunion, mit dem er eins der Aufsatzthemen beantwortete, schien niemanden gestört zu haben. Nicht leicht war das Ausfüllen der Fragebögen gewesen. »Begründen Sie, warum das Deutsche Reich als Völkerrechtssubjekt nicht untergegangen ist« – das ging ja noch. Aber dann: »Nennen Sie vier Themen, die auf der UN-Seerechtskonferenz zur Debatte standen.« Oder: »Mit welchem Instrumentarium werden die Agrarmärkte der EG vor billigen Importen geschützt?« Das war haarig. Doch selbst wenn Duckwitz in der Kanzlei wenig Zeit hatte, zum Zeitunglesen kam er immer noch. Er las gründlich und hatte ein gutes Gedächtnis. So war er auch über Dinge informiert, die ihn nicht weiter interessierten. Da er außerdem noch wußte, wer Paul Klee und Karl Jaspers waren, wer die »Vier Jahreszeiten« und wer »Così fan tutte« komponiert hatte, erzielte er mehr Punkte, als nötig waren.

Insgesamt 300 Bewerber hatten in diesem Jahr an der schriftlichen Prüfung teilgenommen, 100 hatten bestanden, wurde ihm mitgeteilt. Er möge sich bitte demnächst zum mündlichen Teil des Auswahlverfahrens in der Aus- und Fortbildungsstätte des Auswärtigen Amts in Bonn-Ippendorf einfinden. Dort werde sich der Auswahlausschuß ein »umfassendes und differenziertes Bild von der Persönlichkeit und den intellektuellen Fähigkeiten der

Bewerber verschaffen«, um dann die Elite von 30 bis 40 Leuten »dem Bundesminister des Auswärtigen«, wie die ihren Minister geschraubt nannten, zur Einstellung zu empfehlen.

Seine beiden Partner in der Kanzlei konnten es nicht glauben, als Duckwitz ihnen seinen Plan eröffnete. »Du bist verrückt!« Bei allem, was recht ist, der diplomatische Dienst war ja nun das Allerletzte. In diesen Verein! Zu diesen Lackaffen! Harry sah zu der Sekretärin hinüber, die hinter seinem Rücken so an ihm herumgenörgelt und seine kollegiale Inbrunst vermißt hatte. Selbst sie schien seinen Weggang zu bedauern.

Als die Kollegen merkten, daß es ihm durchaus ernst war, versuchten sie es auf die andere Tour. Die Kanzlei könne auf ihn nicht verzichten. Sein Sachverstand. Er sei eine Perle unter den Anwälten, sie könnten nicht zulassen, daß er sich vor die Säue des Auswärtigen Amts werfe.

Sie polemisierten noch eine Weile mit Harrys eigenen Argumenten gegen seinen Entschluß. Aber er wollte nicht diskutieren. Er wollte sie nicht verletzen. Seine alten Animositäten gegen Begriffe wie Leistung und Ehrgeiz gingen die Kanzleikollegen nichts an.

Er sagte nur: »Andere gehen zu Gurus nach Indien, da gehe ich doch lieber in den Auswärtigen Dienst.«

»Wie wär's mit der Fremdenlegion!« sagte einer der Kollegen.

»Besser, den Vertreter dieser komischen Bundesrepublik Deutschland spielen, als weiterhin rechthaberische Mandanten vor Gericht vertreten«, sagte Duckwitz. Im übrigen sei noch nichts entschieden.

Der mündliche Teil des Auswahlverfahrens sollte mehrere Tage dauern. Er fuhr mit dem Zug nach Bonn. Während der Fahrt hatte er Zeit, über seine seltsame Liebäugelei mit der diplomatischen Laufbahn nachzudenken. Schließlich stand eine entscheidende Veränderung des Lebens an. Waren es vielleicht doch die Tanten, denen er in Ermangelung eines Vaters irgend etwas beweisen wollte? Dergleichen psychoanalytische Fragen waren eigentlich Helenes Spezialität. War es womöglich die bei aller Zerlumptheit doch von feudalen Spuren geprägte Kindheit, die hier durchschlug? Verband er womöglich mit dem Namen Freiherr von Duckwitz auch noch eher den leicht dekadenten Diplomaten als einen lausigen Anwalt? Kaum zu glauben, daß seine Erziehung Reste solcher Vorstellungen hinterlassen haben sollte, und im übrigen egal. Wenn etwas müde machte, dann war es eine Zugfahrt, und Duckwitz schlummerte in seinem Abteil ein.

Als das Taxi aus der Bundeshauptstadt herausgefahren war und sich der »Aus- und Fortbildungsstätte des Auswärtigen Amtes« in Ippendorf näherte, wurde es Harry blümerant. Man konnte sich Menschen entziehen, die man nicht mochte, der Architektur war man ausgeliefert. War schon die Lage beklemmend peripher, so löste das zackige Betonbauwerk in seiner schauerlichen Mischung aus Stilelementen der fünfziger und sechziger Jahre die übelsten Assoziationen aus. Solche hinterfotzigen Riesenbungalows mochten fanatischen Jesuiten zur Heimstatt dienen oder auch hellrosa Collegeboys aus Connecticut oder Stabsoffizieren der NATO oder drahtigen Absolventen einer transzendentalen Managerschule. Leere Parkflächen mit hilfloser Bepflanzung, die Außenwände des Gebäudes vom Regen befleckt mit dunklen Wasserklecksen. Es fehlte nur noch die rote Sprühdosenaufschrift: Sie verlassen den Westsektor.

In der Begrüßungsansprache schwärmte der Ausbildungsleiter von eben jenem Gebäude, das nun endlich fertiggestellt worden war. Jahrelang sei die diplomatische Elite in unwürdigen Baracken herangebildet worden, das habe nun ein Ende. Zudem werde hier im Haus jetzt auch der gehobene Dienst ausgebildet, »also jene Herren, Pardon, Damen und Herren, die ohne Studium, gleich nach dem Abitur, zu uns kommen und später in den Botschaften und im Amt selbst zum Alltag gehören«. Es sei an der Zeit, Schranken und Vorurteile abzubauen.

Das Auswahlverfahren war für Duckwitz aufschlußreich. Er begriff nun vollends, was er beim Anblick des aufgetürmten Riesenbungalows schon geahnt hatte und was ihm in Form von geschmacklosen Schlipsen und säuerlicher Jovialität fünf Tage lang bestätigt wurde: daß hier jeder Hauch von dem, was man sich gemeinhin unter Diplomatie vorstellt, ängstlichst vermieden wurde. Grandseigneurales Auftreten, Zigarettenetuis, Lubitsch-Film-Flirts mit den wenigen Bewerberinnen und ein extra bestellter Piccolo zum gemeinsamen Mittagessen waren fehl am Platz. Erwünscht waren sicheres, bescheidenes Auftreten in unauffälliger Kleidung und ein braver Kopf voller staats- und völkerrechtlichem, historischem, politischem und volkswirtschaftlichem Wissen. Erwünscht war der Macher- und Vertretertyp, wie ihn die Personalchefs aller großen Firmen suchen, gesund und einsatzfreudig, vielleicht nicht ganz so knallhart wie für Esso oder Hoechst. Man verhehlte den Bewerbern taktloserweise nicht, daß die Spitzenleute hier rar seien, weil sie leider von der Industrie und den großen Banken abgeworben würden. Prompt fühlten sich alle klein und zur zweiten Garnitur gehörig. Vor allem die stellungslosen Englisch-, Französisch- und Geschichtslehrer, die wegen der unvorhergesehenen Lehrerschwemme kühn die Diplomatenlaufbahn angepeilt hatten, rutschten unbehaglich auf ihren Stühlen hin und her.

Auch Duckwitz hatte Schwierigkeiten. Durch seinen Adelstitel und das Jurastudium erfüllte er genau jenes Klischee des Diplomaten, von dem sich das Auswärtige Amt gerade trennen wollte. In diversen Gesprächen gelang es ihm allerdings, glaubhaft zu versichern, daß er den Auswärtigen Dienst für einen »reinen Dienstleistungsbetrieb« halte. »Nicht nur«, warf der Ausbildungsleiter lächelnd zwischen die mustergültige Antwort, es sei ihm völlig klar, daß man heute nicht Cocktailgläser anfassen solle, sondern etwas anderes. Trotz mancher schlauen Antwort war sich Duckwitz nicht sicher, wie er im Rennen lag. Langsam wurde es spannend.

Prunkstücke unter den Bewerbern waren ein Landwirt, der nur in Bluejeans und Tennisschuhen einherging, sowie ein Kriegsdienstverweigerer mit Vollbart. Da das Amt an diesen exotischen Beispielen seine Toleranz und Aufgeschlossenheit beweisen konnte, war klar, daß sie zu den Auserwählten gehören würden.

Duckwitz schaffte es schließlich bei einer Podiumsdiskussion, die Vorbehalte, die auf ihm lasteten, beiseite zu wischen. Thema war die amerikanische Intervention in Vietnam, dieser alte Hut, und das Gespräch kam nicht in Gang, weil alle scheinbar einer Meinung waren, daß diese Einmischung staats- und völkerrechtlich völlig in Ordnung gewesen sei, moralisch sowieso. Die Diskussion stockte, dem Landwirt, der den Diskussionsleiter spielen mußte, brach der Schweiß aus. Er warf zaghafte Köder in die Runde, ob eine kriegerische Intervention nicht vielleicht doch Nachteile haben könnte, und schielte entschuldigend zur Prüfungskommission in der letzten Reihe des Hörsaals. Keiner biß an. Da raffte sich Duckwitz auf und begann, über Nixon herzuziehen. Er sah die Küche der Wohngemeinschaft vor sich, und Helenes wilde Worte strömten nun feurig aus seinem Mund. »Wir können«, schloß er, »doch nicht sture Völkerrechtsauslegung betreiben, wo es sich um eine Sache handelt, die von der Bevölkerung emotional beurteilt wird. Das Ausmaß der Emotionen zwingt uns, über die Emotionen zu reden und nicht über das elfenbeinerne Recht!«

Nun endlich kam Leben ins Gespräch, man hackte auf Duckwitzens Argumenten herum, gab allerlei zu bedenken, man dürfe das Gleichgewicht der Kräfte nicht vergessen, und der Kriegsdienstverweigerer sagte, daß er sich immer für den freien Westen einsetzen würde, und zwar ohne Waffengewalt. Jeder tat sich hervor, jeder mußte jetzt vor den Psychologen und dem Ausbildungsleiter Geist und Lebendigkeit beweisen, jeder wurde eins, zwei, drei zum Minister des Äußeren, zum Kanzler des Bundes. Doch keiner konnte an diesem Tag Duckwitz erreichen. In der anschließenden Beurteilung der Diskussion lobte der Psychologe dessen Mut und Geschick, im richtigen Augenblick die Diskussionsleitung in die Hand genommen zu haben, und der Ausbildungsleiter drohte schmunzelnd: »Will hoffen, daß das nicht wirklich Ihre Meinung ist.«

Nach dem Ausflug in den absurden Zirkel der Eignungsprüfung kehrte Duckwitz nach Frankfurt zurück. Die paar Prozesse, die er noch abzuwickeln hatte, gaben ihm den Rest. So kindisch die fertigen und unfertigen Diplomaten in Bonn auch gewesen waren, so verlockend erschien es ihm allmählich, sich durch diese fremde Welt zu schlängeln.

Während der Ausbildungszeit hieß man »Attaché«. Das schneidige Wort stand in einem seltsamen Gegensatz zu den Plastikstühlen der Hörsäle, in denen man juristische und völkerrechtliche Vorlesungen verfolgte und Sprachkurse über sich ergehen ließ. Jeder hatte sein Zimmer im Ausbildungsgebäude, auch Verheiratete, die allerdings meist außerhalb wohnten, falls ihre Ehe intakt war. Wenn ein Staatssekretär des Auswärtigen Amts zu einem Plauderstündchen nach Ippendorf kam, zog auch der Landwirt seinen Anzug an.

Die meisten Attachés waren Leute, die ihre Kühnheit an der Länge ihrer Koteletten maßen. Selbst zu einer Zeit, da die Koteletten mancher Parteivorsitzender gewaltig büschelten, galt bei den Attachés das ungeschriebene Gesetz: nicht unter das Ohrläppchen hinaus. Das war vulgär. Während die freie Welt sich über die Klitoris unterhielt, sprach man in Ippendorf über den Ohrläppchenansatz. Und der Höhepunkt an Originalität war, als auf einem Sommerfest in Bad Godesberg ein Attaché mit seinem Smoking um Mitternacht in den Swimmingpool sprang. Das war das Niveau, von dem sich Harry ohne Anstrengung fernhielt.

Natürlich hatte Duckwitz in dieser Zeit Kontakt mit Helene in Nordengland. Es gab gelegentlich Briefe, Postkarten, Telefongespräche. Einmal sahen sie sich, als Helene auf der Durchreise nach Südfrankreich war, wo sie in Avignon im Festspielvorbereitungsgewerbe eine muntere Stelle ergattert hatte. Es war eine etwas matte Angelegenheit. Harry hatte sich gegen Helenes Vorwürfe gewappnet, er war auf wüste Anschuldigungen gefaßt. Ob er von allen guten Geistern verlassen sei, in diese Schnöselbranche einzusteigen! Er hatte sich eine Verteidigungsstrategie zurechtgelegt und war enttäuscht, daß Helenes Angriffe ausblieben. Sie fand es ein bißchen seltsam, aber nicht weiter schlimm. »Welcher Beruf ist schon ideal«, sagte sie, bevor sie nach Avignon entschwand.

Harry war nicht dazu gekommen, sein Loblied auf die Wonnen der Verantwortungslosigkeit loszuwerden. Denn das war es, was ihm wirklich zutiefst gefiel. Alles Gerede der Ausbilder und Kursleiter über die Wichtigkeit und Bedeutung des Diplomatenjobs konnte nur einen Geisteskranken überzeugen. Es war völlig klar, daß dieses Gerede ein Indiz für die Bedeutungslosigkeit war. Mit solchem Geschwätz über die kolossale Verantwortung der Diplomaten wollte man nur verdecken, wie wenig Verantwortung es hier gab. Und genau das war das Gute. Als Anwalt hatte man eine Verantwortung gehabt, das war lästig gewesen.

Harry genoß das Jahr. Natürlich war es absurd, zwölf Monate lang wie auf einer Wochenendweiterbildung zu leben, aber es war angenehm, sich um nichts kümmern zu müssen. Endlich hatte man Zeit. Er ließ den Plattenspieler reparieren und hörte die alte Musik. Seit Beginn der 70er Jahre hatte es so gut wie nichts Neues mehr gegeben. Nichts von dem, was in den letzten Jahren an Popmusik entstanden war, war der Rede wert. 30 Prozent unnötiger Aufguß, 70 Prozent reine Schweinemusik. Soviel war endlich klar.

Ab und zu las er einen alten Roman, die Englisch- und Französischkurse machten ihm Spaß, daneben lernte er etwas Spanisch. Manchmal traf er sich mit seinem Bruder Fritz, dem Dichter. Obwohl er in Köln wohnte, sahen sie sich nicht oft. Sie hatten sich nicht allzuviel zu sagen. Harry hatte einfach keine Lust, sich auf diese Sachen einzulassen, die Fritz schrieb.

Fritz fand Harrys Entscheidung gar nicht so unvernünftig. Harry dachte erst, Fritz wolle ihn auf den Arm nehmen. Nein, wieso, sagte Fritz, sei doch gar nicht übel, Diplomat. Viele Diplomaten seien Dichter gewesen oder Dichter Diplomaten, da müsse es eine Affinität geben. Außerdem fand Fritz das Wort »auswärtig« schön, was da alles mitschwinge, das sei fast ein Gedicht wert. Wenn man von auswärts komme, dann gehöre man nicht dazu. Der Auswärtige sei eine prima Symbolfigur, sozusagen die weniger pathetische Variante des abgedroschenen Außenseiters.

Als Fritz nach diesem Kommentar wie immer unvermittelt gegangen war und Harry in seinem Bonn-Ippendorfer Ausbildungskinderzimmer auf dem Bett lag, empfand er plötzlich so etwas wie brüderliche Gefühle. Vielleicht brauchte er wirklich das Gefühl der Auswärtigkeit für sein Wohlbefinden? Schon als Schulkind war es ihm angenehm gewesen, ein sogenannter Externer zu sein. Nicht dazuzugehören. Das einzige Gymnasium in der Nähe der Villa Huberta war ein Internat. Zweihundert eingesperrte Schüler, und Harry war der einzige, der nach dem Unterricht wieder nach Hause gehen konnte. Er wurde nicht ins Bett gescheucht, mußte sich nicht zum Fressen drängeln, er entschwand in die Freiheit.

Vielleicht hatte er sich als Anwalt deshalb so unwohl gefühlt, weil er nicht ausscheren konnte. Man mußte voll und ganz hinter seinen Mandanten stehen. Und jetzt kam eine Tätigkeit auf ihn zu, von der er profitieren konnte und die er doch mit gutem Gewissen nicht ernst nehmen mußte. Er blühte auf. Die Leistungen, die erwartet wurden, konnte er aus dem Ärmel schütteln. Das Gefühl, über den Dingen zu stehen, war unbezahlbar. Der wahre Luxus war nicht das Geld, sondern die Möglichkeit, seinen Gedanken nachzuhängen. Und dazu gab es hier reichlich Gelegenheit.

Er schrieb Helene eine Karte nach Avignon: »Bonn ist mein Indien. Hier finde ich Erleuchtung.« Marx habe völlig unrecht mit seinen ewigen Schmähreden gegen die entfremdete Arbeit. Es sei genau umgekehrt, die unentfremdete Arbeit führe zur Verblödung. »Bitte, Helene«, schrieb er, »sieh Dir die Manager an, die Erfolgsanwälte, stumpf wie Dumdumgeschosse. Und was tun sie? Sie gehen gierig in ihrer unentfremdeten Arbeit auf.«

Helene schickte ihm eine Postkarte zurück mit einem schönen und unverschämten Zitat, leider ohne Angabe der Quelle: »Ich bin vielseitig ungebildet.« Harry hängte sich die Karte über sein Bett.

Als die Ausbildungszeit zu Ende war und der erste Auslandseinsatz bevorstand, fragte der Mensch von der Personalabteilung: »Haben Sie Wünsche?«

Duckwitz schüttelte den Kopf. »Mir egal, weit weg«, sagte er.

»Wenn doch alle Fälle so einfach wären«, sagte der Personalmann.

Eine Woche, bevor es losging, erfuhr Duckwitz, daß er als Legationssekretär für Wirtschafts- und Rechtsangelegenheiten an die Botschaft von Jaunde in Kamerun geschickt wurde.

»Da kommen Sie schon klar«, sagte irgendeiner.

3

Wie sich Harry von Duckwitz bei einem Essen in der Botschaft in Jaunde/Kamerun danebenbenimmt und wie ihm das ausgerechnet die Leute verübeln, von denen er es am wenigsten erwartet hätte. Wie er sich weigert, einer Dame Feuer zu geben, und ihm an der Verbreitung deutscher Kultur im Ausland nichts gelegen ist. Nebst einigen unerwarteten Erkenntnissen über den Sinn der Religionen, über Kirchtürme und Pyramiden und den künstlerischen Wert von Sanella-Bildern. Ferner noch etwas über den Kollegen Hennersdorff, über die Vorteile der Hierarchie sowie etliche Erinnerungen an die alte Freundin Helene und wie sich Duckwitz schließlich gegen den Verdacht der Trivialität zur Wehr setzen muß.

Die bundesdeutsche Botschaft in Jaunde hatte den Besuch des Abgeordneten aus Bonn zum Anlaß genommen, ein Essen zu geben. Der Abgeordnete reiste in Begleitung einer fülligen Dame, die frischen Wind in die Goethe-Institute bringen sollte. Diese wiederum wurde begleitet von einem Mann, von dem es hieß, er sei ein bedeutender Literaturwissenschaftler, und der verdächtig zäh und drahtig aussah. Harry von Duckwitz, Legationsrat und dritter Mann in der Botschaft, saß neben der Goethefrau und fragte sich, wieso diese ein rüschenbesetztes, dirndlartiges, ja geradezu burgfräuleinhaftes Kleid ausgerechnet hier, mitten in Afrika, trug, ein Kleid, das allerdings an jedem Ort der Welt befremdlich wirken mußte und die Körperfülle ungünstig betonte. Ungeachtet dieser geschmacklichen Verirrung, ließ sich gut mit ihr plaudern. Eine leichte wienerische Färbung ihrer Sprache gab der Unterhaltung in Duckwitz' preußischen Ohren den trügerischen Glanz einer vergangenen Epoche.

Eben hatte Duckwitz der Goethefrau noch galant abgeraten, eine afrikanische Folkloreveranstaltung zu besuchen, als die Stunde des Nachtischs kam. Der Reihe nach bogen sich die Oberkörper der Tafelnden wie Vogelhälse zurück, um den Armen der tiefschwarzen Diener Platz zu machen. Es gab Erdbeercreme mit geschlagener Sahne, sicher, nichts Aufregendes, aber hier im fernen Kamerun doch eine Art heimatlicher Gruß, den die Mitteleuropäer am Tisch mit kindlicher Freude entgegennahmen.

Nachdem Duckwitz den ersten Löffel der Speise im Mund hatte verschwinden lassen, ließ er sein bewegliches Gesicht sekundenlang erstarren. Seine Tischdame lächelte ihn erwartungsvoll an, denn diese Mimik verhieß ein erneutes Bonmot des geistreichen Diplomaten, wenn der süße Bissen erst geschluckt und der Mund zum Sprechen wieder frei wäre. Statt dessen aber ließ Duckwitz die ungeschluckte Speise wie einen Lavabrei lautlos aus seinem Mund in den Teller zurückströmen, was womöglich nicht weiter aufgefallen wäre, wenn er nicht auch noch heftig hinterhergespuckt hätte, ein Geräusch, das die gesamte Tischrunde aufhorchen ließ. »Scheißkerle!« rief er, während aller Augen auf ihn gerichtet waren. Die beiden Minister und ihre Frauen glaubten offenbar, Duckwitz wolle eine Rede halten, legten das Besteck aus der Hand, wischten sich den Mund ab und lehnten sich mit höflicher Aufmerksamkeit zurück. »Fertigscheiße, Kaltrührdreck«, rief Duckwitz erregt, »da steckt doch sicher wieder dieser Doktor Oetker dahinter!« Er sei wirklich der letzte, der den alten Zeiten nachtrauere, als die Überseebotschaften mit eingeflogenem Helgoländer Hummer und frischen Erdbeeren versorgt worden seien. Anstelle der ekelhaften Großmannssucht vergangener Tage sei aber nur eine nicht minder ekelhafte Instant- und Fast-food-Ideologie getreten. Dieser Pudding sei keiner menschlichen Zunge zuzumuten.

Die vier hohen Kameruner Regierungsbeamten dürften kein Wort verstanden haben. 1916 waren die letzten deutschen Kolonialfiguren aus Kamerun abgezogen. Jetzt sprachen nur noch ein paar Greise deutsch, die damals den Herren aus Biberach und Breslau kühle Getränke serviert hatten und die heute von den alten Zeiten schwärmten, weil in sechs Jahrzehnten die Menschenwürde wieder nachgewachsen war. Die dunklen einheimischen Tischgäste waren jung. Sie sprachen jenes schöne schwarze Französisch und Englisch, das glaubwürdiger klingt als das in Paris oder London. Sie klatschten Beifall, ein paar andere klatschten erleichtert oder ironisch mit, die Peinlichkeit war bald verflogen. – »Das kommt mir nicht noch einmal vor«, sagte der Botschafter, mit einem Anflug von Dankbarkeit, nach Tisch. »Kommt drauf an, was Sie auftischen«, sagte Duckwitz.

Den Kaffee nahm man auf der Terrasse ein. Der Botschafter sprach mit dem Abgeordneten über das Klima. In Douala unten am Meer sei die feuchte Hitze praktisch nicht auszuhalten. Die armen Kollegen in der Außenstelle der Botschaft dort. Er warne vor einem Besuch. Duckwitz hatte keine Lust mehr auf Gesellschaft irgendeiner Art, setzte sich an einen Ecktisch und griff zu einer Zeitung. Die Goethefrau und der Bluejeans-Literaturwissenschaftler von dieser unerhört fortschrittlichen Hochschule standen verloren herum und setzten sich dann, ebenso dreist wie verlegen, zu Duckwitz an den Tisch. Der Korbstuhl ächzte unter der Last der Goethefrau, die nun mit einer Zigarette im Mund ihre abscheuliche Handtasche nach Feuer absuchte. Duckwitz hatte das Gefühl, daß sie ihn auf den Vorfall beim Abendessen ansprechen wollte, sobald die Zigarette brennen würde. Der Literaturprofessor blickte wie ein Vogel in die Gegend. Als die Goethefrau schließlich ihr Feuerzeug gefunden und die erste Rauchwolke in den afrikanischen Nachthimmel geblasen hatte, fing sie tatsächlich an: Ob Duckwitz sein Benehmen vorhin richtig gefunden hätte? Vermutlich war ihr Ton besonders gereizt, weil Duckwitz als Gastgeber keine Anstalten gemacht hatte, ihr Feuer zu geben. Der österreichische Ton, der eben noch so angenehme Nachlässigkeit verbreitet hatte, klang mit einemmal schulmeisterlich. Duckwitz hatte keine Lust, ihr Rede und Antwort zu stehen, und sagte: »Wissen Sie, warum ich Ihnen eben kein Feuer gegeben habe?« Ihre Antwort kam blitzschnell: »Vermutlich kommen Sie sich dabei vor wie ein emanzipierter Mann!« – »Keine Spur«, sagte Duckwitz, »weil Sie Marlboro rauchen!« Wer dieses amerikanische Kraut rauchte, das mit dem Pferdesodomiten Reklame machte, der bekam von Duckwitz kein Feuer.

Jetzt schnaufte die Goethefrau: Sie habe weiß Gott nichts für Instantprodukte übrig, weiß Gott nicht, aber so könne man seinen Abscheu nicht zum Ausdruck bringen, das sei ekelhaft gewesen. Er mache sich nur unglaubwürdig, mit diesen albernen aristokratischen Sottisen werde er nichts ausrichten, das seien doch nichts als – sie suchte ein Wort und fand es –, nichts als Petitessen. Sie sprach das Wort aus, als handle es sich um ein Wiener Kaffeehausgebäck, von dem sie selbst gern naschen mochte. Duckwitz wollte sich mit dieser Goethe-Kaffeetante nicht herumstreiten. Es ging doch gar nicht um die Nachspeise. Das würde sie nicht verstehen. Vermutlich war sie eine aufrechte Sozialdemokratin, die in dem Wahn lebte, mit Parteiarbeit und Erwachsenenbildung könne man noch etwas ausrichten. Mit jedem Handwerker, mit jedem Arbeiter konnte man sich besser verstehen als mit diesen intellektuellen Spießern, denen die Angst aller Spießer im Nacken saß, sie könnten sich danebenbenehmen.

Nun griff der Bluejeans-Literaturprofessor ein und sagte, er habe Duckwitz' Benehmen natürlich nicht skandalös gefunden, aber doch bedenklich frivol, und er frage sich, ob das der richtige Weg sei, Widerstand gegen den politischen Apparat zu leisten. Er sei auch alles andere als glücklich über die Zustände, finde aber, dieser Form der Kritik fehle die politische Perspektive. Duckwitz war ganz gerührt. Immerhin wertete der Professor seine Provokation als politische Tat.

Nun sagte der Jeans-Professor belehrend zur Goethefrau, so, als gehe das Duckwitz nichts an und als könne er das auch gar nicht begreifen: »Das Kotzen ist natürlich schon eine alte Metapher für Ablehnung, aber hier war sie eben völlig unangebracht.« Dieser Mensch hielt Duckwitz wohl für eine Romanfigur, die man nach Gutdünken interpretieren konnte. Was hatte er überhaupt für eine lächerlich sportliche Jacke an! »Ihre Jacke ist ja wohl mehr noch als Ihre Hose auch eine Metapher«, sagte Duckwitz so schneidend wie möglich, und ob er fragen dürfe, was diese Metapher zu bedeuten habe? Der Literaturprofessor aber ließ sich nicht aus der Fassung bringen, im Gegenteil, er wurde leutselig und erzählte, dies sei eine kalifornische Fallschirmspringerjacke, er sei nämlich leidenschaftlicher Hobbyfallschirmspringer, am tollsten gehe das in Kalifornien, wo er auch demnächst wieder an einem Springer-Kurs teilnehmen werde.

Diese fußballspielenden Intellektuellen waren ja schon unbegreiflich genug, fand Duckwitz, aber ein fallschirmspringender Literaturprofessor – das war wirklich zuviel. Von Spießern und Sportlern, die sich progressiv nannten und als Akademiker ausreichend Geld verdienten und sich Reisen bezahlen ließen, mußte er sich nicht beurteilen lassen, nicht von Marlboro rauchenden und fallschirmspringenden Lebensbejahern. Oh, er würde es ihnen allen schon noch zeigen. Nein, er würde es ihnen nie zeigen. Die vorgestrigen Konservativen wie der Botschafter und dessen Frau würden nie begreifen, daß er nicht nur ein munterer Clown war. Und diese expansionslüsternen Progressiven, die eine Verletzung der Regeln für eine Verletzung der Vernunft hielten, würden nie begreifen, daß die Lage nur durch eines erträglich gemacht werden konnte: durch fortwährende Entgleisungen und Verstöße gegen Regeln und Manieren, gegen Sitte und Tradition.

Die Goethefrau und der Professor tranken nun ihren Kaffee und beklagten untereinander tuschelnd den Zustand der gegenwärtigen europäischen Kultur. In Lateinamerika werde von den Schriftstellern eine ganz andere Mythentradition gepflegt, sagte der Professor und wirkte plötzlich wie ein Waschmaschinenverkäufer, der hochnäsig auf die unübertreffliche Waschkraft der neuen Miele 2000 hinweist. Duckwitz mischte sich mit der Frage ein, wieso sie denn diese Kultur, wenn sie tatsächlich so auf dem Hund sei, auch noch mit Hilfe von Goethe-Instituten in alle Ecken der Welt transportieren wollten?

Der Professor lachte ganz besonders hart auf und schabte an seinem Oberschenkel herum: »Pragmatismus!« rief er, und die Goethefrau gab gleich eine längere Erklärung ab, die tatsächlich sehr pragmatisch war. Duckwitz haßte solche Antworten, die nichts dem hinzufügten, was man sich selbst schon denken konnte. Eine Antwort mußte witzig sein. Vernünftige Antworten konnte man sich auch selbst geben, wenn man nicht völlig blöde war. Diese Vertreter der pragmatischen Vernunft hatten einen Mangel an Witz. Sie hatten vielleicht Sinn für kunstvolle literarische Sprachspäße, die Duckwitz nicht verstand und nicht verstehen wollte. Mit Entsetzen dachte er an die ihm unverständlichen literarischen Produktionen seines Bruders Fritz.

Dieser Fallschirmprofessor mitsamt seiner Petitessentante hatte jedenfalls für Duckwitzens Späße keinen Sinn. Schon gar nicht für verunglückte Späße. Die Sache mit dem herausgewürgten Pudding mochte ja ein verunglückter Spaß gewesen sein, aber diese Interpretationsmeister, die sich jetzt über die fehlende Avantgarde ereiferten, verstanden nichts von verzweifelten Späßen. Sie verstanden offenbar etwas von Innovationen. Das war jetzt ihr Thema. Die Gegenwartsliteratur sei nicht innovativ. Dies waren doch zwei Menschen, die beruflich mit Sprache umgingen und die völlig bedenkenlos solche unerträglichen Wörter wie »Hobby« und »Innovation« benutzten. Was unterschied sie eigentlich von Abteilungsleitern der Deutschen Bank, von den Mercedes-Ingenieuren und den Siemens-Datendeppen! Denen konnte es auch nicht innovativ genug zugehen. Deswegen erfanden sie ständig neue Autoformen und noch blödere Telefone. Und eben deswegen wurde auch eine immer noch blödere

Literatur erfunden. Weil kein Schwein mehr einer normalen Sprache traute, weil die Dichter nicht wagten, ihre Beobachtungen in einer stinknormalen Sprache festzuhalten, waren all diese neuen Bücher ungenießbar. Und wenn mal einer normal schrieb, dann konnte er nicht beobachten. Weil die Dichter sich von den Journalisten unterscheiden wollten, benutzten sie eine verkünstelte Sprache und waren gekränkt, weil keiner sich mehr für ihre Bücher interessierte.

»Harry, das verstehst du nicht«, hatte sein Bruder Fritz ihm einmal entgegengehalten, als er während ihrer Studienzeit in Frankfurt bei Harry und Helene übernachtet und als Gastgeschenk ein Buch mitgebracht hatte. Harry hatte das Buch aufgeschlagen und vorgelesen: »Lebendig ist gelb oder nicht. Nur nicht zahm werden! Zuhalten! Wieder ist dieser Ich am Zug! Ertrinken so waagrecht wie möglich, damit alles herauskommt.« Also bitte, hatte Harry zu seinem Bruder gesagt, er dürfe nur übernachten, wenn er dieses Buch morgen wieder mitnehme, und las wahllos einen weiteren Satz: »Die Geborgenheit steigt mir bis zum Hals hinauf.« – »Da stimmt doch nichts!« hatte Harry erbost gerufen, das sei zwar nicht so schlimm wie Napalm, aber das wäre auch schon alles. Das verstünde doch kein Mensch, die Literaten würden nichts als Nebelkerzen zünden, und andere schnüffelten daran. Weil keiner was begreife, werde der Qualm als Nonplusultra gefeiert. Er, Harry, habe schon auf der Schule ein sicheres Gefühl dafür gehabt, wo die Literatur einen leimen wollte. Und mit einem erbarmungslosen Gedächtnis ausgestattet, hatte Harry mit genüßlicher Verachtung einige Zeilen aus einem Gedicht von Hermann Hesse zitiert, das ihm in seiner Schulzeit eingebleut worden war: »Seltsam, im Nebel zu wandern / Leben ist Einsamkeit / Kein Mensch kennt den andern / Jeder ist allein.« Das sei doch noch immer das poetische Grundgefühl, hatte er gerufen, früher sei es reiner Kitsch gewesen, nun sei man so raffiniert, den Kitsch etwas unverständlicher zu machen. Ihm sei Kitsch pur sehr viel lieber.

Und jetzt, Jahre später, wollten diese Gestalten hier innovativen westdeutschen Kulturkitsch nach Kamerun exportieren, und Duckwitz sollte ihnen dabei helfen. Er sollte sich um die Anmietung von Zusatzräumlichkeiten für das Goethe-Institut in Douala kümmern, damit die Goethefrau zu Hause irgendeinem Sachbearbeiter oder Weiterreicher von Anträgen auf dessen Einwand, es gäbe doch noch nicht einmal einen Ort für das geplante Institut, lässig begegnen könnte: Herr von Duckwitz, der in der deutschen Botschaft für Rechts- und Wirtschaftsfragen zuständig sei, habe sich umgesehen, ein sehr günstiges Objekt stünde zur Verfügung. Dafür war er gut, um diesen Klugscheißern als Handlanger zu dienen. Keinen Finger würde er rühren für dieses unsinnige Institut. Die deutsche Kultur, ob innovativ oder nicht, sollte bleiben, wo sie war. Diesem missionarischen Eifer mußte man entgegenwirken. Andernfalls würden hier noch Theaterabende mit ausrangierten deutschen Schauspielern abgehalten. Die Europäer hatten mit ihrem unausstehlichen Christentum genug missioniert, nun sollte man den Rest der Entwicklungsländer wenigstens mit den neuesten Kulturprodukten verschonen.

Duckwitz würde den Professor und die Goethefrau in dem Glauben lassen, daß er sich bemühen werde. Es hatte keinen Sinn, ihnen zu erklären, daß es keinen Sinn hätte. Und noch weniger Sinn hatte es, ihnen zu sagen, daß er ihren Plan sozusagen aus ideologischen Gründen ablehnte. Das stimmte ja auch nicht. Er lehnte ihn ab, weil ihm die beiden auf die Nerven gingen. Hätten hier eine hübsche Frau gesessen und ein ironiefähiger Mann, zwei Leute, mit denen sich Duckwitz verstehen könnte, dann hätte er den Export westdeutscher Kultur vermutlich durchaus erträglich gefunden.

Harry sehnte sich wieder einmal nach Helene, die im fernen Deutschland Gott weiß was machte. Helenes Kritik hatte er immer gern gehört. Sie hätte nicht seine Puddingnummer kritisiert, aber wehe, er hätte später behauptet, dies sei ein »verzweifelter Spaß« gewesen. Bei dem Ausdruck »verzweifelter Spaß« hätte man von Helene etwas zu hören bekommen.

Und diesen beiden unbegreiflichen Literaturvertretern, die sich mittlerweile geradezu leidenschaftlich einig waren, daß man des hundertsten Geburtstags irgendeines Dadaisten oder Surrealisten, jedenfalls mordsmäßigen Avantgardisten, im übernächsten oder überübernächsten Jahr in allen Goethe-Instituten der Welt gebührend zu gedenken habe – ihnen hätte Helene womöglich klarmachen können, daß das wirkliche Ausspucken von Pudding heute vielleicht sinnvoller und kunstvoller wäre als das beflissene Wiederkäuen alberner alter Kunstscherze.

Die anderen waren nun alle ins Haus gegangen, die Türen blieben offen. Wie vernünftig menschliches Stimmengewirr klang, wenn man nur ab und zu einen Wortfetzen verstand. Als sei die Welt in Ordnung. Bedauerlicherweise war der Himmel bezogen. Als Kind hatte Harry geglaubt, in Afrika sei der Himmel immer klar. Man konnte seinen Gedanken besser nachhängen, wenn man die Sterne sah. Oder Fledermäuse. In der Dämmerung den Fledermäusen nachsehen war auch nicht schlecht. Fledermäuse mußte es hier geben. Er hatte erst neulich einen Zoologen gefragt. Man sah sie aber nicht, weil es so rasch dunkle Nacht wurde hier in der Nähe des Äquators.

Es war kühl jetzt, Harry schlug seinen Kragen hoch und wickelte die Jacke fest um sich. Es war wohltuend, sich zu nichts verpflichtet zu fühlen. Es gab Gäste, um die man sich kümmern sollte, und man kümmerte sich nicht. Bedauerlicher als der fehlende Sternenhimmel und die fehlenden Fledermäuse war, daß bei diesem Essen und diesem Empfang unter den mehr als 30 Leuten keine einzige Frau war, die ihn anzog. Es säße sich noch sehr viel besser allein hier draußen auf der Terrasse, wenn die Chance bestünde, daß eine Frau, mit der man vielleicht bei Tisch einen langen Blickwechsel gehabt hatte, jetzt unversehens auf die Terrasse käme, wie zufällig, um dann zu sagen: Ach, hier sind Sie! Was machen Sie denn hier? – Sie werden es nicht glauben, Madame, würde er sagen, ich bin gerade im Begriff, meine Kunsttheorie zu rekapitulieren.

In Kunstangelegenheiten besaß Duckwitz nur spärliche, aber seiner Ansicht nach die entscheidenden Grundkenntnisse. Er fühlte sich kompetent und das mit gutem Gewissen. Anders als Naturphänomene oder neue Techniken, sagte er jedem, der ihm in dieser Sache ein Ohr lieh, könne Kunst besser von Nichtfachleuten beurteilt werden. Hier sei die Distanz erkenntnisfördernd. Das sei der große Vorteil von künstlerischen Werken irgendwelchen technischen Erfindungen gegenüber: daß das Urteil des Laien mehr wert sei als das der Fachleute. Als unverdrossener Zeitungleser war Duckwitz einigermaßen über die künstlerischen Geschehnisse der Gegenwart informiert. Es reichte, um sich in blütenreichen Tiraden über den Unsinn der modernen Kunst zu ergehen. Kam in solchen Fällen Beifall von kulturkonservativen Liebhabern der guten alten Kunst, fiel Duckwitz sofort über deren gesicherte Werte her.

Von früheren Überlandfahrten mit Helene wußte er über die verschiedenen Baustile der einzelnen Epochen Bescheid. Nie hatte er sich länger als eine Minute in einem gotischen Dom aufhalten können, dann war ihm angeblich übel geworden. Dies war für ihn fortan ein allgemeingültiges Argument gegen die Gotik. Die Gotik sei ekelerregend und menschenverachtend, sagte er genüßlich, sie bezwecke nichts anderes, als den Menschen zur Schnecke und zum Wurm zu machen. Die Barockresidenzen waren nach Harrys Ansicht auch nicht viel humaner, die Ausmaße der Bauten seien »faschistoid«, hatte er damals natürlich sagen müssen. Und dann waren ihm bei den kunsthistorischen Streifzügen mit Helene am Ende der 60er und zu Beginn der 70er Jahre Kirchen aufgefallen, die entweder nicht hell genug waren oder so hoch, daß man selbst mit guten Augen die Deckengemälde nicht mehr entschlüsseln konnte. Kurz, die ganze Geschichte der Kunst war von Anfang an eine Geschichte des Unsinns. Und Helene studierte eine Unsinnswissenschaft. Da sei sein Jurastudium noch vergleichsweise sinnvoll, hatte Harry gesagt, wobei natürlich der Unsinn der Kunst seine Vorteile habe, denn was wären Köln und Straßburg ohne ihre finsteren Münster, was München ohne seine niederträchtige Frauenkirche. Was wäre Würzburg ohne seine Residenz, ja, selbst den erbärmlichsten Käffern in der Provinz, an denen sie vorbeigefahren waren, würde etwas fehlen ohne Kirchturm. Die durch und durch korrupte Heuchlerkirche hatte immerhin Kirchtürme hervorgebracht, das mußte man ihr zugute halten.

Noch schlimmer als das Christentum war allerdings der Islam, fand Harry, weil der so entsetzlich vital war. Das einzig Gute am Christentum waren seine Verwässerung, seine Verlogenheit, sein ganz und gar verrotteter Zustand, seine längst nicht mehr ernst zu nehmenden Katholikenpäpste und Witzkardinäle. Das Christentum war ein morbide gewordenes Relikt ohne große Bedeutung. Jedenfalls kannte Harry niemanden, der von sich behauptet hätte, er sei ein gläubiger Christ. Bei dem Wort »gläubiger Christ« konnte man heute nur noch einen Lachanfall bekommen, fand Harry. Die verfluchten Moslems aber heuchelten nicht, sie bekannten sich in hündischer Gottergebenheit zu ihrem Glauben, sie warfen sich allen Ernstes pünktlich auf die Knie und beugten sich nach Mekka hin und benahmen sich wie brünstige Küchenschaben. Das war nicht mehr lachhaft, sondern abstoßend und fürchterlich anzusehen, wie sie einem Monstrum namens Allah huldigten, das ihr Prophetenfatzke erfunden hatte. Das Recht auf freie Religionsausübung war ein Fehler der demokratischen Verfassungen, obwohl man Religionen mit Verboten bekanntlich nicht beikam. Dann wurden sie noch starrsinniger. Eine Religion, die einmal gezündet hatte, war resistent wie Sondermüll. Dauerte ewig, bis das Zeug nicht mehr strahlte, das Christentum hatte seine aggressive Phase erst nach 1200 Jahren mit der Inquisition erreicht, und erst nach 1700 Jahren, mit der Aufklärung, begann ihm der Saft auszugehen. Der Islam war gute 500 Jahre jünger, und wenn es eine Art Verfallszeit für monotheistische Religionen gab, dann mußte man damit rechnen, daß es noch, 1700 plus 500 ist gleich 2200, also noch gut 200 Jahre dauerte, bis der Islam seine Bösartigkeit verlieren würde und die Muselmanen sich zu normalen menschlichen Wesen entwickelten, mit denen man gepflegt über Gott und die Welt lästern konnte.

Und doch, obwohl der Islam die Menschen zu Insekten machte – was wäre eine orientalische, eine arabische Stadt ohne die Minarette und das Gemecker der Muezzins, ob es nun aus dem Lautsprecher kam oder aus der fanatischen Originalkehle. Harry wäre der erste gewesen, der sich für den Erhalt der Moscheen und Minarette eingesetzt hätte. Weil der Unsinn dazugehörte. Der Unsinn bildet die Kulisse. Ohne Kulisse wäre das Leben noch unerfreulicher.

Kamerun war vom Islam nicht so stark durchdrungen wie manche anderen Staaten Schwarzafrikas. Traute man den statistischen Angaben, dann gab es hier fast doppelt so viele Christen wie Moslems. Wenn sich der Botschafter herabließ, deutschen Gästen die Hauptstadt zu zeigen, dann führte er sie auch an einem Kirchenneubau vorbei, dem letzten abscheulichen Mahnmal missionarischen Eifers, das als eine der stolzen, modernen Sehenswürdigkeiten Jaundes galt.

Wie jede Behörde, die ihren Mitarbeitern Respekt aufnötigen will, teilte auch das Auswärtige Amt seinen Leuten erst in letzter Minute mit, in welcher Auslandsvertretung sie in den nächsten drei Jahren eingesetzt werden würden. Die Diplomaten schimpften auf diese Schikane, nahmen sie aber ohne wirkliche Empörung hin, eher mit einer Art souveräner Ohnmacht, mit der wohlerzogene Kinder leise kichernd die absurden Anweisungen ihrer

Eltern befolgen. Auch Duckwitz hatte es schulterzuckend hingenommen. Es war keine Art, so mit Menschen umzugehen, aber es hatte ihm wenigstens eine Entscheidung erspart. Im übrigen lehnten sich auch deswegen nur wenige gegen diese selbstherrliche Versetzungspraxis auf, weil das Überraschungsmoment etwas Farbe in das graue Diplomatenleben brachte.

Duckwitz hatte gerade noch Zeit gehabt, sich ein paar Bücher über Kamerun zu kaufen. Es war beruhigend, fand er, daß sich fast die Hälfte der kamerunischen Bevölkerung keinen fremden Glauben hatte aufschwatzen lassen und an den Naturreligionen festhielt. Überhaupt empfand er es mehr und mehr als Glück, nach Kamerun versetzt worden zu sein. Die politischen Verhältnisse waren katastrophal genug, der Präsident war natürlich ein machtlüsterner Patron. Das Regime kontrollierte die kraftlose Opposition, griff eisern durch und organisierte den obligatorischen Wahlbetrug. Aber verglichen mit anderen Ländern Afrikas, gab es weniger Pomp, weniger Druck, weniger Beschiß, es floß weniger Blut, die Macht tobte nicht ganz so irrsinnig wie in der benachbarten Zentralafrikanischen Republik, es gab keine Glaubenskriege wie im Sudan, kein so massenhaftes Abschlachten politischer Gegner wie in Uganda. Im Norden des Landes sollte es neulich ein Blutbad gegeben haben. Einige hundert Tote, aber kein tausendfaches Niedermetzeln ganzer Stämme wie in Ruanda und Burundi. Uganda, Ruanda, Burundi – was für paradiesische Namen und wie höllisch war die Wirklichkeit in diesen Ländern. Sogar die Natur hatte Kamerun begünstigt, es gab nicht derart verheerende Dürreperioden und Hungersnöte wie im Tschad oder in Äthiopien. Die Militärs waren nicht so machtlüstern wie nebenan in Nigeria, kein Bürgerkrieg wie der gescheiterte Sezessionsversuch Biafras hatte ein Meer von Toten hinterlassen. Die Korruption war grotesk, aber nicht maßlos.

»Die Lage ist stabil.« Mit diesem beruhigenden Satz

hatte der Botschafter seine regelmäßigen Berichte an die Zentrale in Bonn bisher beschlossen. Und irgendwie hatte er sogar recht mit dieser naiven Einschätzung. Seitdem Duckwitz als dritter Mann und Wirtschaftsreferent in der Botschaft arbeitete und den Botschafter mit Informationen versorgte, verirrten sich neuerdings ab und zu kritische Nebensätze in den Bericht. »Die Lage ist vergleichsweise stabil«, war die neue Schlußformel des Botschafters. Das war gut, das war besser. »Vergleichsweise« – das war vorsichtiger und diplomatischer und im übrigen auch richtiger.

»Woher wissen Sie das nur alles?« hatte der Botschafter erst neulich gefragt, als ihm Duckwitz seine Einschätzung der wirtschaftlichen Lage des Landes hinüberreichte. Es waren Zahlen und Prognosen, die zu Hause in Deutschland in jeder besseren Dritte-Welt-Broschüre auf jedem besseren Büchertisch in jeder besseren Universitätsstadt zu finden waren. Duckwitz hatte einen kaltgestellten schwarzen Beamten im Kameruner Wirtschaftsministerium angerufen, die Zahlen überprüft und auf den neuesten Stand gebracht. Man mußte sich immer an die Abgeschobenen, an die Entmachteten, an die Machtlosen und an die Frustrierten wenden. Die wußten am besten Bescheid, und weil sie verbittert waren, gaben sie gerne Auskunft.

»Man muß die richtigen Leute kennen«, hatte Duckwitz dem Botschafter mit einem möglichst undurchsichtigen Lächeln gesagt. Der Botschafter war begeistert. Duckwitz war ein hervorragender Mann. Den konnte man brauchen. Der wußte Bescheid. Die Frau des Botschafters hielt Duckwitz zwar für einen Roten, und die Roten waren auch für den Botschafter ein Graus. Aber lieber ein Roter als dieser zweite Mann in der Botschaft, der für Presse und Kultur zuständig war und der sich für nichts als seine Negerplastiken interessierte und der im übrigen Mayer hieß. Was für ein unmöglicher Name für einen Angehörigen des höheren Auswärtigen Dienstes.

Kamerun, fand Duckwitz, hatte etwas von einem

behaglichen Nest an sich. Es konnte einem manchmal heimelig zumute werden. Vielleicht, weil hier ein Afrika war, das trotz seiner unübersehbaren modernen Elemente noch immer an die Sammelbilder der Sanella-Margarine in den frühen 50er Jahren erinnerte. Jetzt neigten sich die 70er Jahre ihrem Ende zu. Ein Vierteljahrhundert war das her. Die ersten großen Glücksmomente im Leben des 6- bis 8-jährigen Harry von Duckwitz: danach gieren, einen Margarinewürfel im Edeka-Laden kaufen zu dürfen, und dann das neue Sammelbild dazu. Zebras und Gnus an der Tränke. Ritueller Tanz der Besessenen. Zu Gast beim schwarzen König Mua-Mingo. Und dann natürlich ein Abstecher zu Professor Dr. Albert Schweitzer, dem Oganga von Lambarene. Und immer wieder das Flugzeug, das den Kinderhelden dieser Margarinereise durch Afrika über die dunkellockende Wildnis des Kontinents trägt, zweimotorig und gemütlich wie eine Hummel. Und diese städtischen Szenen in Kapstadt und Addis Abeba: diese Würde, mit der Schwarze und Weiße an großen Amiautos vorbei weltmännisch die staubigen Straßen entlangschlendern. Was für ein glücklicher Nachmittag, so ein Bild zu ergattern, was für ein Überglück, alle hundert Bilder vollständig da hineinzukleben.

Der anonyme Sanella-Sammelbilder-Maler mußte ein großer Künstler gewesen sein, der das Wesen Afrikas erkannt hatte. Ein tausendmal größerer Künstler als der in dieser Zeit berühmte Stümper Raoul Dufy, dessen schallplattenalbumumschlagartige Bilder von Paris nichts mit dem wirklichen Frankreich zu tun hatten. Oder hatten sich einem die Sanella-Bilder als Kind derart eingeprägt, daß man Afrika nun gar nicht mehr anders sehen konnte?

Von diesen Bildern abgesehen, gab es in Kamerun merkwürdigerweise Gegenden, die Duckwitz an Landschaftsansichten zu Hause erinnerten. Es gab ein Detail im Bergland, am Fuß des Mount Cameroon, das bei einem gewissen Licht aussah wie ein Stück des Rheinufers, das man in der Nähe von Koblenz vom Zug aus sehen konnte.

Und am Rand von Jaunde war eine Stelle, da meinte man, einen Blick auf Stuttgart zu haben.

Natürlich sah niemand sonst solche Ähnlichkeiten. Helene war die einzige Person, der man Beobachtungen dieser Art anvertrauen konnte. In Heiratsanzeigen las man das nie: Suche Frau, mit der ich Beobachtungen über Ähnlichkeiten austauschen kann. Es sprach nicht für die Heiratswilligen, daß sie danach nie verlangten. Das war doch nach und neben dem Vögeln das Schönste. Als manischer Zeitungleser nahm Duckwitz selbstverständlich auch die Heiratsanzeigen zur Kenntnis, dieses einzig wahre Spiegelbild der Sehnsüchte der bürgerlichen Gesellschaft. Der Austausch von Ähnlichkeitsbeobachtungen gehörte jedenfalls zu den erfreulichsten Augenblicken der menschlichen Existenz. Das war Liebe und Verständnis, wenn man mit einer Frau rätselte, wem diese oder jene Person ähnlich sähe.

Duckwitz erhob sich aus seinem Korbstuhl. Genug jetzt. Genug gedacht, genug gedöst. Sein Bruder Fritz war ein Dichter, und Harry war ein Döser. Sie kamen aus dem Land der Dichter und Döser.

Duckwitz' Botschaftskollege Hennersdorff, der sich in der anderen Ecke des Raums mit dem Abgeordneten und einem schwarzen Minister unterhielt, sah übrigens aus wie der Postbote, der einst vor sieben, acht, nein exakt zehn Jahren die Briefe in Helenes Frankfurter Wohngemeinschaftswohnung gebracht hatte, das heißt weniger Briefe als die ›Peking Rundschau‹ auf diesem dünnen Überseepapier, die schon damals selbst von den wildesten Marxisten in der Wohngemeinschaft nicht gelesen worden war.

Ähnlichkeitsbeobachtungen waren mehr wert, wenn man sie austauschen konnte. Sie waren sinnlos, und doch hatten sie den Charakter kleiner Erkenntnisse. Sie halfen einem weiter. Das Leben füllte sich. Es war eine kleine Erlösung, wenn einem endlich einfiel, wem der Militärattaché, diese Patronenhülse, ähnlich sah: natürlich, diesem einen Schauspieler mit dem Igelhaarschnitt, der in so vielen französischen Filmen der 60er, vielleicht auch schon der 50er und noch der frühen 70er Jahre eine bedeutungslose, aber unübersehbare Nebenrolle spielte, und nie wußte man, wer das ist. Hier stand sein Double in einer lachhaften Uniform. Er hatte nichts zu suchen hier, man sollte ihn mit einem Besen aus dem Raum hinausschubsen. Sein einziger Wert war, an diesen rätselhaft vertrauten Schauspieler zu erinnern, und Helene war nicht da und konnte die köstliche Erinnerung nicht mit ihm teilen.

Der gute Hennersdorff, diese Wiedergeburt des Postboten von einst. Duckwitz hätte ihn umarmen können. Hennersdorff hatte nicht studiert. Gleich nach dem Abitur hatte er sich als Diplomat beworben. Weil er nicht studiert hatte, gehörte er nicht wie Duckwitz dem sogenannten »höheren Auswärtigen Dienst« an, sondern dem »gehobenen«, was zwar in unkundigen Ohren auch gut klang, aber weniger Einfluß und vor allem ein geringeres Einkommen bedeutete. Es hieß, daß die Angehörigen des höheren Dienstes auf die des gehobenen herunterblickten. Das kam vor, es kam aber auch nicht vor. Während der Ausbildung zum höheren Dienst war man mehr oder weniger unter sich gewesen. Die Art und Weise, wie die Ausbilder die Attachés ermahnten, nicht herablassend zu den Mitarbeitern des gehobenen, des mittleren und bitte auch nicht zu denen des einfachen Dienstes zu sein, war bereits ein Muster der Herablassung.

Der diplomatische Alltag aber nivellierte vieles und gab kaum Gelegenheit zu großem Dünkel. Die wenigen intelligenten Leute, egal, in welcher Laufbahn, begriffen sehr schnell, daß sie allesamt Würste waren. Das verband.

Jedoch war allein das Gerede vom herablassenden Benehmen der höheren Diplomaten Duckwitz so peinlich, daß er allen Mitarbeitern der unteren Laufbahnen mit der ausgesuchtesten Freundlichkeit begegnete. Das war eine Art Wiedergutmachung für die Privilegien, deren

Besitz er als unverdient empfand. Es war ein Privileg gewesen, als Waisenkind aufzuwachsen, ohne die Gängelungen eines neurotischen Vaters und ohne die Ängste einer sich verzehrenden Mutter. Es war äußerst angenehm gewesen, in einem alten Haus mit dem schönen Namen »Villa Huberta« groß zu werden, in einer schmeichelnden Gegend, nur nachlässig betreut von rauchenden, trinkenden, kartenspielenden, frivol fluchenden Tanten. Es war ein Privileg, sein Studium mit einer Kombination von Waisen- und Kriegshalbwaisenrente zu finanzieren und niemanden damit zu belasten, am wenigsten sich selbst – nur diesen Staat, dieses Ungeheuer, dem man nicht dankbar zu sein brauchte. Es war ein Privileg, in der Lage zu sein, über sich selbst nachzudenken und die täglichen Geschehnisse als Hokuspokus zu erkennen.

Derart privilegiert hatte er als Student danach gelechzt, den vom Schicksal weniger begünstigten Menschen zu helfen. Deswegen hatte er vermutlich Jura studiert und war Anwalt geworden, deswegen seine Sympathie für die linke Helene und die linken Typen in der verwegensten Wohngemeinschaft von Frankfurt, wo er sich jahrelang wärmte wie an einem Lagerfeuer. Später, als Anwalt, würde er den Entrechteten zu ihrem Recht verhelfen. Als Student konnte man nicht viel tun. Man konnte zum Beispiel morgens früh um fünf Flugblätter vor einem Fabriktor verteilen. Das hatte Duckwitz einmal und nie wieder gemacht. Er hatte geglaubt, er müsse ein solches Initiationsritual absolvieren, um gewissermaßen eine Berechtigung zu haben, als Helenes Freund und Dauergast in der Wohngemeinschaft geduldet zu werden. Um fünf Uhr früh vor der Fabrik war er sich künstlich vorgekommen wie auf einem aufgeregten sozialistischen Holzschnitt aus den 20er Jahren oder wie von Käthe Kollwitz gezeichnet. Harry von Kollwitz verteilt Flugblätter, der rote Baron. Nein, es half nichts, es war nicht komisch. Er hatte es überheblich gefunden, die Arbeiter über ihre angeblich entsetzliche Lage aufzuklären. Es war mehr ein Instinkt gewesen, das nie, nie wieder zu tun. Erst Jahre später, in seiner Anwaltszeit, als er einmal das Recht eines Arbeiters gegenüber seinem Ausbeuterarbeitgeber erstritt und merkte, wie glücklich und glühend er an diesen Prozeß heranging und wie im Verlauf der Verhandlung immer unübersehbarer wurde, daß dieser Arbeiter ein faules Scheusal war und der Arbeitgeber ein kulanter Herr, der nach Harrys feurigem Plädoyer gleich den kürzeren ziehen würde, war ihm das ganze Ausmaß der Perversion bewußt geworden.

Hierüber hatte er sich übrigens mit Helene nie so gut verständigen können wie über die Ähnlichkeiten von Omnibus-Fahrgästen mit Schauspielern und Politikern. Bis in die 70er Jahre hinein hatten sie sich über die Methoden zur Verbesserung der Zustände gezankt. Harrys Vorwurf war, daß Helene mit ihrer Kunstgeschichte und ihrem Interesse für französische Kathedralen nur quatschte und nichts täte. Helene warf ihm vor, er falle nach einer kurzen Phase des revolutionären Denkens wieder in den bürgerlichen Weltekel zurück, aus dem er gekommen sei. Hinzu kam, daß sich plötzlich eine ungewohnte sexuelle Unzufriedenheit eingeschlichen hatte. Jahrelang, semesterlang hatten sie gevögelt, wann immer die Lust über sie gekommen war. Nun gab Helene mit einemmal an, sie fühle sich von Harrys Annäherungsversuchen belästigt. Indem sie das Wort »Annäherungsversuch« in den Raum stellte, war die Katastrophe dagewesen. Alles, was sich eben noch von selbst ergeben hatte, war nun ein Annäherungsversuch und somit etwas leicht Schmieriges. Sie nörgelte an der Art seiner Lüsternheit herum, er mache zu viele Witze, da vergehe einem ja die Lust. Wenn er verliebt an ihrer engen Bluejeans oder ihrer tollkühnen Lederhose herumtätschelte, zog sie sich zur Strafe am nächsten Tag ein asexuelles Flatterkleid an, in dem sie aussah wie von der Heilsarmee oder eine Guruschickse, und weil er sie dann natürlich nicht anfaßte, warf sie ihm vor, er sei völlig von Äußerlichkeiten abhängig.

Nein, zu denen gehöre er nicht, die nichts als ihren eigenen Vorteil im Sinn hätten, hopphopp und sich aus dem Staub machen, das nicht, das fehlte noch, aber er streichle sie in letzter Zeit immer so mechanisch.

Harry hatte gesagt, diese Vorwürfe würden einen normalen Mann impotent machen, Gott sei Dank sei er robust. Er hatte sofort etwas mit einer anderen Frau anfangen müssen, um sich und Helene zu beweisen, daß es an ihm nicht liegen konnte, sondern an Helene, die zu viele von diesen Frauenbüchern las. Er könne das Wort Emanzipation, sagte er, ja das Wort Frau und Frauen und Frauenliteratur und Frauenkneipe und Frauensolidarität schon bald nicht mehr hören.

»Typisch«, schrie Helene, »du wirst immer reaktionärer.« Das trennte sie.

In seiner Zeit als Anwalt hatte es keine Hierarchie gegeben. Es gab Kollegen und Kompagnons, es gab Prozeßgegner, Mandanten, Richter, aber keine Hierarchie, keine Vorgesetzten, keine Untergebenen. Die Sekretärinnen in der Kanzlei wollten nicht zu Rechtsanwälten aufsteigen. Jetzt aber war er Beamter, jetzt gab es Rangstufen und Rangfolgen und ranghöhere Leute und verschiedene Laufbahnen auf verschiedenen Ebenen. Hier gab es Hierarchie, hier endlich konnte man zeigen, wie wenig man davon hielt. Die Hierarchie war immer der Feind gewesen, denn sie widersprach den antiautoritären Vorstellungen von Gleichheit und Gerechtigkeit. Im Innern der Hierarchie begriff er nun, daß die ewigen Klagen über die Hierarchie falsch waren. Die Hierarchie war ein Feind, aber ein idealer und notwendiger. Sie war ein brauchbares Ordnungssystem, das man ständig mißachten konnte. Da jedem innerhalb der Hierarchie die Hierarchie zuwider war, machte man sich geradezu beliebt, wenn man möglichst oft und heftig gegen ihre ungeschriebenen Gesetze verstieß. Die Hierarchie brachte zwar Kriecher und Angepaßte hervor, aber keiner mochte Kriecher und Angepaßte. Duckwitz genoß es, seinen Vorgesetzten wie ein

Gleichgestellter gegenüberzutreten. Das unterschied die Beamten doch von Hirschen: Sie verjagten einen nicht wütend vom Platz, nein, sie akzeptierten einen sofort als Gleichrangigen, was ihnen leichtfiel, da sie ja nicht vergaßen, daß sie Vorgesetzte waren, daß man ihnen nicht gefährlich werden konnte. Weil man sich nicht wie ein Hund benahm, behandelten sie einen auch nicht wie einen Hund. Das war die geheime Spielregel der Hierarchie, die allerdings nur funktionierte, solange es genügend Figuren gab, die gekrümmt durch die Gänge schlichen und ehrerbietig die Büros der Diensthöheren betraten.

Der Botschafter war bei Empfängen mit dem Whisky knauserig. Als müsse er ihn selbst bezahlen. Deutsches Bier, deutscher Wein, aber kein stinknormaler schottischer Whisky. Duckwitz holte sich aus dem Kühlschrank der kleinen Küche neben dem Empfangsraum zwei Eiswürfel und ging in die Besenkammer, wo er hinter einem Putzeimer eine Whiskyflasche deponiert hatte. Dann kehrte er mit vollem Glas zufrieden zu der Gesellschaft zurück. Hennersdorffs Frau belehrte mit ihrer dröhnenden Stimme den österreichischen Honorarkonsul über die Schönheiten der Wiener Lipizzaner. Diese Frau war ein Phänomen. Trotz ihrer guten Figur ohne jede Erotik. Irgendwie tröstlich, fand Harry, daß es mit rassigen Beinen allein nicht getan war. Hennersdorff unterhielt sich noch immer mit dem Abgeordneten und dem schwarzen Minister und sah etwas gequält aus. Er arbeitete mehr als Duckwitz, und er verdiente weniger. Duckwitz hatte anfangs versucht, diese Ungerechtigkeit zu korrigieren, indem er Hennersdorff gegenüber im Rahmen seines Hierarchieboykotts besonders liebenswürdig war, was nur von der Sorge gebremst wurde, es könnte übertrieben wirken. Mittlerweile hatten sich diese künstlichen Überlegungen verflüchtigt. Hennersdorff und Duckwitz verband eine distanzierte, aber herzliche Freundschaft.

Als habe Hennersdorff gemerkt, daß Duckwitz ihn ansah, erwiderte er, während der Abgeordnete etwas zu ihm sagte, den Blick mit einem deutlichen Zeichen der Hilflosigkeit. Er schnäbelte mit zwei Fingern vor dem Mund, das hieß, er müsse dolmetschen, er werde sobald wie möglich zu Duckwitz kommen. Nach diesem gestischen Signal war der Abgeordnete darauf vorbereitet, daß Hennersdorff ihm seine Dolmetscherdienste gleich entziehen würde, weil er noch etwas Wichtiges mit Herrn von Duckwitz zu besprechen habe.

Duckwitz fand, daß Hennersdorff eigentlich »von« Hennersdorff heißen müsse, der Name schreie förmlich nach dem Adelspartikel, mehr jedenfalls als der Name Duckwitz. Duckwitz sei ein völlig unaristokratischer Name, das »von« davor sei lachhaft, zu Hennersdorff gehöre es. Das hatte er Hennersdorff schon bald nach seiner Ankunft in Jaunde bei einer Einladung gesagt, und Hennersdorffs Frau, mit ihrer guten Figur und ihrem Null an erotischer Ausstrahlung, hatte nicht recht gewußt, wie sie diese Bemerkung einschätzen sollte.

Hennersdorff war loyal. Wenn man selbst nicht loyal war, war das eine Stütze. Wenn Duckwitz den Botschafter einen Esel nannte und seine Frau einen Wasserbüffel, dann war Hennersdorff nicht der Typ, der ihm verschmitzt zulächelte. Um die Sache mit dem »höheren« und dem »gehobenen« Auswärtigen Dienst von vornherein zu klären, hatte Duckwitz gleich zu Anfang diese Unterscheidung ironisch wegzuwischen versucht. Ich finde, »gehoben« ist ein sehr viel vornehmeres Wort als »höher«, hatte er gesagt, und Hennersdorff hatte ihm dann am nächsten Tag seine Visitenkarte auf den Schreibtisch gelegt und dazugeschrieben: »›Erhaben‹ ist noch besser als ›höher‹ und ›gehoben‹. Ab sofort ›von‹ Hennersdorff, Angehöriger des Erhabenen Auswärtigen Dienstes.« Seitdem hatte Duckwitz den Kollegen Hennersdorff in sein Herz geschlossen. Er hätte Lust gehabt, sich mit ihm zu duzen, aber irgendwie wäre ihm dieser

Affront gegen die im Auswärtigen Dienst noch geltende Konvention zu anbiedernd gewesen.

Hennersdorff war nach Duckwitz' Ansicht unglücklich verheiratet, weil man mit so einer Frau nur unglücklich sein konnte. Sie sprach nicht, sie brüllte und schrie einem die Sätze zu, die meistens von ihren drei Kindern und der Pferdezucht handelten. Einmal hatte sich Duckwitz ein Herz gefaßt und Hennersdorff gefragt, warum seine Frau so laut spreche. Es war ihm noch gar nicht aufgefallen. Sie habe lange mit ihrer schwerhörigen Mutter gelebt, da werde sie es sich angewöhnt haben, meinte er dann. Manchmal verbrachte Duckwitz, der Junggeselle, einen Abend bei den Hennersdorffs, und er wäre lieber dort gewesen, wenn es diese furchtbare Frau nicht gegeben hätte, die Rose mit Vornamen hieß und die Duckwitz für sich »die Stockrose« nannte, weil sie so aufrecht emporragte.

Jetzt ließ Hennersdorff den Abgeordneten bei dem schwarzen Minister stehen. Die beiden konnten sich nun nicht mehr unterhalten, weil ihnen der Dolmetscher fehlte, und gingen mit verlegenen Gesichtern auseinander.

»Na?« sagte Hennersdorff zu Duckwitz.

»Entschuldigen Sie!« sagte Duckwitz. »Verzeihung, das mit dem Pudding vorhin, ganz blöd war das.«

Hennersdorff lachte. Der Postbote in Frankfurt, dem er so ähnlich sah, war etwas kleiner gewesen. Hennersdorff sagte, es sei unglaublich, der Abgeordnete spreche tatsächlich kein Wort Englisch, geschweige denn Französisch.

»Um was ging es bei dem Gespräch?« fragte Duckwitz.

»Um nichts«, sagte Hennersdorff.

Sie betrachteten beide eine Weile die Gäste auf diesem Empfang, bei dem es um nichts ging, in einem Gebäude, das wie ein Schuhkarton aussah und das auch an der verkarsteten Küste Jugoslawiens hätte stehen können. Zimmer frei. Kein Format, kein Schwung. Schöne Bauten hatten immer eine blutige Geschichte. Hennersdorff schüttelte den Kopf und sagte, Duckwitz müsse verrückt gewesen sein, seinen Job als Anwalt an den Nagel zu hängen! »Gegen das hier!« sagte er bitter. Seine Frau unterhielt sich jetzt mit dem Botschafter. Man verstand jedes Wort ihrer Trompetenstimme. Eine ganz besonders reizende Einladung sei das gewesen, brüllte sie den Botschafter an. Duckwitz sagte, als Anwalt habe er sehr viel arbeiten müssen und dabei das Gefühl gehabt, es sei für die Katz. »Dies hier«, sagte er und deutete in den Raum, »ist auch für die Katz, aber man muß wenigstens nicht viel tun.«

Hennersdorff schwieg. Er selbst tat mehr. Er hatte ein Pflichtgefühl. Er wollte weiterkommen. Er mußte weiterkommen. Wenn man weiterkommen wollte, mußte man etwas tun.

»Man muß doch was zu tun haben«, sagte er jetzt.

Duckwitz dachte: Wenn ich deine Frau hätte, würde ich mich auch ins Büro setzen und arbeiten.

»Was tun Sie mit Ihrer Zeit?« fragte Hennersdorff.

»Ich löse Welträtsel«, sagte Duckwitz, »genauer: Ich arbeite an der Lösung von Welträtseln.«

»Zum Beispiel?«

»Zum Beispiel Kirchensteuer.«

»Wie? Sie meinen, warum Sie im Ausland keine zahlen müssen?«

»Nein, warum zahle ich noch Kirchensteuern, wenn ich zu Hause bin?«

»Weil Sie noch in der Kirche sind.«

»Und warum bin ich noch in der Kirche?«

»Das übliche Rückversicherungsdenken.«

»Ich bitte Sie!«

»Sondern?«

»Um Kirchensteuern zu zahlen.«

»Sie sind verrückt«, sagte Hennersdorff, »wenn so die Lösungen von Welträtseln aussehen, dann sitze ich lieber im Office und löse das Rätsel um die verlorenen Pässe von deutschen Afrikareisenden.«

Harry sagte nun, der Witz sei doch: Man könne die Kirche nicht ausstehen, wolle sie nicht unterstützen, nur sei es leider so, daß man sich aus Kirchtürmen etwas mache. Obwohl er weder die Kirche als Institution ertragen könne, noch je in Kirchen ginge, fände er es richtig, daß in jedem vernünftigen Dorf eine Kirche stünde, mit einem Turm, den man von weitem sieht. Die Kirche sei gräßlich, aber ein Dorf ohne Kirchturm sei kein Dorf. Und eine Fahrt über Land an Dörfern vorbei mache keinen Spaß, wenn nicht dieser Akzent in Form eines Kirchturms die Landschaft belebe. Mit seiner Kirchensteuer leiste er also einen Beitrag zum Erhalt der Kirchtürme. »Als Puddingspeier sind Sie eindrucksvoller als in der Rolle des Kirchensteuerphilosophen«, sagte Hennersdorff.

»Als Anwalt war mein Kopf so voll«, sagte Duckwitz, »da konnte ich mir nie solches Zeug durch den Kopf gehen lassen. Nehmen Sie zum Beispiel die Pyramiden, dieser Unsinn, dieser Größenwahn. Keiner weiß, wie grausam das damals wirklich war. Wer weiß, wie grausam und entwürdigend die Sklavenhaltung im Altertum wirklich war. Es ist möglich, daß allein beim Bau der Pyramiden noch mehr Menschen nach endlosen Demütigungen und Qualen zu Tode kamen als in den KZs.«

»Seien Sie vorsichtig«, sagte Hennersdorff.

»Es kann so gewesen sein. Viele Millionen Steinquader, von denen jeder mehrere Tonnen wiegt, von Menschenhand auftürmen zu lassen! Heute stellt man sich davor und sagt ›Ah!‹ und ›Oh!‹, und denkt sich, was wäre die Wüste ohne die Pyramiden. Selbst mein Zigarettenpapier wäre nur halb so schön ohne Pyramiden darauf«, sagte Duckwitz und drehte sich eine. Der Botschafter kam hinzu. »Meine Herren!« entfuhr es ihm. Das paßte immer. Er beobachtete, wie Duckwitz sich seine Zigarette drehte, und sagte anerkennend: »Das haben wir früher auch gemacht.«

Man konnte Pudding auf den Teller spucken, man konnte als Diplomat Zigaretten drehen wie ein Student –

je mehr man aus der Reihe tanzte, desto weniger eckte man an.

Hennersdorffs Frau schrie nach ihrem Mann, was blieb ihm übrig, als diesem Ruf zu folgen.

Duckwitz überlegte sich, ob er mit dem Literaturprofessor und der Goethefrau ein Gespräch über den Zusammenhang von Pracht und Brutalität, von Kunst und Unmoral beginnen solle. Man mußte doch froh sein, daß ab und zu jemand da war, mit dem man über solche Dinge reden konnte. Die Deutschen, die sonst hier lebten oder hier aufkreuzten, waren nicht weniger spießig als Schraubenvertreter aus Sindelfingen oder Autohändler aus Wolfsburg. Und die Empfänge, die in Ermangelung einer ordentlichen Residenz in diesem Schuhkarton von Botschaft in umfunktionierten Kanzleiräumen stattfanden, wirkten nicht anders als provinzielle Neubaueinweihungsparties von Bausparern.

Der Bluejeans-Literaturprofessor und die Goethefrau unterhielten sich gerade mit einem Siemens-Scheusal. Vermutlich wollten sie von ihm wissen, ob Siemens grundsätzlich zum Sponsoring avantgardistischer Kunst bereit sei, und wie Duckwitz diesen Elektronikschnösel kannte, hatte der noch nie das Wort Sponsoring gehört und stellte sich darunter vermutlich einen neuen elektronischen Schaltkreislauf vor. So klang es ja auch.

Duckwitz ging auf die Siemens-Literaturgruppe zu, drehte dann aber doch wieder ab. Was verstanden die davon. Was verstanden die von Kunstwerken und ihrer Entstehung aus dem Größenwahn: wie aus dem Niedrigen und Miesen das Hohe entstand und ob dem die Züge seiner Herkunft noch anhafteten. Harry wollte sich das Rätsel bewahren. Er wollte es sich nicht von einem pfiffigen Professor mit einer schlauen Antwort kaputtmachen lassen. Die Dinge sollten fragwürdig bleiben. Deswegen war es besser, für sich selbst im Kreis herumzusinnieren, als sich mit Fachleuten zu unterhalten, die mit ihrem Wissen sofort alle Fugen verstopften.

Trotzdem, er sinnierte in letzter Zeit etwas viel. Er stand und saß und lag herum und konnte sich und seine Gedanken gehen lassen.

Morgen würde er arbeiten. Morgen gab es etwas zu tun. Falls der abscheuliche Militärattaché zur Vormittagsbesprechung erscheinen würde, wollte Duckwitz ihn beleidigen. Man hatte diesen Offiziersidioten eingeredet, nur durch sie seien Freiheit und Demokratie zu erhalten, und das glaubten sie mit ihren dummen, kleinen Offiziersschädeln. Sie schritten herum, als habe man ihnen etwas zu verdanken.

Jetzt sah Duckwitz auf die Uhr. Es war elf. In zwölf Stunden würde er die Offiziersseele dieses läppischen Ungeheuers mit Zoten bewerfen. Er würde Soldaten als Waffenwichser bezeichnen. Er würde ihn fragen, wer ihn schmiere. Was, es schmiere ihn keiner? Ob er noch nie von den Verflechtungen gehört habe zwischen der Rüstungsindustrie und dem Verteidigungsministerium? Nie gehört, was? Wissen wir nicht. Aha! Dann werde Duckwitz ihm einmal sagen, warum er hier sei: um am Auswärtigen Amt vorbei Rüstungsaufträge zu lancieren. Was, das sei nicht wahr? Ganz schön naiv, Herr Oberleutnant. Ach was, Sie sind Oberstleutnant, na entschuldigen Sie, mit dem Geschiß auf Ihren Schultern kenne ich mich nicht so aus! Sie sind letztlich hier, um das Kriegswaffenkontrollgesetz zu umgehen, mein Herr! Sie wissen das gar nicht? Sie besuchen freundlich die hiesige Truppe. Sie haben nichts Arges im Sinn. Sie plaudern mit Ihren Metzgerkollegen hier über Waffen. Sie laden so einen Metzgerhauptmann und einen Metzgeroberst nach Deutschland ein. Sie zeigen ihnen ein paar hübsche Kasernen und eine Gewehrfabrik. Die Gewehrfabrik bietet bei der Gelegenheit so eine Art Waffenprobierpackung an, so eine Art Wundertütensendung. Nur hundert Gewehre zum Schnupperpreis und als Bausatz geliefert, weil es in Deutschland so komische Bestimmungen gibt. Das heißt, die Gewehrläufe kommen aus England. Verrückt ist das, jaja. Und die Gewehrmagazine aus Österreich. Brauchen Sie nur zusammenzubauen. Einen Monteur schicken wir mit. So läuft das doch, würde Duckwitz den Attaché anbrüllen. Sie sind hier, um uns zu übergehen, und wissen das nicht einmal!

Duckwitz freute sich auf morgen. Es würde ein Genuß werden. Der Botschafter würde, wenn es brenzlig zu werden versprach, aus dem Zimmer gehen. Der Militärattaché würde sich beim Botschafter beschweren, der würde jaja sagen, aber die Sache natürlich nicht weitergeben. Zwar war er im Krieg Offizier gewesen und hatte das auch nicht schlecht gefunden. Aber die Bundeswehr mochte er nicht. Und das Verteidigungsministerium noch weniger. Niemand im Auswärtigen Amt mochte das Verteidigungsministerium, und niemand im Verteidigungsministerium hielt etwas vom Auswärtigen Amt. Beide waren sie miserabel, also machten sie sich wechselseitig schlecht.

Und am Nachmittag, morgen, würde er sich diesem Straßenbauprojekt widmen und die Anträge deutscher Firmen prüfen, und er würde sein juristisches Wissen ausschließlich dafür einsetzen, genau das Gegenteil von dem zu tun, was hier seine Bestimmung war: sich um die Belange der deutschen Wirtschaft zu kümmern. Er würde ihnen alles in den Weg legen, was ihm nur einfiel, diesen stumpfsinnigen Exporteuren von Baumaschinen und den Technikern und all diesen Hohlköpfen, die in der ganzen Welt herumreisten und die Zusammenhänge nicht begriffen.

Jetzt hatte sich der Siemens-Mann mit einer lächerlichen Verbeugung von den beiden Literaten verabschiedet, die nun ganz gelöst auf Duckwitz zusteuerten. Sie waren ein bißchen besoffen, und Duckwitz war ein bißchen besoffen. Er wußte plötzlich nicht mehr, was er gegen die beiden hatte. Er war doch ganz in Ordnung mit seinen Bluejeans, obwohl es etwas penetrant wirkte, wie er sich vorhin einem Schweizer Banker gegenüber als »radikaler Demokrat« bezeichnet hatte. Und auch das

Kleid von ihr war kein Grund zur Beunruhigung, eher lustig und grotesk. Die beiden hatten seine Pudding-Nummer kritisiert, aber sie war ja auch kritisierbar. Morgen würde er arbeiten. Morgen würde er vernünftige Sachen machen.

»Wie halten Sie es hier nur aus?« sagte die Goethefrau freundlich.

»Es ist nur auszuhalten, wenn man verliebt ist«, sagte Duckwitz.

»Ein verliebter Diplomat«, sagte der Literaturprofessor und lachte seltsam, »ist das nicht ein bißchen trivial?«

»Lieber trivial als radikal«, sagte Duckwitz.

»Das ist gut«, sagte der Literaturprofessor. Seine Zustimmung hatte etwas Meckerndes. Es gefiel Duckwitz nicht, wie dieser Mensch ihn benotete.

»Apropos trivial«, sagte die Goethefrau jetzt, »das diplomatische Milieu hat bestenfalls das Niveau eines gehobenen Unterhaltungsromans.«

Das konnte man sich nicht gefallen lassen. Duckwitz sagte: »Was mich betrifft, ich sage so oft ›Scheiße‹, daß ich nicht mehr gehoben unterhaltsam bin. Sie haben es mit einem Verhöhnungskünstler zu tun, meine Dame, übersehen Sie meine avantgardistischen Züge nicht.«

Duckwitz verließ die Empfangsräume der Botschaft, ging in sein Büro und betrachtete das Telefon. Morgen abend würde er Helene anrufen. Er zog die Zigarrenkiste aus dem Regal, die Zettel mit seinen Einfällen enthielt. In der Ausbildungszeit in Ippendorf hatte er die Zigarrenschachtel zweckentfremdet. Er hatte Zettel hineingelegt, auf denen die Titel alter Jazz-Nummern notiert waren, die Saxophonsoli enthielten, die er irgendwann einmal auf der Trompete nachspielen wollte. Das konnte man wegwerfen, das würde nie gelingen. Darunter lag die kläglche Ausbeute aus seiner Anwaltszeit, meist auf die Rückseite von Bankauszügen notiert. Hier zum Beispiel: »Die Mandanten sind immer beim Baden.« – Was sollte das heißen? Vermutlich das Ergebnis einer sommerlichen

Bürofrustration. Darunter die Zettel aus der Studentenzeit. Hier: »Ohnmacht adelt – Macht macht gemein.« Na ja, ob das stimmte.

Harry riß zwei Zettel aus einem Kalenderblock, November 1978. Auf den einen schrieb er: »Meine Lieblings-dpa-Meldung wäre: *UNESCO* läßt prüfen, ob Pyramiden nicht besser abgetragen werden sollten. Zumindest Hinweisschilder erforderlich. Es geht nicht, daß Denkmäler der Grausamkeit derart unreflektiert bewundert werden.« Auf den anderen Zettel schrieb er: »Lieber trivial als radikal, am besten aber banal.«

4

Wie Duckwitz sich in Jaunde/Kamerun am Rand eines Schwimmbeckens mit einer Engländerin über das Urteil des Paris und über Folklore unterhält, wie er sich trotzdem nicht in sie verliebt, einen Brief an sie aber mit Andeutungen über das Heiraten abschließt.

Unter der Post war der Brief einer Engländerin, die sich in Begleitung ihres Mannes und ihrer zwei Kinder vor einiger Zeit 14 Tage lang in Jaunde aufgehalten hatte. Elizabeth Peach, BBC-Fernsehen. Sie war erst im Senegal gewesen und dann in Foumban, einer Stadt im Nordwesten Kameruns, die von Film- und Fernsehleuten gern besucht wurde, weil sie das Zentrum des noch relativ intakten Königreichs Bamum war. Dort hatte sie einen Film vorbereitet: ›African Woman‹ – Die afrikanische Frau. Markanter Singular. Den Titel ›African Queen‹ hatte sie beim BBC nicht durchsetzen können. Duckwitz hatte sie am Swimmingpool der italienischen Botschaft getroffen. Die italienische Botschaft besaß als einzige einen Swimmingpool. Am Rand des blauen Beckens fand ein Teil des diplomatischen Müßiggangs von Jaunde statt.

    Elizabeth Peach war Duckwitz aufgefallen, weil sie mit einem übergroßen Strohhut unter einem Sonnenschirm saß und mit erstaunlicher Geschwindigkeit weiße Papierbögen beschrieb. Der Wind war ab und zu in die am Boden liegenden Blätter hineingefahren und trug sie immer weiter fort. Harry hatte über die Konzentration dieser Frau gestaunt. Sie schrieb so vertieft und so geschwind, daß sie die Blätter achtlos neben sich fallen und davonflattern ließ, als interessiere sie das alles nicht mehr. Diese Achtlosigkeit demgegenüber, was sie doch mit einem gewissen Eifer herstellte, erschien Duckwitz bemerkenswert. Oder wußte sie, daß sie beobachtet wurde, und wartete nur darauf, daß er ihr die verstreuten Blätter zurückbrachte? Das war nicht ausgeschlossen. Ihr Mann stand mit blauen Lippen im Pool und versuchte, den beiden Töchtern das Schwimmen beizubringen. Duckwitz verstand nicht, warum er seine Frau nicht warnte, auf ihre Papiere achtzugeben, wo er doch ständig zu ihr hinübersah. War er kurzsichtig? Oder wollte er womöglich, daß ihre Papiere ins Wasser fielen? Mochte er vielleicht ihre Arbeit nicht? Oder sollte sie für ihre seltsame Versunkenheit bestraft werden?

Duckwitz verbat sich weitere Phantasien über Finessen fremder Ehen. Das war etwas für Literaten, fand er und wandte sich der sichtbaren Wirklichkeit zu. Er hob die herumliegenden Seiten auf und reichte sie der Schreiberin. »Oh thank you!« sagte sie. Ohne aufzublicken oder die Schreiberei auch nur für einen Moment zu unterbrechen, nahm sie mit der freien Hand die losen Blätter und legte sie wieder auf den Boden, stellte aber diesmal den Fuß darauf. Die Art und Weise, wie sie den Retter ihrer Produktion mißachtete, fand Duckwitz grandios. Er saß nun neben ihr und starrte sie unverwandt an, um sie zu irritieren, und sie ignorierte ihn einfach. Weil Duckwitz nicht als Deutscher in Erscheinung treten wollte, weil er wenigstens einen Augenblick lang für ein Mitglied der italienischen Botschaft gehalten werden wollte, fragte er: »È poeta, signora?« – »Non sono poeta«, sagte sie schreibend, »leider«, fügte sie dann auf deutsch hinzu. Offenbar wußte sie, wer Duckwitz war. Und offenbar beherrschte sie sämtliche Sprachen. Und wie um ihr polyglottes Vermögen vorzuführen, rief sie nun in bestem Englisch in ihre Seite, die sie gerade füllte, hinein, ganz laut, damit ihr Mann im Becken es auch hören konnte: Er solle nicht vergessen, daß die Kinder eine Erkältung gehabt hätten, sie müßten jetzt aus dem Wasser. »Out of the water« – als wäre das der Schlußsatz, den sie gleichzeitig geschrieben hatte, machte sie einen Punkt, legte das Papier beiseite und wandte sich Duckwitz zu.

Harry machte sich ihr bekannt. Sie betrachtete ihn konzentriert. So habe sie sich einen Diplomaten immer vorgestellt, sagte sie dann, elegant herumstehend, charmant plaudernd und niemals arbeitend.

Leicht und neckisch war das dahingesagt, und doch fühlte sich Harry von dieser Bemerkung verletzt. Er wollte nicht elegant sein, er wollte nicht charmant sein, er wollte nicht diesem Bild des Diplomaten entsprechen. Natürlich arbeitete er nicht sehr viel. Aber das mußte man sich selbst sagen. Das wollte man nicht gesagt bekommen. Allerdings wäre es lächerlich, dieser Beurteilung zu widersprechen. Da er nicht so verdruckst war wie viele seiner Diplomatenkollegen, mußte er wohl charmant wirken. Und da er es nicht leiden konnte, wie sich die Weißen, kaum waren sie in Afrika, in diese kolonialistische Khaki-Kluft kleideten, trug er eine dunkle, altmodische europäische Hose und ein dazu passendes Jackett. Mochte sein, daß das vergleichsweise elegant wirkte, ob er wollte oder nicht. Die Diplomaten wollten sich heute absetzen vom herkömmlichen Diplomatenklischee. Manche hatten schon Angst, ein Sektglas in die Hand zu nehmen, um nur nicht für nichtsnutzige Sektglas-Diplomaten gehalten zu werden. Weil sich Duckwitz von seinen albernen Kollegen absetzen wollte, genierte er sich nicht, mit einem kühlen Drink in der Hand am Rand eines Swimmingpools herumzulungern, und prompt wirkte er offenbar wie ein typischer Diplomat der alten Schule. Es war kurios und etwas tragisch, auch von dieser Engländerin so verkannt zu werden.

»Ich bin weniger ein Diplomat«, sagte er betont bitter, »ich erfülle vielmehr ein Klischee, noch dazu ein längst überholtes. Ich bin ein Erfüllungsgehilfe, Mylady.« Das Wort »Erfüllungsgehilfe« verstand Elizabeth Peach nicht.

»Unübersetzbar, unerklärbar, grauenhaft deutsch«, sagte Duckwitz.

Trotzdem wollte Elizabeth Peach sich weiter auf deutsch mit ihm unterhalten. Sie habe nicht oft Gelegenheit dazu. »Duckwitz, Duckwitz«, sagte sie, »was für ein lustiger Name!«

»Ich bin eine neue Mickymaus-Figur«, sagte Harry, der ihre Bemerkung frech fand. Er hatte sich eigentlich vorgenommen, sie respektvoll nach den Gründen ihrer seltsamen Schreibwut zu befragen, nun aber sagte er: »Ich finde, Sie sehen ungeheuer altmodisch aus!« Das erstaunte sie. Ihre etwas steife Konzentriertheit verwandelte sich plötzlich in ein lebendiges Interesse. »Was meinen Sie damit?« Aus Büchern, die er nie gelesen, aus Filmen, deren Zusammenhang er vergessen, aus Bildern, die er vielleicht in seiner Schulzeit in Rowohlts Monographien betrachtet hatte, fiel Harry der Name »Brontë« ein, und er sagte: »Ich kann mir vorstellen, daß die Brontë-Sisters mit solchen Strohhüten und so ähnlich vertieft ihre Bücher schrieben.« Elizabeth Peach war sichtlich begeistert. Der Vergleich gefiel ihr. Welche der Brontë-Schwestern? wollte sie wissen. Duckwitz versuchte sich zu erinnern: Waren es zwei oder drei Schwestern gewesen? Und wie sie mit Vornamen hießen, hatte er noch nie gewußt. Keine Zeile von ihnen hatte er je gelesen. Dann fiel ihm ein Film ein, den er mit Helene vor gut zwölf Jahren in der Wohngemeinschaft im Fernsehen gesehen hatte: »Wuthering Heights«, sagte er. Elizabeth Peach war sprachlos. »You are the one and only diplomat who ever read Emily Brontë«, sagte sie.

Von da an legte Elizabeth Peach jedesmal, wenn Duckwitz zum Swimmingpool kam, ihre Papiere weg, um sich mit ihm zu unterhalten, mal englisch, mal deutsch, das sie hervorragend sprach und von dem sie ständig beteuerte, wie schlecht sie es spreche: »Ich kann mich nicht ausdrücken, Harry.«

Sie nannte ihn nun Harry, und zwar sprach sie den Vornamen nicht englisch aus, sondern, wie um ihn von den unzähligen angloamerikanischen Harrys abzuheben, mit schönem dunklem »a« und einem geradezu berlinerischen Rachen-»r«. »Sie sind wie diese reichen Leute«, sagte

Harry, »die beklagen sich auch immerfort, daß ihr Vermögen so groß nicht sei.« Elizabeth sagte: »Dear God, vor Ihnen muß ich mich in acht nehmen!«, und es schwang erstmals etwas mit, oder es sollte mitschwingen, als gehe von Harry eine Gefahr für ihre Ehe aus.

Ihr Mann rief aus dem Wasser, sie sollte jetzt mal zusehen, wie gut die Kinder schon schwimmen könnten. »Betty« nannte er sie. Aber Betty rief, ohne sich umzudrehen: »I'm just talking.« Sie rief das ausdruckslos in Harrys Gesicht, wie sie auch in ihre Papiere hineingerufen hatte.

Harry sagte, daß sie für diejenigen Leute, denen sie sich gerade nicht widmete, etwas ziemlich Weggetretenes haben dürfte. Das Wort »weggetreten« verstand Elizabeth Peach nicht, und sie bat um Übersetzung. Angesteckt von ihrer polyglotten Art, sagte Harry angeberisch auf spanisch: »presente-ausente.« Es war der Titel einer lateinamerikanischen Schallplatte. Elizabeth war hingerissen. Ihr Mann George spreche nur englisch und sonst nichts, sagte sie. Harry war einerseits geschmeichelt, fand die Bemerkung aber ungehörig und nahm sich vor, nachher zum Beckenrand zu gehen und sich mit George an Bettys Stelle über die Schwimmfortschritte der Kinder zu unterhalten.

Nach einer Woche begann Harry sich vorzustellen, wie es wäre, wenn Elizabeth nicht mit diesem Walroß von George, sondern mit ihm, Harry, verheiratet wäre. Er stellte sich vor, wie Betty allmählich dahinterkäme, daß er nie einen Brontë-Roman gelesen hatte, daß er weder spanisch noch italienisch sprechen konnte, sondern immer nur ein paar Zitate, die aber gut. Kurz, daß er eigentlich ein Hochstapler war.

»Wissen Sie, daß ich ein Hochstapler bin«, sagte er einmal. »Deswegen mag ich Sie«, war Bettys Antwort. Alle klugen Leute seien Hochstapler, sagte sie. Ihr Film über die Frauen Afrikas sei auch reine Hochstapelei. Sie habe doch keine Ahnung von den Frauen in Afrika. Sie habe zwei Dutzend kontroverse Bücher gelesen, habe sich mit den Autoren dieser Bücher unterhalten, habe mit einigen Afrikanerinnen gesprochen, untypischen natürlich, aber ausreichend für einen europäischen Fernsehfilm. Und wenn der Film fertig sei, würde sie als Expertin für afrikanische Frauen gelten.

Dies waren auch Harrys Berufserfahrungen. Auch die Diplomaten zeichneten sich dadurch aus, daß sie von nichts eine Ahnung hatten und immer nur taten, als ob. Betty erzählte ihm, daß es in England eine Buchreihe gebe, die ›Bluff your way‹ heiße, ›Bluff your way in art‹, ›Bluff your way in business‹ und so weiter. »›Bluff your way in sex‹«, fragte Harry, »gibt es das auch?« Das sollte ein diskreter Hinweis sein, daß ihn in den Gesprächsstunden mit Elizabeth ein Mangel an Erotik zunehmend störte. Schließlich war sie eine attraktive Frau, und es könnte ruhig etwas mehr knistern zwischen ihnen, fand er. Aber Betty sagte nur, ja, sicher, sicher gäbe es in der Reihe auch ein Buch, wie man sich durch den Sex bluffen könne. Sie sagte das so, als wäre sie plötzlich müde, und Harry ärgerte sich. Das war vor etwa vier Wochen gewesen.

Nun riß Harry gespannt den Brief aus London auf und las:

»Lieber Harry, lieber Duckwitz, lieber Erfüllungsgehilfe, die Tage in Ihrer Gegenwart waren ja ansteckend. Daß man Sie mit ›lieber Duckwitz‹ ansprechen kann, klingt mir schon ziemlich komisch. Kann eine Person namens Duckwitz überhaupt lieb sein? Der Name – nur der Name selbstverständlich – stößt ab oder zwingt zum Lachen. Und Sie heißen ›von‹ Duckwitz. Das heißt doch: Monocle im Auge, korrekt (oh, verzeihen Sie, bitte, verzeihen Sie!), wenig sympathisch, aber trotzdem lieb, sogar lieber – ganz vorstellbar... Auch wenn Ihre ›vons‹ mich immer an den von meinem Vater häufig wiederholten Witz über die Tele-vons und die Tele-Grafen erinnern. Da haben Sie also wieder jenen berühmten englischen Spotttrieb, mit dem ich Ihre ernsthafte Sprache manchmal zerstöre. Oh, ich habe die verdammte Schwierigkeit mit dieser Sprache, so schade Harry, daß Sie mich ganz allein in meiner eigenen nicht kennengelernt haben! Aber dann hätten Sie mich völlig verstanden, und ich hasse es, wenn die Leute mich verstehen. Un po' di misterio, un po' di tiramisù, non è vero? Und trotzdem sind Sie, ironischerweise, derjenige, der einzige, der mich kennt, meine Geschichte wie auch meine Zukunft, worüber ich gerne mehr wissen möchte. Wissen Sie übrigens, daß meine Namensschwester nicht die Königin, sondern die Barret-Browning ist?«

Es folgten einige Auslassungen über ihren Beruf als Fernsehredakteurin, den sie verflucht. Der Brief endete: »Los mit dem Briefwechsel, Schluß mit dem Telefon, Schluß mit Glotze, mit Zeitunglesen, zurück in das letzte Jahrhundert, wo der Mensch weniger informiert war. Es grüßt Sie aus dem verräterischen Albion Ihre Elizabeth.«

Harry las den Brief dreimal und verstand nicht alles. Elizabeth war tatsächlich etwas mysteriös. Was sollte das heißen: der einzige, der mich kennt? Er erinnerte sich an einen weiteren Nachmittag am Schwimmbecken. Elizabeth hatte in einem riesigen Kunstbuch herumgeblättert, fünf Kilogramm, das sie von London nach Afrika mitgeschleppt hatte, weil sie die bildnerische Darstellung der Frau in der europäischen Kunst mit den afrikanischen Frauenbildnissen vergleichen wollte, wie sie sagte. Sie blätterte und suchte und hielt Harry schließlich ein Bild vor Augen. »Look!« Es war eine Darstellung vom Urteil des Paris. Matt lehnte Paris an einem Baum und betrachtete die drei Göttinnen, drei schöne, schlanke Renaissance-Mannequins, die sich lässig ihrem Gutachter präsentierten. »Möchten Sie an seiner Stelle sein?« fragte Elizabeth. Harry feixte: »Ich weiß nicht.« Elizabeth deutete auf das Gesicht des Paris: »Er ist schön vor Entschlußlosigkeit«, sagte sie.

Wollte sie mit diesem Witz das vernachlässigte Thema Sex in die Unterhaltung einbringen? In jedem Fall war die

Bemerkung komisch. Duckwitz lachte entsprechend laut. George hörte sekundenlang auf, die Schwimmstöße der Jüngsten mit dem Kommando »one-two-three« zu begleiten. Elizabeth nahm einen dicken Filzstift und schrieb mitten in den Kunstdruck die Worte: »Entschließen Sie sich, mein Herr!« Harry überlegte, was passieren würde, wenn er jetzt Betty stürmisch umarmte.

Zwei Tage später waren George und die Kinder nicht im Schwimmbecken. »Sie sind auf diese Folkloreveranstaltung gegangen«, sagte Betty. Die Einheimischen von Jaunde feierten irgendeinen Jahrestag mit Tänzen und Umzügen. Weil es in Jaunde sonst nicht viel zu sehen gab, waren auch die Angehörigen aller Auslandsvertretungen von den Botschaftern bis zu den Telefonisten und Sekretärinnen zu dem Fest geströmt. »Warum sind Sie nicht dort?« fragte Elizabeth. »Ich hasse Folklore«, sagte Harry. Und weil er es ehrlich meinte, machte er ein angewidertes Gesicht. »Sie können so wunderschön angewidert aussehen«, sagte Elizabeth und strich mit dem Finger an Harrys zusammengezogenen Augenbrauen entlang. Harry nahm ihre Hand, und weil er es albern fand, nur den Handrücken zu küssen, und weil er etwas leidenschaftlicher sein wollte, drehte er die Hand um und küßte die Innenfläche, eher verlegen als verwegen. »Don't do that, Duckwitz«, sagte Betty und zog ihre Hand zurück. Harry kam sich vor wie mit achtzehn. Damals war das auch wie eine Pflicht gewesen. Jeder Augenblick, der erotische Vorstöße erlaubte, mußte ausgenützt werden! Jetzt war es nicht anders. Nur weil niemand da war, glaubte er sich Betty möglichst stürmisch nähern zu müssen. Aber weil die Stimmung nicht danach war, geschah nichts. So zog er sich wieder auf das sichere Terrain des gemeinsamen Gesprächstons zurück. Er sagte: »Ich hasse dieses Getrommel. Folklore ist immer mit Getrommel verbunden. Bei jeder Trommel muß ich an die Nazis denken. Es ist zum Kotzen.«

»Oh, yes«, sagte Elizabeth ganz warm, und Harry hatte

das Gefühl, daß er diese liebevolle Zustimmung wohl eher der Unterlassung weiterer Annäherungsversuche zu verdanken habe.

Es war still. Von einem der Marktplätze her hörte man den Singsang der Tanzgruppen und das Schlagen der Trommeln. »Dieses Gejohle!« sagte Harry. Und dann: »Die höchste Form der Folklore ist der Krieg.«

»Exactly!« sagte Elizabeth. Dann hatte sie Harry fast glühend angesehen und den Satz auf ein Blatt Papier geschrieben: »Die höchste Form der Folklore ist der Krieg.« Sie hatte Harry das Blatt gereicht und gesagt: »Heben Sie es auf, darauf können Sie stolz sein.«

Nun ging Harry zu seinem Schreibtisch, holte das sorgfältig verwahrte Blatt aus der Schublade und studierte den Satz, als könne er damit ein Geheimnis entschlüsseln. Jetzt, sechs Wochen nach dem stupiden Fest, hatte der von Elizabeth so gepriesene Satz keine rechte Kraft mehr. Jetzt waren es die Vorbereitungen zu einer Trans-Kamerun-Rallye, die ihn zur Weißglut brachten. Jetzt erschien ihm das Rallyefahren als eine Vorform des Krieges.

Er war unsicher, was von Elizabeths Brief zu halten war. Er fühlte sich unsicher wie an jenem letzten Tag, als er mit ihr allein gewesen war und diesen verunglückten Handflächenkuß riskiert hatte. Ihr Brief schmeichelte ihm und machte ihn ein bißchen verliebt. Die Ohs, diese kleinen, theatralischen und irgendwie auch ganz echten Ohs in dem Brief hatten es ihm angetan. Aber in welchem Ton sollte er antworten? Er ging in den Gesellschaftsraum zum Lexikon, um unter Elizabeth Barret-Browning nachzusehen. Der Kleine Brockhaus aus den 50er Jahren gab nichts her. Er würde sofort in der Bonner Zentrale ein anständiges Lexikon beantragen. Dieses schmierige Produkt, dem man den Nierentisch schon von weitem ansah, war scheußlich. Die Etatverwalter in der Bonner Zentrale würden Verständnis haben müssen, wenn Duckwitz seine Forderung mit dem Hinweis begründete, Nachschlagewerke aus der Zeit des Kalten Krieges hätten in einer bundesdeutschen Botschaft von heute nichts mehr zu suchen.

Harry steckte sich Papier und Schreibzeug ein, ging hinüber zur englischen Botschaft, lieh sich den einschlägigen Band der Encyclopaedia Britannica, ging dann weiter zur italienischen Botschaft, setzte sich an den Swimmingpool, an jenen Platz, wo Elizabeth immer gesessen hatte, las erst im Lexikon und dann schrieb er:

»Liebe Elizabeth, keine Sorge, Sie bleiben mysteriös und mehr als nur ›un po'‹. Aber ich fürchte, ich bin hölzerner, als Sie denken. Ich hoffe, Sie wissen, daß ›tiramisù‹ nicht nur eine Nachspeise ist, sondern auch ein delikates Liebesspiel? Natürlich wissen Sie das. Sie schillern so hübsch. Ich bin so unbeholfen und direkt. Sie beherrschen meine Sprache besser als ich. Deswegen werde ich jetzt auf englisch sagen: Bluff your way in Browning. Das tun Sie doch. Sie bluffen, und mir bleibt die Frage: Wie ist das zu deuten, wenn Sie behaupten, Sie fühlten sich der Elizabeth Barret-Browning verwandt? Diese litt daheim schwermütig vor sich hin und träumte vom Süden, bis sie ihr späterer Mann entführte und in das Land ihrer Sehnsucht brachte, wo sie auch eins-zwei-drei gesund wurde. Elizabeth! Ich bitte Sie! Was heißt das? Soll ich Sie holen? Ich weiß, daß Entführer vorher nicht fragen sollten. Ich verpatze mir immer alles. In Schwermut vereint, Ihr Harry.«

Er zögerte eine Weile und spielte mit dem Schreibstift. Dann fügte er hinzu:

»Erinnern Sie sich an das Bild mit dem Paris und den drei Schicksen? ›Entschließen Sie sich, mein Herr!‹ schrieben Sie. Ich habe mich entschlossen. Ich werde heiraten.«

5

Wie Rita Noorani-Kim in Harry von Duckwitz' Gesichtsfeld tritt und wie ihr bald darauf ein Fingernagel abhanden kommt. Warum Harry ein Geschäft mit ihrem Vater macht und wie der Botschafter in Jaunde die seltene Gelegenheit hat, den Standesbeamten zu spielen. Wie Harry trotz der Freuden der Ehe den Kontakt zu seiner alten Freundin Helene wiederaufnimmt und warum er keine Lust hat, sich für einen inhaftierten Fotografen einzusetzen. Eine sehr traurige Begegnung mit dem Kollegen Hennersdorff und wie Rita und Harry Afrika schließlich verlassen.

»Gratuliere!« Der Botschafter schüttelte erst Rita und dann Harry die Hand. »Hoffentlich habe ich alles richtig gemacht«, sagte er. Es war die erste Trauung, die er in seinem Botschafterleben durchgeführt hatte. »Kurz und schmerzlos«, sagte er.

»What did he say?« fragte Rita. Sie sprach kein Wort deutsch. Heute sah sie wieder aus wie achtzehn. Sie war vierundzwanzig. Ihre Mutter war aus Korea, der Vater aus Indien. Sie konnte sehr verschieden aussehen. Harry kannte sie seit sechs Wochen. Er fand, sie sah am Vormittag koreanisch aus, in der Dunkelheit indisch und am Nachmittag komischerweise französisch. Manchmal schlug ihr Kichern in Gelächter um.

Sie betrachtete kurz die Heiratsurkunde. »Dr. Harry Freiherr von Duckwitz, evangelisch, geboren am 18. Oktober 1945 in Berlin, wohnhaft zur Zeit Jaunde, und Rita Noorani-Kim, katholisch, geboren am 24. August 1955 in Bombay, wohnhaft zur Zeit in Jaunde, haben am 8. November 1979 in der Botschaft der Bundesrepublik Deutschland in Jaunde/Kamerun geheiratet.« Das im Formular vorgedruckte »Der Standesbeamte« war korrigiert: »Für den Standesbeamten der Botschafter«.

»Nett, daß Sie sich salbungsvolle Worte gespart

haben«, sagte Duckwitz. Man sollte nur in Botschaften heiraten. Ritas Vater und Hennersdorff waren die Trauzeugen. Rita wurde geküßt, verschlagen der Kuß ihres Vaters, verlegen der von Hennersdorff. Noch einmal ein Händedruck dem frischen Ehemann. »Nicht vergessen, heute abend«, sagte Duckwitz, »großes Essen, sieben Uhr im Hotel.«

Ritas Vater fuhr das Paar zu seinem Heim. Harry und Rita saßen im Fond des alten Citroën und freuten sich. Harry knabberte an Ritas Ohrläppchen.

Er war von seinem Junggesellenbungalow in ein etwas größeres Haus im Diplomatenviertel umgezogen. Es gab eine kleine Veranda. Verglichen mit dem Schuhkarton von Botschaft, war es passabel. Mr. Noorani setzte beide vor dem Haus ab. Er war unpersönlich und machte keine Anstalten, mit hineinzukommen. Rita trug auch heute eine normale Bluejeans und ein weißes T-Shirt mit nichts drauf. Doch, so konnte man heiraten. Sie gingen sofort ins Schlafzimmer und zogen sich schnell und sachlich aus. Das war es, was ihnen gefehlt hatte. Beiden. Ihr und ihm. Rita und Harry. Die ganze Zeit. Heute hatte es gefehlt. Und vor allem die Monate zuvor. Als sie sich noch nicht kannten, hatte es ihnen gefehlt. Jetzt war es da, und es verband sie.

Es war alles ganz schnell gegangen. Vor etwa sechs Wochen war ihm Rita aufgefallen. Ein Empfang bei den Franzosen. Hier in Jaunde konnte man sich einen Empfang nicht entgehen lassen. Es gab nichts anderes. Die französische Botschaft war um ein Vielfaches größer als die bundesdeutsche. Zehntausende von Franzosen lebten im Land. Tausende in Jaunde. »Yaoundé«, sagten und schrieben die Franzosen natürlich. Rita hatte im Flur vor einem Spiegel gestanden und den Sitz ihres Rocks geprüft. Ein seidiger Rock mit Schlitzen an den Seiten. Gelb. Sie hatte mit irgendwem französisch gesprochen, und Harry hatte sie für eine Französin gehalten. Vielleicht ein vietnamesischer Elternteil. Sie hatten sich durch den Spiegel zugelächelt. Ihr Lächeln war süß. Wenn sie nicht lächelte, war sie nicht die Frau, die einem den Atem raubte. Diese Art, sich vor dem Spiegel ungeniert zu begutachten, war allerdings durchaus atemberaubend gewesen.

Später kam Harry mit ihr ins Gespräch. Da sah sie plötzlich indisch aus. Ihr Vater war ein Geschäftemacher am Ort. Die Mutter lebte von ihm geschieden wieder in Seoul. Später wurde Rita gebeten, Klavier zu spielen. Sie zierte sich keine Sekunde und spielte ein paar kurze Stückchen von Haydn und Beethoven und auf besonderen Wunsch der Frau des französischen Botschafters eine schauerliche Klavierversion von ›Mylord‹. Alles klatschte, und Harry war sicher, sie jetzt an irgendeinen anderen der 120 Gäste verloren zu haben, aber Rita kam zu ihm zurück und setzte die Plauderei mit ihm fort.

Rita ging ihm nicht aus dem Kopf. Als er sie zwei Tage später bei einer anderen Gelegenheit traf, hatte er bereits gehofft, sie zu treffen. Sie waren den ganzen Abend beisammen. Harry schwärmte von dem indischen Akzent in ihrem Englisch. Er begleitete sie nach Hause, sie begleitete ihn nach Hause, und da sie nicht allein zurückgehen konnte im wilden Afrika, kam sie in Harrys Junggesellenbungalow. Der Form halber füllte Harry zwei Gläser zum Mutantrinken. Ein Schluck wurde getrunken, schon lagen sie auf dem Bett. War das bereits das Höchste der Gefühle, so war Ritas Schüttel- oder Zitterorgasmus die Krönung. So etwas von elektrisiertem Vonsinnensein hatte Harry noch nie bei einer Frau erlebt. Das konnte auch nicht gespielt sein, unmöglich, das war echt, nur ein echter hundertfünfzigprozentiger Orgasmus konnte den Körper in solche Vibrationen versetzen.

Am nächsten Morgen gab es zwei Überraschungen. Als Rita im Bad war, fiel Harry ein dicker Blutstropfen im Bett ins Auge. Er bekam einen Schreck. Hatte sich hier, ohne sein Wissen, eine sogenannte Defloration ereignet? Also das, worauf in Indien, wie man hörte, Mädchen jahrelang vorbereitet werden, wofür Männer ein Vermögen ausgeben, das sollte sich in dieser Nacht zwar nicht klanglos, aber doch eher normal in einen Blutstropfen aufgelöst haben? Kein gutes Gefühl. Ein Eingriff. Harry wollte nicht eingreifen. Der Blutstropfen war unheimlich dick. Indisches Jungfrauenblut. Oder hatte Rita einfach nur ihre Tage, aber das sah dann anders aus, soweit sich Harry an Exzesse mit Helene erinnerte.

Irgendwie war der Blutstropfen seltsam, und als er ihn näher betrachtete, stellte er fest, daß es ein künstlicher Fingernagel war. Man konnte ihn aufkleben. Als Rita aus dem Bad kam, bemerkte er, daß sie extrem kurze Fingernägel hatte. Vermutlich früher mal geknabbert, oder knabberte sie noch immer? Nach einer Macke sah Rita allerdings nicht aus. Oder hatte die barbarisch-koreanische Leistungsmutter dem Kind die Nägel tief heruntergeschnitten, damit es besser Klavier spielen konnte? Das war den Asiaten zuzutrauen. Nicht nur das. Harry sprach den kleinen Makel nicht an, und Minuten später hatte Rita wieder rote Katzenkrallen.

Als sie frühstückten und das Gespräch sich langsam im Kreis zu drehen begann, erschien plötzlich ein fuchtelnder Mensch vor dem Haus. Was war das für ein Kretin? Er entpuppte sich als Ritas Vater. Er war außer sich, daß Rita hier übernachtet hatte. Sie solle sofort nach Hause kommen! Harry blieb gar nichts anderes übrig, als Rita männlich mutig in den Arm zu nehmen. »She'll stay here!« Ein Gebot der Höflichkeit. »Thank you«, sagte Rita.

Eine Woche lang lebten Harry und Rita von einem Orgasmus zum anderen. Als sich herausstellte, daß Rita ein Motorrad besaß, und zwar nicht irgendein kreischendes, sondern ein dickes, funkelndes, sonor blubberndes Motorrad, gewann die Sache ein weiteres Gewicht. Das war wie ein Fingerzeig. Ein Zusammengehörigkeitsgefühl stellte sich ein. Sie fuhren ein bißchen in der Gegend herum, Harry dachte an die Motorradfahrten mit Helene auf der uralten Maschine von Tante Ursulas Liebstem, die ebenso wie seine Trompete noch in Frankfurt herumstehen mußte. Es war Ritas Motorrad, Harry probierte es aus, aber Rita fuhr, Harry hintendrauf. Gut so, weil deutlich anders als mit Helene, und es war aufregend, sich an Ritas Mädchenkörper festzuklammern. Eine lebensnotwendige Umarmung.

Es war keine rasende Leidenschaft, keine blinde Liebe. Das Wort »Liebe« fiel nicht in diesen Tagen. Es gab keine peinigenden Sehnsuchtsanfälle, nicht die nagenden Gedanken daran, wie es weitergehen solle, die den Stunden der Liebe so oft eine pikante Würze geben. Es war aber mehr als nur die Gier zweier Körper. Nie gab es den Anflug von Leere nach den Partien, sondern nur das Gefühl, für eine Weile erfrischt zu sein.

Sie sprachen englisch miteinander. Auf englisch mußte Harry bei der Sache bleiben, er kam nicht in Versuchung, ins Faseln zu geraten, dazu reichte sein Englisch nicht. Die Sprache im Bett war Französisch. Das Vögeln wurde nicht kommentiert. Aber es hatte einen Namen bekommen. Sie nannten es »une partie«. So, wie Kartenspieler Lust auf eine Partie Skat oder Canasta haben, hatten sie Lust auf eine Partie im Bett – »faire une partie«. Und weil »partie« auch die Partie, Teil eines Körpers, bedeuten konnte, wurden Ritas kleiner Mädchenbusen und ihr Flachbauch und ihr Hintern auch »une partie« genannt. Sie machten Partien, und sie hatten Partien. Und als Rita einmal den dunklen Satz sagte: »A woman should speak the language of her man«, konnte Harry sie beruhigen, daß sie das wichtigste Wort ja schon kenne, weil »partie« im Deutschen mehr oder weniger dasselbe bedeute und ebenso ausgesprochen werde. »Faire une partie« – da schwang auch »faire l'amour« mit, und so war auch der Klang der Liebe unausgesprochen mit dabei. Mit von der Partie. »Listen, Rita«, sagte Harry, »first lesson: Die Liebe ist mit von der Partie.« Und »ma partie« und »ta partie« – das waren die entscheidenden Körperstellen. »Comment va ta partie?« hieß: Wie geht es deinem Pimmel, oder wie geht es deiner Vagina?

Ritas Vater hatte sich den Raub seiner Tochter nicht gefallen lassen. Er war zum Botschafter gegangen und hatte sich beklagt, daß ein Angehöriger der deutschen Vertretung seine Tochter gewissermaßen entführt habe. Er wünsche mit Herrn von Duckwitz zu sprechen. Das war schon höflicher als sein Auftritt neulich morgen. Duckwitz traf sich mit ihm. Er war ein ziemlich speckiger Inder, man konnte keine Spuren irgendeines Charakters in seinem fetten Gesicht erkennen.

»Mr. Noorani.«

»Nice to meet you.«

Harry verstand nicht, was Ritas Vater mit diesem Gespräch wollte. Er redete drumherum. Harry dachte an die erste Nacht mit Rita und an den Blutstropfen, der keiner war, vielleicht glaubte dieser Mr. Noorani, seine Tochter sei eine indische Jungfrau gewesen, die Harry geschändet hatte, und daß jetzt eine Beschwerde fällig sei. Ritas Vater sprach, wie alle Mafiosi, von einem Tip, den er Harry geben wolle. »I just want to warn you«, sagte er, wurde aber nicht konkret. Sollte das heißen: Finger weg von meiner Tochter? Es klang aber nicht so, als würden andernfalls Gewehrschüsse auf Harry abgefeuert.

Ritas Vater gab endlich zu erkennen, daß er gegen eine Heirat nichts einzuwenden hatte. Offenbar war das Ganze eine versuchte Erpressung, Rita zu heiraten.

»He is a fool«, sagte Rita, als Harry ihr von der Begegnung erzählte. Das Wort »Heirat« aber war über den verrückten Vater eingeführt als ein verrückter Gedanke – »a foolish thought«.

Noch nie in seinem Leben hatte Harry an Heirat gedacht. In der Zeit mit Helene war davon nie die Rede gewesen. Auf einmal war das Wort da. Aber weil mit Rita alles unbeschwert zuging, hatte auch der Gedanke an Heirat nichts Belastendes. Es machte ihm sogar Spaß, mit diesem Gedanken zu spielen. Etwas tun, was man immer für das Allerletzte gehalten hatte! Er hatte plötzlich Lust auf das Heiraten, wie man Lust auf eine Schandtat hat.

Vor allem könnte er dann in ein schöneres Haus umziehen. Geräumige Zimmer waren Harry wichtig. Demnächst lief die Zeit des zweiten Mannes in der Botschaft ab. Alle waren froh, daß der Kultur-Esel wegging, der allerdings nie viel zu sehen gewesen war. In sein Haus würde der Nachfolger ziehen. Wenn Duckwitz jedoch verheiratet wäre, stünde er an erster Stelle als Anwärter für das Haus.

Ansonsten aber nahm der Gedanke an eine Heirat nicht allzuviel Raum ein. Es war eine Überlegung nicht unähnlich der, ob man sich ein neues Auto zulegen solle. Ein neues Auto ist nicht unpraktisch, wenn man das Geld dazu hat. Es hat Vorteile. Es war für die Generation der Altlinken allerdings auch ein deutliches Zeichen von Verrat. Man beugte sich dem System. Wirklich wichtig war das Bett und nicht das Heiraten. Das war mehr eine absurde Pointe.

Mit Helene aber mußte darüber schon ein Wort gesprochen werden, hatte Harry gedacht, war länger in der Botschaft geblieben, bis alle weg waren, und hatte dann Helene in Frankfurt angerufen. Helene war überhaupt nicht überrascht, was Harry sofort störte. Seit Jahren der erste Anruf, und Helene fiel nicht aus allen Wolken. »Moment mal«, sagte sie und drehte den Fernsehapparat leiser.

»Ich rufe aus Afrika an«, rief Harry.

Auch das beeindruckte Helene nicht. »Stimmt«, sagte sie. Es war anzunehmen, daß sie über Fritz von Harrys Aufenthalt wußte. Sie aß einen Apfel.

»Es ist ein Ferngespräch«, sagte Harry.

»Wie spät ist es bei dir?« fragte Helene.

»Wir haben dieselbe Zeit«, sagte Harry. Es war ihm ganz innig dabei zumute.

Helene schien diese Gemeinsamkeit nicht zu beeindrukken. Im Hintergrund hörte man den Acht-Uhr-Gong der Tagesschau, und die Fernsehnachrichten begannen. Helene aß noch immer ihren Apfel und sagte: »Erzähl mal!« Ihre Sachlichkeit war grandios, fand Harry. Er hatte keine Lust, sie jetzt zu fragen, was sie vom Heiraten hielte, erstens allgemein und zweitens von der Heirat ihres alten Freundes und Liebhabers Harry mit einer anderen. Helene klang nicht so, als würde sie einen wichtigen Gedanken beisteuern.

»Bist du allein?« fragte Harry.

»Ja, warum?«

»Hätte ja sein können, daß du nicht allein bist.«

»Hätte sein können, ja«, sagte Helene. Offenbar sah und hörte sie, während das Telefongespräch ein paar tausend Kilometer hin- und herging, den Nachrichten zu. Denn sie sagte plötzlich: »Daß der Papst die Türkei besucht, wird dich nicht interessieren, aber vielleicht, daß die Grünen jetzt doch im Bremer Stadtrat sind. Erstmals sind sie wo drin.«

»Ich heirate demnächst«, sagte Harry.

Auch das brachte Helene nicht aus der Fassung. »Eine Negermami?«

»Nein, eine indische Jungfrau«, sagte Harry.

Nach diesem Gespräch war er fest entschlossen zu heiraten. Es war lustig und verrückt und von Vorteil. Es war ein Pakt mit dem Leben. Was sollte das Gequatsche mit Helene, das gezierte Flirten mit Elizabeth Peach. Das Leben hieß Rita. Es hatte seine Partien. Das Leben hatte einen Seidenschlitzrock. Das Leben fuhr Motorrad, es hatte künstliche Fingernägel, und es war musikalisch.

Rita kicherte lang und hell, als er ihr stürmisch seine Heiratsidee vortrug. Papiere wurden bestellt, Harry zog in das größere Haus und war bester Laune.

Und nun lag Rita neben ihm und schlief, und die erste Partie als Ehepaar war erwartungsgemäß nicht anders gewesen als die Partien zuvor.

In den Tagen vor der Hochzeit hatte es allerdings noch einmal ein paar hübsche Verwicklungen gegeben. Da Harry keinesfalls Kinder haben wollte, hatte er Rita schon vor der allerersten Partie, noch im Zustand der Selbstbeherrschung, eindringlich gefragt, wie es mit der Verhütung aussähe. »No problem«, hatte Rita gesagt, sie nähme die Pille. Es stellte sich heraus, daß Rita die Pille nicht nahm und nicht nehmen mußte. Sie hatte nämlich einmal eine Abtreibung gehabt, bei der auch die Gebärmutter herausgenommen worden war. Nie würde sie Kinder kriegen können. Harry fand das wunderbar und praktisch, aber sie hätte es ihm vorher sagen müssen. Es hätte ja sein können, daß er sich nichts sehnlicher wünschte als ein Dutzend Kinder. Die Sache war nicht korrekt. Er schimpfte, Rita weinte, und er tröstete.

Er ging zu Ritas Vater und beschwerte sich. »Und wo soll ich jetzt Kinder herkriegen!«

Natürlich war es vorstellbar, daß der schmierige Mr. Noorani von alldem nichts wußte. Ein Vater brauchte sich nicht mit dem Unterleib seiner erwachsenen Tochter auszukennen. Aber er wußte davon. »That's why I warned you«, sagte er und grinste dabei unverschämt. Harry schloß nicht aus, daß er einem Vater-Tochter-Komplott aufgesessen war. Rita, die nach indischen Gesichtspunkten sozusagen doppelt wertlos war, weil ohne Hymen und ohne Uterus, sollte an den Mann gebracht werden. Und Harry war eine fabelhafte Partie. Ein deutscher Adeliger. Rita, die Gefallene, wird Freifrau von Duckwitz. Wenn es wirklich ein Komplott war, dann war es ein verdammt gutes, fand Harry. Nichts änderte sich an Ritas Qualitäten. Ihr Zitterorgasmus, ihr Schlitzrock, ihr Motorrad, ihr Klavier. Und die Fingernägel würden im Lauf der Zeit vielleicht nachwachsen. Man lebte nicht im 19. Jahrhundert. Gott sei Dank. Ehre war ein Witz. Zum Teufel mit den alten Werten.

Trotzdem ließ Harry bei Ritas Altem nicht locker. Früher hatte man sich duelliert, heute verlangte man Entschädigung. Die Hochzeit war bestellt. Noch nicht vollzogen. Harry konnte daher gut drohen und verhandeln. In einer halben Stunde hatte er den alten Schmierfink soweit. Vertragsreif. Er unterschrieb, daß er seine Tochter auch nach der Heirat zeit seines Lebens mit einer bestimmten Geldsumme unterstützen werde. Harry hatte an Ritas Motorrad gedacht und neben die ausgehandelte Höhe des monatlichen Betrags einen Zusatz angebracht: »Der Betrag darf zu keinem Zeitpunkt den jeweiligen Gegenwert von 1000 Litern Benzin unterschreiten.« Mr. Noorani schien halb entsetzt, halb begeistert von der Geschäftstüchtigkeit seines zukünftigen Schwiegersohns.

Die Regenzeit kam, die Regenzeit ging, aber das war kein Ersatz für den Wechsel der Jahreszeiten am Alpenrand oder auch nur im Frankfurter Grüneburgpark. Unermüdlich kämpfte der Botschafter um eine angemessenere Unterkunft. Immerhin war der Titel eines Botschafters »Exzellenz«, und eine Exzellenz wohnte in einer Residenz. So hieß auch offiziell die Dienstwohnung eines Botschafters. Was aber, wenn die Residenz aussieht wie eine lausige Jugendherberge? Keine Klimaanlage. Wenn mehr als zehn Leute bei einem Empfang herumstanden, wurde die Temperatur in den heißen Monaten unzumutbar. Oft mußte man in die Kanzleiräume der Botschaft ausweichen. Beschämende Zustände. In diesem Punkt hielt Duckwitz voll und ganz zum leidenden Botschafter und seiner leidenden Frau: »Für ihre Scheiß-NATO-Manöver haben sie Geld, aber hier reicht es nicht mal für die Miete eines bewohnbaren Hauses!« Einigkeit. Die in Bonn! Die sollte man! Alle!

Und dann hatte Duckwitz endlich einmal einen anständigen Rechtsfall. Schließlich war er Referent für Wirtschaft und Recht. Die Wirtschaft hing ihm zum Hals heraus. Erst neulich mußte er verhindern, daß eine deutsche Firma den Kamerunern die Einrichtung eines TÜV andrehte, wo doch die mit Blumendraht zusammengehaltenen Karosserien das Charmanteste in Afrika waren.

Diesmal kam als Rechtsuchender kein ausgeraubter Globetrotter, sondern ein inhaftierter Fotograf. Hennersdorff hatte ihm den Vorgang auf den Schreibtisch gelegt, mit einem Zettel darauf: »Viel Spaß!«

Duckwitz las zuerst den Brief eines Polizeimajors und ehrenamtlichen Gefängnisdirektors von Maroua, einer Provinzhauptstadt im äußersten Norden des Landes. In bestem Französisch gab er den Sachverhalt zur Kenntnis: Im unweit von Maroua gelegenen Waza-Nationalpark hatte man den Delinquenten geschnappt. Er hatte gegen zwei Bestimmungen verstoßen. Erstens war er im Nationalpark ohne Genehmigung von der vorgeschriebenen Route abgewichen, und zweitens herrschte in diesem Bereich Fotografierverbot. Er war ein paarmal verwarnt worden, dabei hatte er die staatlich angestellten Wildhüter beleidigt, aber nicht von seinem Fotografieren abgelassen. Die Wildhüter hatten auf eine Anzeige wegen Beleidigung verzichtet. Die Mindeststrafe für die anderen beiden Vergehen war 23 Tage Haft.

Duckwitz sah auf den Kalender. 11. Juni 1980. Es eilte. Die Einspruchsfrist lief in wenigen Tagen ab. Seltsam, während man in Deutschland auf jedes Verbot wütend reagierte, noch dazu, wenn man von einem Uniformierten darauf hingewiesen wurde, wirkte hier in Kamerun eine solche polizeiliche Mitteilung ausgesprochen gemütlich. Andererseits hatten die Afrikaner mit ihren Fotografierverboten wirklich einen Tick.

Im Lauf der Zeit hatten immer wieder einmal Tierfotografen und -filmer in der Botschaft um Unterstützung für irgendwelche Genehmigungen gebeten. Duckwitz hatte sich gelegentlich das Filmmaterial fasziniert angesehen, weil die mit ihren riesigen Teleobjektiven zeigen konnten, daß es im Tierreich eben auch oft ganz entsetzlich zuging. In einem Film näherten sich junge Löwen einer Löwin, die mit ihren zwei Babys herumspielte. Der Löwenvater war sonstwo und interessierte sich nicht für das Mutterglück. Und nun geschah folgendes. Die halbstarken Löwen schnappten sich die niedlichen Löwenbabys, bissen ihnen ins Genick, schleuderten sie in die Luft, und die Kleinen blieben tot in der Steppe liegen. Die Löwenmutter guckte nicht nur tatenlos zu, sondern drehte den Mördern auch noch geil ihren Hintern hin. Und die kriegten tatsächlich, was sie wollten.

Duckwitz war außer sich gewesen. Faschismus im Tierreich. Der Tierfilmer sah die Sache anders. Ein Sonderfall der Selektion.

Ein anderer Filmer hatte in Tansania das Leben der Nacktmollen gefilmt. Mit Spezialobjektiven war er in Erdgänge eingedrungen. Die Nacktmollen waren nicht nur die unappetitlichsten Tiere der Welt, sie hatten auch eine völlig perverse Hierarchie. Sie hatten eine Haut wie ein gerupftes Huhn und fraßen tatsächlich die Scheiße ihrer Königin, die sie mit leckeren Wurzeln fütterten. Die Königin war die Häßlichste von allen, sie rührte sich ihr Leben lang nicht vom Fleck, duldete nur einen Hofstaat von sogenannten Dienermollen um sich, die sie vorher »einuriniert« und »eingekotet« hatte, wie der Filmer sagte. »Und das nennt sich Gottes Schöpfung!« hatte Harry in wirklicher Verzweiflung gerufen, aber der Tierfilmer hatte geantwortet, das dürfe man nicht so eng sehen.

Leute, die der Welt solche kostbaren Dokumente bescherten, sollte man nicht gleich ins Gefängnis werfen, nur weil sie eine Film- oder Fotografierbestimmung verletzt hatten, fand Duckwitz, und griff zu dem Begleitbrief, der von der Hand des inhaftierten Fotografen stammte. Selbst wenn der Mann in einem Kerker saß, seine Schrift war unverzeihlich. Schlimmer noch der Ton des Briefes: empört, beleidigt, daß die Neger es gewagt hatten, ihn, den großen Künstler, einzusperren. Er erwarte sofortige Schritte von der deutschen Botschaft. Um einen Beweis seiner künstlerischen Qualität zu geben, hatte er eine Illustrierte beigelegt, in der eine Fotogeschichte von ihm enthalten war, die er in Kenia gemacht hatte. Duckwitz blätterte. Der Mensch war im Paradies gewesen. In den schönsten Ecken Kenias lagerten malerisch die Raubkatzen, wanden sich friedlich die Schlangen, und zwischen ihnen, nicht minder elegant, lehnte an Bäumen, kniete pantherhaft, streckte und reckte, räkelte und flätzte sich ein wirklich wunderschönes nacktes Weib mit endlosen Beinen und Harrys kleinem Lieblingsbusen.

Der Polizeimajor aus Maroua hatte als Beweis für die Untat ein paar Filme beigelegt. Duckwitz brachte sie zum Entwickeln und bestellte große Abzüge. Zwei Tage später lagen etwa 300 Farbfotos auf seinem Schreibtisch. Ein französisches Speziallabor dankte für den Auftrag und stellte 556 000 afrikanische Francs in Rechnung, etwa 3600 Mark. Das würde Ärger geben. Schauplatz diesmal der Waza-Park. Ein nacktes Fotomodell vor Büffeln, an einen Gepard gekuschelt, dem man ein Schlafmittel verpaßt haben mußte, vor Nilpferden und Giraffen – eine erotische Entgleisung, mit Antilopen und Gazellen und dann auch noch im Tschadsee watend wie Silvana Mangano in der Poebene, nur daß die etwas angehabt hatte.

Harry nahm die Bilder mit nach Hause und lud Hennersdorff ein. Leider kam er mit Frau. Nach dem Essen zeigte Harry die Bilder herum. »God«, sagte Rita, »she's sexy, isn't she!«

»Gräßlich!« sagte Hennersdorff und schob die Fotos weiter.

Hennersdorffs Frau war an der Reihe und rief: »Fabelhaft, wie das aufgenommen wurde!«

Drei Aussagen, aber keine Lösung. Die Bilder waren sexy, sie waren gräßlich, und es war interessant, wie der Fotograf das gemacht hatte. Harry versuchte, seine Position zu erklären: Einerseits könne er sich dieser paradiesischen Erotik nicht entziehen, andererseits finde er die Bilder auch gräßlich, und zwar so gräßlich, daß er Lust habe, den Fotografen in seinem Loch schmoren zu lassen. Doch genaugenommen gehörten andere Leute ins Gefängnis, Kanzler, Päpste, Waffenschieber, Präsidenten, Soldaten,

Industrielle, keine Fotografen. »Das Arrangieren der Wirklichkeit ist keine Todsünde, sondern nur eine Lüge«, sagte Duckwitz.

»Would you please speak English!« sagte Rita.

Am nächsten Tag rief Duckwitz auf der Polizeistation von Maroua an. Erst am Nachmittag erreichte er den Polizeimajor. Der war betrunken und machte Duckwitz sofort klar: Gesetz ist Gesetz, und jeder Tag, den der deutsche Fotograf früher rauskommt, kostet eine Digital-Armbanduhr, aber nicht, er buchstabierte, das LED-, sondern das LCD-System, das gäbe es seit neuestem, jedenfalls seit Anfang des Jahres, in Paris. Nein, normale Armbanduhren nehme er nicht. Als Duckwitz das Gespräch beenden wollte, fing er an, den Preis herunterzuhandeln. Duckwitz stimmte schließlich zu. Bereits zwei Tage später erschien der Fotograf in der Botschaft. Er war nicht dankbar, sondern beleidigt, daß es so lange gedauert und ihn keiner von der Botschaft persönlich abgeholt hatte. Er wollte seine Filme wiederhaben. Als er den dikken Haufen Abzüge sah, kriegte er große Augen und wollte die Beute in seiner riesigen Fototasche verschwinden lassen. »Halt!« sagte Duckwitz und zeigte ihm die Rechnung. »Nur gegen bar.«

»Sie sind ja wahnsinnig«, sagte der Fotograf und nannte Duckwitz einen typischen deutschen Beamten. »Lieber ein deutscher Beamter als ein Schweinefotograf wie Sie!« sagte Duckwitz. Er hätte dem Major da oben in Nordkamerun die Digitaluhren dafür geben sollen, daß er diesen Fotografen noch eine Weile länger in seinem Gefängnis behielt.

Ein paar Tage nach dieser Begebenheit ging Duckwitz sehr früh ins Büro. Er wollte ungestört Helene in Frankfurt anrufen. Die Putzfrau in der Botschaft ließ am Abend, wenn sie ging, immer alle Türen zu den Büros offen, damit wenigstens nachts die stickige Luft zirkulieren konnte. Hennersdorffs Tür war geschlossen, das hieß, er war schon da. So früh? Hatte er wirklich soviel zu tun, oder wollte er auch nur ungeniert und billig in Deutschland anrufen? Vielleicht hatte er ebenfalls eine alte Freundin, bei der er sich über seine dröhnende Stockrosenfrau beklagen konnte. Oder er rief bei seiner Mutter in Lüneburg oder Uelzen an. Aus dieser Ecke kam er. Die Wände des Botschaftsgebäudes waren dünn, man hörte Hennersdorff nicht. Konnte ja sein, daß er auch wirklich arbeitete, diese Riesenrechnung des Fotolabors betrachtete und überlegte, wie man die verbuchen konnte. Er war eigentlich zu korrekt, um das Diensttelefon für private Zwecke zu mißbrauchen. Demnächst würde das sowieso nicht mehr möglich sein. Die Zentrale hatte bereits angedroht, jeden Dienstapparat mit einem Computer zu koppeln, der die angewählte Telefonnummer und die Gesprächsdauer registrierte.

Aber vielleicht war ja Hennersdorff auch gar nicht da, und die Tür war aus einem anderen Grund geschlossen. Duckwitz stand auf, ging über den Flur vis-à-vis zu Hennersdorffs Tür, klopfte flüchtig und öffnete. Das gibt es nicht! Hennersdorff, der hier ein Nickerchen macht! Kommt her und schläft sich am Schreibtisch aus. Sehr erholsam konnte der Schlaf allerdings nicht sein, mit dem Kopf so auf der Schreibtischplatte. Duckwitz zwitscherte und pfiff ein bißchen, ging sogar so weit, wie ein Hahn zu krähen. Aber Hennersdorff rührte sich nicht. Es war entsetzlich, wie er dalag. Duckwitz ging zu ihm hin, faßte ihn an und wollte ihn rütteln, aber er ließ sich nicht rütteln. Er war steif. Er war tot. Duckwitz wollte ihn umarmen, aufwecken, lebendig machen, ihm zureden. Aber Hennersdorff war schwer, tot, fremd, weg. Blieb über den Schreibtisch gebeugt. Ein Wasserglas, ein leeres Glasröhrchen, die klassischen Requisiten des Selbstmörders, am Rand des Waschbeckens. Es war zu spät. Also eilte es nicht. Jetzt in Ruhe Abschied nehmen.

Harry schloß die Tür und setzte sich. Wie selten man Tote sah. Als Kind hatte er die tote Tante Ursula gesehen. Sie starb in ihrem Zimmer. Die letzten Wochen war sie aus dem Bett nicht mehr herausgekommen. Sie hatte es an der Leber. »Sie trinkt wie ein Matrose«, hatte Tante Huberta immer gesagt. Sie trank auch noch am Schluß. Weil es keinen Sinn mehr hatte, nicht zu trinken. Sie machte Harry zum Komplizen ihrer Unvernunft. Sie fand es nicht unvernünftig. Der Arzt und die anderen Tanten sprachen von Unvernunft. Sie deutete auf eine Kommode, dort lag das Portemonnaie in der obersten Schublade. »Beaujolais«, sagte sie und lächelte süß. »Und eine Schachtel ›Nil‹.« Harry war in den Edeka-Laden gegangen und hatte den Nachschub geholt. Er war stolz, den Korken aus der Flasche ziehen zu dürfen. Dafür war Tante Ursula jetzt schon zu schwach. Sie wurde immer dünner und schwächer. Sie konnte das Weinglas nicht mehr halten. Eines Morgens war Harry wie immer in ihr Zimmer gegangen. Da hatte sie ausgesehen wie noch nie. Sie hob den Kopf nicht, aber eine Hand rührte sich ganz leicht. »Wie geht es dir heute?« fragte Harry wie jeden Morgen. »Blöde Frage, gut natürlich«, hatte sie erst vor ein paar Tagen gesagt und Harry einen Fünfmarkschein geschenkt. Heute sagte sie nichts. Ihre Hand bewegte sich wie bei jemandem, der Musik hört. »Scheiße«, sagte Harry nach einer Weile. Da richtete sich Tante Ursula im Bett auf und sagte zu ihm: »Scheiße, das ist das Wort!« Sie lächelte erschöpft und legte sich wieder zurück. Am Abend starb sie. Harry war nicht dabei. Er sah sie erst am nächsten Morgen. Er hatte ihre letzten Worte im Ohr. »Scheiße, das ist das Wort!« Es war wie eine Botschaft, ein Vermächtnis. Das durfte man nie vergessen, daß alles letztlich Scheiße ist. Das heißt, man mußte es natürlich ständig vergessen, mußte sich immer wieder daran erinnern.

Der Scheißtod. Das Scheißleben. Unter Hennersdorffs rechtem Arm lag ein aufgeschlagenes Buch. Harry zog es vor. Der Arm war schwer. Ein Tagebuch. Der letzte Eintrag war eine Woche alt. Danach das Datum von gestern, dann Schluß. Vermutlich war er gestern abend schon hierhergekommen, um zu sterben.

Harry war erschüttert, als er in den Aufzeichnungen las, weil er seine leichtfertige Vermutung, Hennersdorff leide unter seiner Frau, kühl und knapp bestätigt fand. Nirgends ein Wort wie Scheiße. Vielleicht hatte sich Hennersdorff das Leben genommen, weil er nie Scheiße sagen konnte.

»Rose abscheulich zu den Kindern.« – »Rose ungeduldig.« Nichts über sich selbst, immer nur seine Frau. »Rose sehr giftig heute.« – »Rose wieder mal gemein.« Mein Gott, Hennersdorff, muß man sich deswegen das Leben nehmen. »Rose zuckersüß zu Duckwitz«, das war Hennersdorff auch aufgefallen. Harry hatte immer befürchtet, daß sie ihn mit seiner höheren Laufbahn und dem akademischen Abschluß ihrem gequälten Mann als Vorbild hinstellte. Das war ihr zuzutrauen. Hierzu fand sich im Tagebuch gottlob keine Bemerkung. Plötzlich fiel Harry ein Eintrag mit dem Datum seiner Hochzeit ins Auge: »Trauzeuge bei Duckwitz. Der Glückliche.«

Harry nahm das Buch an sich. Doch, das durfte er. So schlimm die Stockrose war, sie brauchte es nicht auch noch nachzulesen. Sie hätte es verdient. Aber der Tod war Strafe genug. Vielleicht würde sie es auch gar nicht verstehen. Das war zu befürchten.

Harry legte seine Hand auf Hennersdorffs Rücken. Er faßte sich nicht tot an. »Leb wohl, du Guter, ich vergeß' dich nicht«, sagte Harry und bekam feuchte Augen. Dann ging er in sein Büro und rief Hennersdorffs Frau an. Sie war sehr sachlich und fragte, ob es noch einen Sinn habe, einen Arzt zu verständigen. Nein. Sie war sehr schnell hier. Harry hörte ihre Schritte. Nach ein paar Minuten kam sie in sein Büro.

»Es tut mir leid, daß Sie ihn finden mußten«, sagte sie, als müsse sie für eine Zumutung um Entschuldigung bitten.

»Es tut mir leid, daß er nicht mehr lebt«, sagte Duckwitz.

Hennersdorff wurde überführt. Familiengrab, irgendwo in der Lüneburger Heide. Hennersdorffs Frau kam noch einmal zurück, um den Umzug ins stockrosenhafte Niedersachsen zu organisieren.

Als Tante Ursula damals am Alpenrand gestorben war, hatte sie ein paar Bonmots hinterlassen, die Harry erst später verstand. »Ich mache mir nichts aus Segnungen«, hatte sie gesagt, »daher habe ich eigentlich keine Lust, das Zeitliche zu segnen.« Dann aber, als es doch ernst wurde und die Formalitäten besprochen wurden, hatte sie die anderen Tanten mit ihrem letzten Wunsch noch einmal in Erstaunen versetzt: »Keine Beerdigung bitte, macht eine Burnissage, Kinder!«

Nach nunmehr fast drei Jahren in Afrika hatte Duckwitz zunehmend das Gefühl, politisch immer nachlässiger zu werden. Je mehr man Bescheid wußte, desto weniger konnte man tun. Alle, die sich bemühten, machten Fehler. Jeder schimpfte auf die Methoden der Entwicklungshilfe, keiner konnte es besser. Vielleicht, dachte Duckwitz, müßte man das gar nicht so uneffektive System der Korruption verbessern. Vielleicht war hier ein Ansatz. Wenn die Selbstlosigkeit soviel Mist hervorbrachte, dann wäre womöglich die Kultivierung des Eigennutzes ein Weg. Und die Verbreitung europäischer Kultur in Afrika! War sie unnütz, schädlich, lächerlich, oder hatte sie einen Sinn? Drei Jahre zugesehen, und es war weniger klar denn je. Anfangs war er immerhin noch dagegen gewesen, jetzt war es ihm egal. Bloß gut, daß er nicht in Südafrika gelandet war. Mit seinem windelweichen Bewußtsein würde er wahrscheinlich zu denjenigen gehören, die behaupteten, daß sie zwar auch gegen die Apartheid seien, aber eine Abschaffung der Apartheid über Nacht eine Katastrophe für den ganzen Kontinent wäre.

Die Frau des Botschafters würde ihm fehlen. Es war einfach gottvoll, wie sie jetzt, nach Jahren, noch so tat, als sei der Herbst 1977 mit der Entführung der Lufthansa-Maschine nach Somalia gestern gewesen, als läge das fast

4000 Kilometer entfernte Mogadischu nebenan und als seien alle Botschaftsangehörigen nur knapp dem Anschlag der Terroristen entgangen. Um sie zu ärgern, hatte Duckwitz sofort gesagt, er habe in seiner Zeit als Anwalt ausschließlich Terroristen verteidigt. Da es in Afrika keine DDR gab, wo man in solchen Fällen hingewünscht werden konnte, sagte die Frau des Botschafters: »Gehen Sie doch runter nach Angola oder Mosambik, da haben Sie Ihren geliebten Terror!« Recht hatte sie. Aber das zuzugeben wäre eine Verletzung der Spielregeln. Also sagte Duckwitz: »Ich werde mich bei meinem nächsten Auslandseinsatz nach Südafrika melden, aber erst, nachdem ich eine Hottentottin geheiratet habe.«

Heilfroh konnte er sein, daß er nicht nach Mosambik gekommen war. Volksrepublik. Peinigende Vorstellung, mehr als zehn Jahre nach 1968 noch immer diese Parolen hören zu müssen: »Mobilisierung der Massen!« – »Verschärfung des Klassenkampfs!« – aber dort in echt und nicht nur als Wohngemeinschaftspalaver und Demonstrationsremmidemmi. Und dann zusehen müssen, wie sich ein Regime die edle Aufgabe gestellt hat, kolonialistische Strukturen zu beseitigen. Ganz klar, daß jeder westliche Diplomat als wilder Antikommunist nach Hause kommen mußte. Das war ihm erspart geblieben. Hier in Kamerun gab es keine Herrscherfiguren, die in Moskau in die Geheimnisse des Marxismus-Leninismus eingeweiht worden waren, um sie auf dem afrikanischen Kontinent zu erproben. Diese Krämpfe hatte er wenigstens nicht beobachten und nach Bonn berichten müssen. Trotzdem war er müde.

Mit Rita konnten die Paradoxien des Daseins nicht besprochen werden, und auch das war paradox: nämlich einerseits bedauerlich, andererseits wohltuend. Es hatte keinen Sinn, dauernd seine Nase in das Elend zu stecken. Vor allem, weil es so pausenlos elend gar nicht war. Schließlich freute man sich in Kamerun und vermutlich auch in Südafrika seines Lebens.

Nach dem ersten Auslandsposten war in der Regel gleich anschließend der zweite fällig. Duckwitz hatte das Gefühl, in seinem Beurteilungssystem völlig durcheinandergeraten zu sein. Jetzt noch mal drei Jahre woanders, und er wüßte überhaupt nicht mehr, wie der Hase läuft. Lieber mit ansehen, wie Mist gemacht wird, als selbst Mist machen.

Unverheiratet wäre es nicht leicht gewesen, sich einer Versetzung Gott weiß wohin zu entziehen. Jetzt konnte er Rita vorschieben. »Meine Frau muß erst einmal richtig deutsch lernen«, telefonierte er nach Bonn, »und das kann sie nicht in Finnland oder Kanada oder sonstwo.« Das sah man in der Personalabteilung ein. Während Harry in Bonn das Nest zu bereiten gedachte, wollte Rita allerdings erst einmal ihre weitverzweigte Verwandtschaft besuchen. Sechs Wochen Seoul beim mütterlichen Teil der Familie und dann noch mal sechs Wochen Indien bei ihren Verwandten väterlicherseits. Davor Station in Uganda, wo sie als Kind ein paar Jahre in die Schule ging, bevor sie nach England auf ein Internat gekommen war.

Kein Wort von Rita, ob Harry das recht sei, ob er ohne sie und ohne die Partien im Bett auskomme. Sie stellte ihn sanft vor vollendete Tatsachen. Kein Wort des Bedauerns, daß man sich mehrere Monate nicht sehen würde. Harry war begeistert, wie unsentimental Rita war. Es war nicht falsch gewesen, sie zu heiraten. Rita bat ihn dafür zu sorgen, daß das Klavier vorsichtig transportiert werde. »Und das Motorrad«, sagte Harry. »Oh no, don't mind the bike«, sagte Rita. Harry solle das Motorrad verkaufen.

»Natürlich nicht!« sagte Harry.

Rita telefonierte und bestellte sich Flugtickets. Kampala, Seoul, Bombay, Bonn. Als sei das völlig normal. Als mache sie das täglich.

Eine Woche, bevor Harry Kamerun verlassen und nach Bonn fliegen sollte, brachte er Rita zum Flughafen von Jaunde. Es war Anfang Mai, die Regenzeit würde bald beginnen. Am Flughafen hatten sie noch etwas Zeit. Das waren die Augenblicke, wo man eine Zigarette rauchen mußte. Im Spiegel hinter der kleinen Bar konnten sie sich sehen. Sie standen nebeneinander und lächelten sich zu. »Du kommst doch hoffentlich zu mir zurück«, sagte er. Rita kicherte in letzter Zeit nicht mehr soviel. Sie lächelte lieber. Sie war 25 und fand nichts dabei, allein um die halbe Welt zu fliegen. Sie brauchte nicht einmal einen Schluck Alkohol. Sie trank einen Tomatensaft. Harry brauchte einen Whisky. Unglaublich, mit welcher Sicherheit sie ihren Koffer aufgab, Schecks ausfüllte, die pure Selbstverständlichkeit. Harry war stolz auf sie. Er kam sich unerfahren und provinziell dagegen vor. Rita war guter Laune und mit ihren Gedanken schon ganz woanders.

Als Rita auf dem Klo war, kaufte er sich ein französisches Magazin und eine englische Wochenzeitung. Der US-Verteidigungsminister ist für eine Stationierung der Neutronenbombe in Europa, las er. Vor wenigen Wochen war John Lennon erschossen worden. Warum schoß man so ein Neutronenschwein nicht tot. Der Präsident der Bundesrepublik Deutschland auf Staatsbesuch in Indien. Unglaubliche Zustände. Bloß gut, daß der alte Nazi nie hier in Kamerun aufgetaucht war. Jetzt wurden die Passagiere nach Kampala aufgerufen. »Bye, bye«, sagte Rita, schulterte ihre Tasche und weg war sie.

6

Wie sich Harry von Duckwitz nach seinen Jahren in Kamerun in Bonn zurechtfindet, während seine Frau Rita in Afrika und in ihrer Heimat noch allerlei abzuwickeln hat. Ferner einiges über Salatsaucen, Musikboxen und den Verfall der Kneipenkultur und wie Harry wieder einmal seine Entscheidungsschwäche zu schaffen macht, er dann aber doch mit seiner Freundin Helene zum Essen geht, und was dann passiert.

Seit drei oder vier Jahren hatte er sie nicht gesehen. Nur das bißchen Telefonkontakt zwischen Kamerun und Frankfurt hin und her. Nun hatte sie angerufen und gleich nach der ersten Freude war auch wieder die alte Gereiztheit aufgeschienen. »Wohin sollen wir essen gehen?« hatte Harry gefragt. Wie damals, als sie noch studierten, wußte er auch jetzt nicht, in welches Lokal er mit Helene gehen sollte. Dabei war ihr Vorschlag so munter gewesen. »Gehen wir doch irgendwo etwas essen«, hatte sie gesagt. Wieso erkundigte sie sich nicht nach Rita? Sie wußte doch, daß Rita existierte. Rita ist noch nicht da – das wollte er nicht sagen, das hätte so vieldeutig geklungen. Harry glaubte sich zu erinnern, daß Helene sogar »erst mal« gesagt hatte: Erst mal würden sie essen gehen und dann, möglicherweise, ins Bett? Das zumindest war nicht ausgeschlossen.

Jetzt ärgerte sich Harry, daß er nicht in der Lage gewesen war, umstandslos irgendein Restaurant zu nennen, in dem sie sich übermorgen abend um acht Uhr treffen konnten. Er hatte Helene bitten müssen, doch noch einmal anzurufen, es falle ihm auf Anhieb beim besten Willen nichts ein. Schließlich sei er drei Jahre in Afrika gewesen, hatte er zur Entschuldigung hinzugefügt.

Dadurch, daß Helene nun noch einmal anrufen mußte, würde ihr völlig unerwarteter Auftritt an Überraschungskraft verlieren. Harry hatte zu spüren geglaubt, wie seine

Unentschlossenheit sie nervös machte. Auch wegen seiner Unentschlossenheit war aus der Sache mit Helene früher nichts geworden. Und vermutlich, fiel ihm ein, war seine Unentschlossenheit auch schuld daran, daß er in diesen idiotischen diplomatischen Dienst eingetreten war, in diese Heimstatt ratloser und aus dem Ei gepellter Versager, mit denen er nichts zu tun haben wollte.

Nun wartete Harry ungeduldig auf Helenes Anruf und wagte sich nicht vom Telefon weg. Das war die Strafe. Seine Freude, Helene wiederzusehen, war so unmäßig und so durcheinandergeraten, daß es ihm nicht möglich war, sich ein Lokal vorzustellen, das dieser Freude entsprach.

Als das Telefon klingelte, wußte Harry noch immer nichts. Er konnte nicht schon wieder entschlußlos sein. Er riß das Branchenbuch aus dem Regal und suchte mit flatternden Fingern die Rubrik *Restaurant*. Das Telefon klingelte bereits das fünfte Mal, als er den Hinweis fand: *siehe Gaststätten*. Er gab das Suchen auf. Er würde jetzt einfach die Stirn zeigen und dem Spott Helenes mit einem Plädoyer für die Ratlosigkeit begegnen: Wenn es mehr Ratlosigkeit gäbe, dann gäbe es weniger Kriege. Entschlossenheit sei eine martialische Eigenschaft.

Harry hob den Hörer ab. Es war sein Bruder Fritz. Er hatte irgendwelche Probleme mit seiner Freundin.

Sie hatte zwei Kinder und war keineswegs unglücklich verheiratet, hielt aber nebenbei einiges von Poesie und damit auch von Fritz, dem Dichter. Harry hatte mittlerweile im Branchenbuch die Rubrik *Gaststätten* gefunden. Und so unkonzentriert, wie er den Nebenbuhlersorgen von Fritz zuhörte, las er sich durchs Alphabet. Dabei malte er mit dem Kugelschreiber Buchstaben an den Rand des Telefonbuchs. In einer Zierschrift entstand langsam der Satz: »Wohin mit mir?«

Plötzlich hörte er, wie Fritz sich darüber beklagte, daß er und seine Freundin immer nur essen gingen. Harry fragte sofort nach: »Wohin geht ihr?« Fritz verstand nicht:

»Was heißt, wohin?« In welche Lokale, wollte Harry natürlich wissen. Das verstand Fritz noch weniger. Sein Problem war ja nicht die Auswahl von Lokalen, sondern die Tatsache, daß er sich mit seiner Freundin, irgendeiner Ärztin, nur in Lokalen treffen konnte, weil sie aus fälschlicher Achtung vor ihrem Mann nicht in Fritzens Wohnung mitkommen wollte. Tödlich sei das. Bei aller Zuneigung eine Art Sperre. Und schließlich könnten sie sich auch schlecht in der Wohnung seiner Freundin treffen, wo sich ja ihr eigener, die zwei gemeinsamen Kinder hütender Mann, dieses Scheusal, aufhalte. Harry fand das Problem grotesk. Er wollte nichts anderes, als von Fritz eine vernünftige Kneipe genannt bekommen, und Fritz waren jetzt die Lokale egal. Er wollte etwas von seiner zehrenden Liebe erzählen. Doch Harry war unerbittlich: »Dir als Schriftsteller«, sagte er, weil er wußte, daß sich Fritz über diese Bezeichnung selbst dann freute, wenn sie ironisch gefärbt war, »dir als Schriftsteller kann es doch nicht egal sein, in welcher Kneipe du sitzt.« Damit war Fritz heute nicht zu erweichen. Es sei ihm scheißegal, in welcher Art von Kneipe er sich mit Ines träfe. Harry wolle ihn wohl hochnehmen, er verstünde eben nichts von der Liebe, er sei durch seinen Diplomatenberuf noch unsensibler geworden, als er es schon früher war. Harry, dem die von Fritz so oft beschworene Sensibilität der Literaten nicht geheuer war, sagte noch schnell, er fände es durchaus sensibel, wenn man Lokale mit affigen Speisekarten und Kerzen und langstieligen Gläsern nicht ertragen könne. Damit war das Gespräch beendet. Harry war nicht weitergekommen.

Es waren ja nicht nur diese albernen Kerzen, die ihn elend machten. Ebensowenig konnte er das neuerliche Gezirpe der elektronischen Registrierkassen ertragen. Und dann gab es immer häufiger diese gedungen wirkenden Kellner und Kellnerinnen in uniformierten Jacken. Sie waren nicht besonders freundlich, aber so überarbeitet, daß man ihnen die Unfreundlichkeit nicht vorwerfen konnte. Sie fragten einen, mit welchem Dressing man den Salat haben wolle, italienisch oder französisch? Wieso konnten die eigentlich nicht mehr Sauce sagen? Sauce war doch ein schönes Wort Auch ein Fremdwort, aber was für eins, das hatte noch Bedeutung. Da schwamm noch etwas mit. Das war wenigstens noch im übertragenen Sinn verwendbar für diese undefinierbare Pampe, die die Dinge des Lebens morastartig zusammenhielt. Sauce enthielt noch etwas organische Substanz, da dachte man noch an mehr oder weniger wohlschmeckendes Gulasch und an Wacholderbeeren. Dressing aber, das war nur ein bißchen künstliches Geklecker, mit dem man den Salat anmachte. Es gab so etwas wie eine kapitalistische und eine sozialistische Sauce, in die der Westen und der Osten getunkt waren, aber es gab kein kapitalistisches oder sozialistisches Dressing, das fehlte noch. Obwohl es noch dazu kommen würde, daß sich in Heirats- und Bekanntschaftsanzeigen Porschefahrer mit fortschrittlichem oder konservativem Dressing anpriesen: gewälzt in einer weltanschaulichen Fertigwürze. Das wäre nur konsequent. Schon sprach die neue deutsche Zunge davon, was alles *anmachend* sei. Ein Ausdruck, den Harry von Duckwitz von Anfang an erbärmlich gefunden hatte. »Das macht mich an« – wer so sprach, der machte sich endgültig zum Salat.

Harry geriet in eine immer düsterer werdende Stimmung. Die ganzen guten alten Kneipen waren doch längst alle kaputtgemacht worden. Diese scheußliche Bundesrepublik und all die scheußlichen Industrienationen wurden immer unansehnlicher. Auf den abgelegenen Auslandsposten brauchte man wenigstens diesem Verfall, der sich neuerdings Innovation nannte, nicht beizuwohnen. Man kam alle paar Jahre zu vollendeten Tatsachen zurück. Das schärfte den Blick. Veränderungen fielen einem sofort auf. Vor drei Jahren hatte es noch keine Bankautomaten gegeben. Nun sah man ständig Menschen, die, halb dreist und halb verlegen noch, ihr Geld wie eine obszöne Spende von einer Maschine entgegennahmen. Harry hatte alles darangesetzt, die nächsten drei Jahre in Bonn zu bleiben. Nun war er seit ein paar Wochen da, und schon sehnte er sich nach seinem nächsten Auslandseinsatz. Bloß weg von hier. Wenn er Glück hätte, würde er nach Buenos Aires kommen. Es war anzunehmen, daß es dort genügend Lokale für Helene und ihn gäbe. Falls sie ihn dort besuchte. Mit Rita essen zu gehen war sehr viel weniger kompliziert.

Es war Helene und ihm früher immer ganz einerlei gewesen, wie und was man aß, es kam nur darauf an, wie und wo man saß. Für eine weite Kneipe mit schrägem Sonneneinfall konnte man das reaktionäre Gezeter in Kauf nehmen, das einige Tische weiter die Handwerker mit den Rentnern vereinte. Das ließ sich obendrein mit Elvis Presley aus der Musikbox mühelos übertönen: »one night with you« – mit welcher Löwenhaftigkeit wurde dieser prachtvoll verlogene Wunsch vorgetragen. Danach noch der Kaiserwalzer, und das Welträtsel war für den Rest des Tages gelöst.

Diese Lokale gab es nicht mehr. Die Musikboxen standen jetzt in den Fluren schicker Altbauwohnungen. Die Lokale waren von irgendwelchen Restaurant-Ketten übernommen worden. Der Saalcharakter, also das einzig wirklich Großzügige und Erhebende an diesen Räumen, war offenbar etwas, das nicht in die kleinkarierten Schädel der Gestalter paßte. In Absprache mit den Verkaufspsychologen setzten sie auf Enge und Gemütlichkeit, zogen niedrige Decken ein und zerlegten den Raum in Boxen und Kojen. Und der Erfolg gab ihnen recht: Die eben noch halbleeren Lokale füllten sich, denn der Mensch war ein Vieh und fühlte sich in den Ställen am wohlsten.

Harry mußte nun aufpassen, nicht allzu ungnädig zu werden, denn seine misanthropischen Anfälle waren ihm auch nach ihrem Abflauen an den Mundwinkeln anzusehen. Helene jedenfalls hatte dafür früher einen sicheren Blick gehabt. Und Harrys pauschale Weltverachtung war ihr als treuer Linken stets ein Dorn im Auge gewesen. Nachdem das Wiedersehen nun schon mit Harrys alter

Unentschlossenheit eingeleitet worden war, sollte Helene nicht auch noch an seine ebenso alte Verdrießlichkeit erinnert werden.

Natürlich konnten sie, fiel ihm ein, nach Köln hinüberfahren, zu einer der Schickeriakneipen, die von diesen jungen Leuten betrieben wurden, die auf undurchschaubare Weise nett waren. Sie tauschten mit traumwandlerischer Sicherheit für den Trend der Stunde das teutonische Kantinenmobiliar der alten Bierkneipen gegen französische Bistrostühle, legten weiße Tischdecken auf und ergänzten die Speisekarte mit einigen italienischen Leckereien. Weil es von diesen Lokalen zuwenig gab, waren sie zu gut besucht. Sie waren vollgestopft mit Menschen, man mußte ständig auf frei werdende Plätze warten. Man drückte und rempelte einander, blieb aber dabei immer seltsam wohlgelaunt. Die Enge vermittelte den Leuten offenbar ein Zugehörigkeitsgefühl. Harry aber fragte sich, nachdem er neulich einmal und nie wieder mit einem Kollegen in einer dieser Kneipen im Stehen seine Mozzarella verschlungen hatte, ob denn der Mensch partout dazu da sei, sich in Trauben zusammenzudrängen. Auf diese Art von Zugehörigkeit konnte er verzichten. Hier waren zwar keine niedrigen Stalldecken und keine Boxen, aber man drückte sich um den Tresen herum wie eine Herde um die Tränke. Unmöglich, mit Helene in eines dieser sogenannten In-Lokale zu gehen, wo sich Vertreter der sogenannten Szene fröhlich aneinanderwetzten. Das Bad in der Menge derer, die lauthals das Leben genossen, war ihm zuwider. Lieber noch würde er in einer Mischung aus überdrehtem Snobismus und Verzweiflung mit Helene in eine Wienerwald-Gaststätte gehen. Das war zwar auch ein Viehstall, aber schon so sehr zum Symbol für schlechten Geschmack und Spießertum geworden, daß jeder noch so große Spießer glaubte, darauf herumhacken zu können. Und eben deswegen würde sich Harry durchaus in diese geschmähten Räumlichkeiten begeben. Man sah dem Unternehmen den Verfall an, und das verlieh den Lokalen dieser Kette einen Anflug von Würde, fand Harry.

Eines dieser besseren Restaurants kam jedenfalls nicht in Frage. Bessere Restaurants haßte Harry mit Inbrunst. Die ganze Feinschmeckerei war eine erbärmliche Ersatzbefriedigung. Das war etwas für Einsame, Unglückliche, Impotente. Harry, verliebt und glücklich, wie er hin und wieder war, hatte Liebe und Essen noch nie verbinden können. Die Liebe machte ihn satt. Daß die Liebe durch den Magen geht, das war auch so ein penetranter und völlig unrichtiger Spruch. Wer hatte sich denn den ausgedacht? Die an den Herd gebundenen Frauen, um ihre Männer an sich zu binden? Oder irgendwelche dicken oder dürren Übermütter, die ihre Kinder nicht von daheim ziehen lassen und sie mit gutem Essen locken und halten wollten? Was mußte das für eine miese Liebe sein, die mit Essen erkauft war.

In ihrer Blütezeit hatten Harry und Helene oft appetitlos vor irgendwelchen vollgehäuften Spaghettitellern gesessen und sich lüstern in die Augen geblickt. Wie um etwas zu besiegeln, hatte Helene dann immer auf Harrys Fuß getreten, während sich ihre Lippen einen Spalt öffneten. Harry war daraufhin immer ganz rasend geworden, hatte einen Schuh ausgezogen und war mit seinem Fuß an der Innenseite von Helenes Schenkeln entlanggefahren. Helene, die immer schon diese engen, glatten Lederhosen trug. Lautlos war der wollene Socken den Schenkel hoch bis zum Schoß gerutscht. Helene hatte dann immer Harrys Fuß genommen und ihn noch fester an sich gedrückt. Das Tischtuch hatte die dunkle Liebkosung diskret verhüllt.

Die Erinnerung an dieses lustvolle Ritual verstärkte Harrys Abscheu vor dem Eßgetue, das sich auch im Auswärtigen Amt zunehmend breitmachte. Die Leute ließen sich die widerlichsten süßen Aperitifs andrehen, weil die gerade Mode waren. Als gäbe es nicht schon genug Moden, mußte es nun auch noch Trink- und Eßmoden geben. So wie die Designer krampfhaft nach neuen Formen suchten, suchten die Köche nach neuen Gerichten. Und die Esser nickten und schmeckten und hielten den Kopf schief und gaben mit geschlossenem Mund wohlgefällige kleine Laute von sich und stocherten in diesen winzigen Häufchen auf diesen riesigen Tellern herum und merkten nicht, daß sie hier mit der Gläubigkeit von Laien den grotesken Scheußlichkeiten enthemmter Fachleute aufsaßen.

Die einzigen erträglichen Zufluchtsorte, fand Harry nun, waren die Gastarbeiterkneipen, wie überhaupt die Gastarbeiter diejenigen waren, durch die einem das Leben in dieser blödsinnig geschleckten Bundesrepublik halbwegs erträglich wurde. Der Fremdheit der Italiener, Griechen, Spanier, Türken und Jugoslawen fühlte sich Harry verbunden. Man mußte in jene Gastarbeiterkneipen gehen, in denen keine Deutschen herumsaßen und versuchten, ihre Mittelmeersprachkenntnisse an den Mann zu bringen.

Plötzlich war Harry fest entschlossen, mit Helene in die griechische Kneipe gleich um die Ecke zu gehen, in der er sich neulich an einem Gyros den Magen verdorben hatte, wo man aber gut saß, wie er fand, nämlich schön ungemütlich wie in einem alten Bahnhofslokal. Die Griechen musterten einen irritiert, wenn man als Nichtgrieche ihr Terrain betrat, aber das war besser als diese Ober, die angeschwänzelt kamen und einen zu Tischen abführten, wo man ihrer Ansicht nach sitzen sollte. Bei diesem Griechen fühlte sich Harry immer als Eindringling, so, wie er sich in Afrika als Eindringling vorgekommen war. Aber dieses desolate Gefühl war ihm wenigstens vertraut. Alles war voll Sehnsucht, auch die Musik. Die Griechen sehnten sich in ihre Heimat, und Harry sehnte sich woandershin.

Nun klingelte nicht das Telefon, sondern die Haustürglocke. Es war tatsächlich Helene. Sie sah blühend aus, war aber unmöglich angezogen. War das modern oder altmodisch? Harry sah das gute alte Spiel der Füße unter dem Tisch von diesem scheußlichen, wickelrockartigen Beinkleid erheblich gefährdet.

Nach einer dennoch vertrauten Begrüßung sagte Helene, sie sei hungrig, sie müsse schnell etwas in den Magen kriegen, egal, wo, sagte sie und sah das aufgeschlagene Branchenbuch liegen. »Wohin mit mir?« las sie vor. »Klingt gut«, sagte sie, »richtig poetisch«, ob Harry jetzt auch Dichter werden wolle wie sein Bruder? Dann fand ihr Finger ein Lokal mit Fischspezialitäten. »Komm!« sagte sie, und Harry kam gar nicht dazu, seinen Griechen zu empfehlen. Sie habe rasende Lust auf Meeressauereien, Muscheln möchte sie aus der Schale nagen – so, wie sie das sagte, war es durchaus eine Entschädigung für ihren aufgeplusterten Wickelrock. Dann wählte Helene gleich die Nummer und bestellte einen Tisch. Harry befreite sich aus der Vergangenheit und geriet in Bewegung. Erlöst suchte er das dumme Reihenhaus nach Eurocheques ab, dann dachte er an die langen Tischtücher in den feinen Lokalen und zog, für alle Fälle, ein Paar frische Socken an.

Wie hatte er daran zweifeln können. Natürlich kam Helene nach dem Essen wieder mit. Natürlich waren sie im Bett gelandet.

»Sagst du es ihr?«

Harry lachte. »Wie du das sagst!«

»Ich möchte sie kennenlernen.«

»Gut, sehr gut«, sagte Harry.

»Aber natürlich nur, wenn sie Bescheid weiß.«

Harry dachte an Rita, er hörte sie kichern und merkte, wie er plötzlich so ähnlich kicherte wie sie. »Ich kann es ihr sagen oder nicht. Wie du willst. Mir ist es egal und Rita vermutlich auch.«

»Das glaubst du!« sagte Helene.

»Ja«, sagte Harry, »was weiß man schon.«

Helene wurde streng. Harry solle nicht so selbstherrlich sein. Sie könne sich schon vorstellen, wie er die arme Rita völlig unterdrücke.

»Endlich«, sagte Harry, »endlich kommt deine Frauensolidarität zum Vorschein. Höchste Zeit.«

Helene biß ihn in die Wade. Sie werde die Sache irgendwann mit Rita klären.

»Was redest du, es braucht nichts geklärt zu werden«, sagte Harry.

Das sei ihre Sache, sagte Helene. Sie habe jedenfalls keine Lust, eine Betrügerin zu sein.

Harry wurde weich und zärtlich. Er wollte wissen, ob sich Helene jedesmal solche Gedanken mache, wenn sie mit einem verheirateten Mann geschlafen habe.

Sie boxte ihn: »Das geht dich nichts an!«

Harry streichelte sie. »Es ehrt dich, aber es ist völlig überflüssig. Jedenfalls in diesem Fall.«

Helene lachte und sprach den Satz nach: Jedenfalls in diesem Fall. Das habe was, in seiner Unlogik. Ja, was paradoxe Sprüche beträfe, sei Harry noch ganz gut in Form.

Harry richtete sich auf: »Nur was meine Sprüche betrifft?«

Helene prüfte Harrys Körper. Äußerlich sei er gut in Schuß. »Wie alt bist du?« fragte sie.

»Tu nicht so!«

Helene schwor, sie wisse es nicht.

Harry stöhnte. Es ändere sich dauernd. '45 geboren. Jetzt habe man wohl '81. »Das macht die Sache nicht leichter«, sagte er. Wenn er Helenes Körper so mißtrauisch prüfen würde, wie sie den seinen, dann würde sie ihn sofort einen Macho-Fleischbeschauer nennen, nicht wahr?

Helene nickte: »So ist es.«

Harry fand, die Frauen könnten sich eigentlich viel mehr Unverschämtheiten leisten als die Männer. »Deine Nase ist jedenfalls nicht kürzer geworden«, sagte er.

»Was hast du für ein Verhältnis zu Rita?« fragte Helene.

Harry starrte zur Decke: »Ich weiß es nicht. Ich weiß es wirklich nicht. Ein altmodisches Verhältnis, glaube ich. Ja, das ist es: ein altmodisches. Wir sind freundlich zueinander, und wir sind uns fremd. Und das ist irgendwie gut so.«

»Also das Gegenteil von uns«, sagte Helene.

»Richtig«, sagte Harry, »das genaue Gegenteil. Unser Verhältnis ist modern. Wir sind unfreundlich zueinander.« Er zog Helene an sich und schnaufte ihr ins Ohr: »Wir gehören zusammen!«

»Irgendwie schon«, sagte Helene erstaunlich ernst. »Und wie ist die Vögelei?« fragte sie nach einer Pause.

»Die Vögelei?«

Helene spielte die Eifersüchtige. Sie schüttelte ihn und schrie: »Sie ist jünger, sie ist schöner, sie ist besser im Bett! Oh, wie ich dich hasse!«

Harry lachte. Sie ist enger, dachte er, aber das sagte er nicht. Solche Männersätze sagte er nicht. Was sollte es auch heißen. Es hieß nichts. Enger, weiter, das hatte Vorteile und Nachteile. »Es ist problemlos«, sagte er, »völlig problemlos mit Rita.« Helene lag neben ihm, und Harry wollte jetzt demonstrieren, wie es mit Rita war. »Ich streichle ihre Schultern und dann ihren Arsch«, sagte er und streichelte Helene. »Dann schnuppere ich in ihrem Haar...« – »Wie ein Hund«, sagte Helene und lachte, »du machst das immer noch wie früher, es ist ein lächerliches und völlig unerotisches Geschnupper.« – »Das ist der Unterschied zwischen dir und Rita«, sagte Harry und unterbrach die Vorführung. »Sie findet mein Schnuppern nicht lächerlich.«

»Oder sie sagt es dir nicht«, sagte Helene. »Sie wagt es ihrem Helden nicht zu sagen, daß sein Schnuppern lächerlich ist. Sie erträgt es, die Ärmste.« Helene drohte: Sie werde Rita kennenlernen und ihr zu ihren Rechten verhelfen und ihr beibringen, wie man sich gegen schnuppernde Ehemänner zur Wehr setzt.

Harry merkte, daß sein Lächeln etwas angestrengt war.

»Du hast keine Ahnung«, sagte er, »du bist einfach kein Tier.« Und weil er Helene reizen wollte, sagte er noch: »Was glaubst du, wie die Negerinnen schnuppern und schnaufen.«

»Hört, der Weltmann spricht«, sagte Helene.

Harry war in Jaunde immer wieder einmal bei Nutten gewesen. Weniger aus Not, sondern weil man sich das nicht entgehen lassen konnte, wenn man schon in Afrika war. Die Negerinnen schnauften überhaupt nicht. Sie waren extrem still. Es war aber gut und schön gewesen. Weil schwarze Haut einfach viel schöner war. Dick oder dünn, Fettarsch oder Hängebusen – schwarz sah immer gut aus. Und so, wie Harry manchmal um seine nicht sonderlich dunkle, exotische Rita beneidet wurde, so beneidete er manchmal die Kollegen, die sozusagen die konsequentere Wahl getroffen und pechschwarze Schönheiten aus Afrika mit nach Bonn gebracht hatten.

»Und diese Sache?« fragte Helene.

»Welche Sache?«

»Mit dem Motorrad. Auf dem Motorrad.«

»Ach so.«

»Hast du? Habt ihr?«

Harry war der Brief, den er damals aus Jaunde an Helene geschrieben hatte, noch immer etwas peinlich. Um Helene eifersüchtig zu machen, hatte er beschrieben, welches Lustgefühl es war, hinter Rita auf dem Motorrad zu sitzen und von ihr durch die Gegend gefahren zu werden.

Helene ließ nicht locker. »Also was? Habt ihr nun?«

Harry schüttelte den Kopf.

»Flasche«, sagte Helene.

Harry nickte.

Helene kniete sich über ihn: »Ich habe mir das damals genau vorgestellt!«

»Und?«

»Was und – reicht dir das nicht?«

Harry riß sie an sich. »Du bist noch besser als ein Tier«,

sagte er und bemühte sich, seinem Atmen alles Schnuppernde zu nehmen.

Um sieben Uhr früh wollte Helene geweckt werden. Gegen zehn ging ihr Zug. Beim Frühstück würde er ihr einen Kurzbericht seiner drei Jahre als Diplomat in Afrika geben. Er war neugierig, wie sie die Dinge einschätzte. Fragen zu Macht und Ohnmacht, Dritte-Welt-Politik, Stimmung unter den Intellektuellen hier. Als Harry beim Kochen der Eier damit anfangen wollte, bürstete Helene in der Küche ihren dunklen Wuschelkopf und ließ die ausgekämmten Haare ungerührt zu Boden fallen. Harry solle doch mit dem Unsinn aufhören, Politik und Beruf, alles Kompromisse, wen interessiere das schon. Sie schmierte Butter auf den Toast und sagte: »Erzähl mir lieber, wie du Rita kennengelernt hast.«

Wie der Regierungswechsel in Bonn im Herbst 1982 Duckwitz weniger berührt als der Anblick seiner Frau vor einem Supermarkt. Dazu ein paar Bemerkungen über die Hautfarbe von Rita und die Herkunft von Helene, über Smalltalk und Vergangenheitsbewältigung. Warum Duckwitz seinen hellen Anzug nicht mehr trägt und wie er im Auswärtigen Amt an Verbesserungsvorschlägen arbeitet.

Der Oktober 1982 ging nicht spurlos am Auswärtigen Amt vorbei. Die Fernsehapparate liefen schon am Vormittag. Ein konstruktives Mißtrauensvotum im Bundestag hatte zu einem Regierungswechsel geführt. Der Chef des Auswärtigen Amts war als Vorsitzender der Liberalen an diesem Coup maßgeblich beteiligt. Er blieb Außenminister. Eine Weile hatte er gegen das Judas-Image anzukämpfen. Das heißt, er kämpfte nicht, er machte gar nichts, bis die Sache in Vergessenheit geraten war. Irgendwie brachte er es fertig, daß der Geruch des Verrats, den er verbreitet hatte, nicht an ihm hängenblieb. Das Verteidigungsministerium, mit dem man so oft Ärger hatte, bekam einen neuen Chef, der nun nicht mehr nur eine Pfeife, sondern auch noch ein eingebildetes Scheusal war. Und am schlimmsten war der Innenminister, so einen hatte die Welt noch nicht gesehen. Sie nannten das Wende.

Es war weniger eine Wende als ein Wechsel der Visagen und des Tons. Das bisherige Kabinett hatte man mit der üblichen Mischung aus Ärger und Amüsement beobachtet, nun wurden Abscheu und Verachtung zu einer neuen staatsbürgerlichen Kategorie. Zuvor hatte ein Giftzwerg seine sturen Vorstellungen mit einer einigermaßen passablen Rhetorik von sich gegeben, jetzt stand da auf einmal ein gewaltiger Tölpel und ruderte herum. Seit Jahrzehnten hatte man sich daran gewöhnt, daß Bonn eine Bühne war, auf der schlechte Schauspieler ein schlechtes

Stück aufführen, mal so, mal so. Man hatte sie auslachen und ausbuhen können. Die neuen Darsteller mochte man nicht einmal mehr kritisieren. Nicht der Kurswechsel war die Wende, sondern der Niveauverlust auf der öffentlichen Bühne. Der Unterhaltungswert war unter Null. Keine Katastrophe, es berührte nicht existentiell.

Duckwitz berührte heute morgen der Anblick von Rita. Er war schon früh im Amt gewesen, hatte Kaffee getrunken und sich wieder ins Auto gesetzt, um nach Hause zu fahren. In der Nähe ihrer Reihenhaushälfte zwischen Bonn und Bad Godesberg gab es einen dieser Billig-Supermärkte, die ihren Namen ständig ändern. Er hieß »Aldi«. Hier hatte Harry einmal während seiner Ausbildungszeit im unweit gelegenen Ippendorf Erdnüsse gekauft. Soweit er sich erinnerte, nannte sich die Ladenkette damals »Albrecht«. Das waren die Veränderungen, die vielleicht entscheidender waren als die Regierungswechsel. Das war die interessantere Wende: die Tendenz zur Verniedlichung. Alles mußte neckische Vornamen bekommen, die wie Schokoriegel klangen. Es fehlte noch, daß man dem Dasein einen netten kleinen Vornamen gab. Die blöden Amis gaben bereits den Orkanen Spitznamen. Raketen hatten Spitznamen. Kriege brauchten unbedingt auch welche.

Es war kurz vor neun, der Laden war noch nicht geöffnet, vor dem Eingang standen ein paar Leute und warteten. Unter ihnen Rita. Harry war so erschrocken, daß er schnell weiterfuhr. Sie hatte ihn nicht gesehen.

Es war ein grauer, langweiliger Morgen, und der Tag würde nicht anders werden. Rita gehörte nicht hierher. Nicht in dieses trostlose Wohnviertel am trostlosen Rand des trostlosen Bonn. Ihre schöne gelbliche Haut war bereits ganz fahl geworden in den deutschen Monaten. Er hätte sie nicht heiraten und in diese Gegend verschleppen dürfen. Ihr Leuchten war völlig verschwunden. Was dachte sie den ganzen Tag? Was tat sie, wenn sie nicht Klavier spielte? War nicht auch ihr niedlicher Zitterorgasmus irgendwie freudloser geworden? Man stammte nicht aus Korea und Indien, man war nicht in Afrika und England aufgewachsen, um in diesem öden Vorort vor einem erbärmlichen Laden zu stehen und zu warten, bis der aufmachte.

Harry fuhr nicht nach Hause. Er konnte Rita in ihrer Trostlosigkeit an diesem Morgen nicht noch einmal ertragen. Er hatte ohnehin nur den neuen ›Spiegel‹ holen wollen, um ihn in Ruhe im Amt zu lesen.

Dieses elende, graue Bonn. Wer hatte das Märchen erfunden, daß es ein Treibhaus sei. Wenn es doch eins wäre. Bonn war nichts als ein endloses graues Wochenende, an dem die Zeit stillstand. An dem man nichts anfangen konnte. An dem kein vernünftiger Film lief. An dem niemand da war, mit dem man reden konnte.

Die Küste von Kamerun, das war ein Treibhaus gewesen. Douala. In Kamerun hatte Rita nicht fremd ausgesehen, obwohl sie auch da eine Fremde war. Harry mußte daran denken, wie er in der Kamerunzeit immer wieder Vorwände gesucht hatte, die Außenstelle der Botschaft in Douala, der großen Handelsstadt von Kamerun, aufzusuchen. Glühend war es da. Keiner wollte dorthin. Wann immer etwas in Douala zu tun war, Duckwitz übernahm das. Nein, es wurde ihm nicht zuviel. Nein, man brauche ihm nicht dankbar zu sein. In Douala erledigte er, so schnell es ging, was zu erledigen war, dann fuhr er aus der Stadt heraus, am Hafen vorbei, vorbei an den erst kürzlich erbauten, bereits zerfallenden Hotelhochhäusern, in denen kein Tourist wohnen wollte. Dahinter war ein Bilderbuchstrand. Kein Mensch hielt sich in der afrikanischen Mittagshitze hier auf. Harry zog die Badehose an, lief hinunter ans Meer, wo der Sand fest und feucht war, blickte um sich, war allein, zog die Badehose aus, nahm sie in die Hand und lief dann splitternackt am Strand entlang. Er wollte am ganzen Körper braun sein. Er wollte der schönen Rita keinen weißen Mann zumuten und erst recht keinen mit einem weißen Hintern. Rita war schön, und er wollte auch schön sein. Es war absurd, in der Sonne zu liegen und zu braten. In Afrika war es nicht nur absurd, sondern wahnsinnig, wenn nicht tödlich. Aber man konnte in der Sonne rennen. Die Luft am Meer war frisch. Wenn einen das Schicksal schon zum weißen Mann gemacht hatte, dann sollte es wenigstens ein getöntes Weiß sein, das aber nicht knusprig nach Urlaub aussehen durfte. Dieser Ton ließ sich erzeugen, wenn man hin und wieder seiner seltsamen Tätigkeit in Douala nachging. Duckwitz mochte keine sportlichen, tiefbraunen Männer. Wenn er mit Rita gelegentlich zum Schwimmbecken der italienischen Botschaft ging, dann freute er sich, daß seine Haut einen gelblichen Braunton hatte, fast so indisch wie Ritas. Was haben Sie für eine beneidenswerte Haut, hatte ausgerechnet die schlohweißhäutige Frau des guten Hennersdorff einmal gesagt. Duckwitz hatte den Kopf geschüttelt. So? Finden Sie? Nein, Sport mache ich nicht! In die Sonne gehe ich nicht!

Das verfluchte Bonn hatte sie beide farblos gemacht. Zur Made wurde man hier. Harry und Rita von Duckwitz. Ein kinderloses Reihenhausehepaar. Er ist einer von denen, die sich eine Exotin geschnappt haben und sie dann hier versauern lassen. Ab und zu schläft er mit seiner alten Freundin. So einer ist das.

In den 70er Jahren konnte man in allen größeren Städten der Bundesrepublik nackt in den Parks herumliegen. Hatten sie auch gemacht, Helene und er. Splitternackt lag der Assessor Duckwitz neben Helene Grünberg im Frankfurter Grüneburgpark. War auch nicht mehr vorstellbar. Damals der Gipfel der Unverklemmtheit. Dann schon bald nur noch peinlich, häßlich, albern. Der nackte Mensch gehörte nicht ins Freie, so, wie man die Kinder nicht antiautoritär erziehen durfte. Alles Irrtümer. Aber wenigstens hatten sie nicht die häßlichen weißen Ärsche gehabt.

Helene Grünberg. Während er nun die Godesberger Allee Richtung Regierungsviertel fuhr, erinnerte er sich, daß er Helene anfangs für eine Jüdin gehalten hatte. Grünberg, das war doch ein jüdischer Name. Harry lehnte die Behauptung ab, daß Jüdinnen und Juden erkennbar seien. Das war übrigens einer der wenigen Streitpunkte mit den Tanten gewesen. Die Tanten hatten ab und zu gesagt, der oder die sähe jüdisch aus. Da war Harry aufgebraust. Was sollte der Quatsch! »Mach dir nicht ein«, hatte Tante Frieda gesagt. »Eine Menge Amis sehen wie Amis aus, und eine Menge Deutsche sehen wie Deutsche aus, und Fachleute können bereits Westdeutsche von Ostdeutschen unterscheiden, und so sehen eben Juden jüdisch aus, das ist normal.« Später hatte er von Tante Huberta erfahren, daß Tante Friedas große Liebe im alten Berlin ein jüdischer Conférencier gewesen war, der im KZ umkam, und daß niemand die Nazis so gehaßt hatte wie Tante Frieda. Trotz dieser Erklärung hielt Harry so etwas wie jüdisches Aussehen weiterhin für dummes Gerede. Es gab natürlich orientalische Gesichter, aber Ägypter und Palästinenser und Israelis sahen sich genauso ähnlich wie Holländer, Belgier und Deutsche, nur mit dem Unterschied, daß die Orientalen sehr viel schöner waren.

Schön war Helene und dunkel und damals ohne ein graues Haar. Auch Harry hielt sie insgeheim für eine Jüdin und war irgendwie froh darüber. Das hatte etwas von der Erfüllung eines Versöhnungstraums. Zu seinem Erstaunen sprach Helene allerdings immer von ihrem Vater als diesem »blöden Kommißkopp«. Sehr verwirrend. Wie war es möglich, daß der jüdische Vater, den sich Harry als frommen Mann vorstellte, der den Sabbat heiligte, ein Soldat gewesen sein sollte. Oder war Helene traumatisiert? Verdrängte sie Gräßliches? War der Vater ein Opfer der Nazis, und sie wollte das nicht wahrhaben? Wirkte der Naziterror bis in Helenes Nachkriegsgemüt hinein? Und dann hatte sich eines Nachmittags, als sie nackt im Grüneburgpark lagen und Harry die Vorteile seines beschnittenen Pimmels erläuterte, plötzlich herausgestellt, daß Grünberg auch ein stinknormaler deutscher Name ist und

Helenes Vater tatsächlich ein Weltkriegsoffizier gewesen war. Kein Trauma, aber aus der Traum. Harry konnte damals seine Enttäuschung nicht verbergen. »Tut mir leid, daß ich nicht deine Wiedergutmachungsfrau sein kann«, hatte Helene gesagt.

Aber er sollte nicht dauernd an Helene denken, sondern an Rita. Rita war die Gegenwart. Für Rita mußte er sorgen. Rita mußte er wieder zum Leuchten bringen. Blumen gingen zu weit. Das brachte Harry nicht fertig. So weit würde es nicht kommen. Nach dem Büro nach Hause und seiner Frau einen Blumenstrauß mitbringen – nein! Schlimm genug, daß man verheiratet war, aber das war zu sehr Ehemann. In der Mittagspause fuhr Harry in die Bonner Innenstadt und kaufte eine Platte mit Mozart-Klaviersonaten, Hammerklavier. Dazu eine Mozart-Bildbiographie. Auch mit dem Hintergedanken, das könne Rita anregen, mehr Mozart zu spielen. In letzter Zeit klimperte sie ein bißchen sehr viel den keuschen Bach.

Er fragte Rita, ob sie sich wohl hier fühle. Sie sagte »absolutely«, völlig überzeugend, und freute sich artig über die Platte und das Buch.

Nach dem Abendessen machte Harry wie immer Sprachkurs mit Rita. Rita sprach Harry nach: »Das ist ein Teller. Das ist ein Tisch. Wir wohnen in einem Reihenhaus, in einer Doppelhaushälfte. Mein Mann ist Diplomat. Er ist verrückt. Ein normaler Mensch geht nicht in das Auswärtige Amt. Ich bin seine Frau. Leider habe ich diesen Menschen geheiratet. Leider ist er ein Mistkerl. Ich bereue, daß ich ihn geheiratet habe. Das ist ein Apfel. Ich werfe ihm den Apfel jetzt an den Kopf. Ich heiße Rita. Ich bin zu schade für ihn. Ich kann Klavier spielen. Ich habe ein Motorrad. Ich komme von weit her. Ich weiß nicht, was ich in Bonn verloren habe. Jetzt heiße ich Duckwitz. Ich wiege fünfzig Kilogramm. Das ist ein Stuhl. Das ist eine Gabel. Das ist der Fußboden. Der Fußboden ist mit einem Teppichboden ausgelegt. Der Teppichboden ist zum Kotzen. Ich bin froh, wenn ich diesen Teppichboden nicht mehr sehen muß. Was wird aus uns werden? Wie wird es weitergehen? Fragen über Fragen. Ich bin nicht glücklich. Ich bin sehr einsam.«

Rita warf Harry einen Apfel hin. »Das ist ein Apfel«, sagte sie, »aber ich bin nicht einsam.« Sie strahlte. Das Sprachspiel machte ihr Spaß. Auch Harry genoß es, einmal Gelegenheit zu haben, die Dinge beim Namen zu nennen. »Das ist ein Tisch.« So ein Satz war eine Erholung. Das war wenigstens eine Wahrheit. »Ich bin nicht einsam.« Ein klarer Satz. Viele Diplomaten hatten ausländische Frauen. Sie trafen sich untereinander. Sie tranken Tee zusammen. Sie organisierten Flohmärkte, um den Krempel loszuwerden, der sich angesammelt hatte. Es gab einen Deutschkurs. »Es ist nicht so komisch wie bei dir«, sagte Rita zu Harry, »aber man lernt mehr.«

Wenige Straßen weiter wohnte sein Kollege Sachtleben. Er hatte eine vernünftige Frau. Sie spielte Querflöte und sah dabei unmöglich aus. Wenn sie mit Rita zusammen Schuberts »Der Hirt auf dem Felsen« spielte, klang es ganz gut. Daß sich Rita partout nicht überreden ließ, ihre Fingerfertigkeit auch einmal an einem Boogie zu versuchen, war allerdings eine Gemeinheit.

Frau Sachtleben schimpfte unentwegt auf den Diplomatenberuf. Das sei kein Beruf für einen anständigen Mann, sagte sie, als sie einmal mit ihrem Mann bei Duckwitz zu Besuch war. Sie hatte völlig recht damit, und doch reizte sie Harry zum Widerspruch. Seltsam, aus ihrem Mund wollte er das nicht gern hören.

»Was haben Sie denn«, sagte Harry. »Ein Diplomat ist ein typisches Exemplar der menschlichen Gattung, feige, falsch, vorsichtig, machtlos, untätig und mit vernageltem Gesichtskreis, was wollen Sie mehr. Lieber Diplomat als Designer.« Frau Sachtleben ließ nicht locker und sagte, das einzige, was Diplomaten beherrschten, sei der Smalltalk. »Was haben Sie gegen Smalltalk?« sagte Duckwitz. Es ging doch nichts über eine beiläufige, unkonzentrierte Konversation, über eine unverbindliche Plauderei.

Die Stille mit dem Plätschern unwichtiger Worte auffüllen. Einfach im Raum stehen und sich die Zeit damit vertreiben, über das Wetter zu reden – auch das kam der Wahrheit nahe. Was hatten die Leute eigentlich immer gegen diese Art der Unterhaltung: »Es ist kühler geworden, finden Sie nicht?« – »Ja, Sie haben recht, es ist kühler geworden, wir sollten ins Haus gehen.« Nichts war inniger als ein solcher Dialog. »Schön haben Sie es hier!« – »Finden Sie?« Oder nur: »Wie geht es Ihnen?« – »Danke, es geht ganz gut.« Frage und Antwort, dahingefragt, dahingesagt. Aber wieviel Menschlichkeit konnten solche Dialoge ausstrahlen. Wie erlösend war früher nach einem verbissenen Streit mit Helene die freundliche Frage an den, der gerade Zeitung las, gewesen: »Was gibt es Neues?« Ein Friedensangebot. Das war das Leben. Das war die Liebe. Keine Beweise. Keine Schwüre. Keine Geständnisse. Keine Vorhaltungen. Kein Stochern in alten Wunden. Nur diese versöhnliche, milde Frage: »Was gibt es Neues?« Einige Diplomaten der alten Schule beherrschten diese alles und nichtssagende Formelsprache noch. Die Jüngeren hielten das galante Geplapper für affig. Sie wollten Macher sein und bemerkten nicht, daß für sie so gut wie nichts zu machen war. Sie redeten von den Herausforderungen ihres Berufs und sahen nicht, daß diese gar nicht existierten.

Als Sachtlebens gegangen waren, holte Harry wieder einmal seine Zigarrenkiste mit den Einfällen hervor. Wo einst 80 Brasil-Fehlfarben säuberlich aufgereiht geruht hatten, mehrten sich nun die schlampigen Zettel mit seinen gelegentlichen Einfällen. In Kamerun hatte er die Kiste mit einem Schulheftetikett beklebt und in nachgemachter Oberlehrerschrift »Weiterbildung« daraufgeschrieben. Das war das Großartige an den Ländern der Dritten Welt, daß es dort heute noch Schulheftetiketten gab, wie sie im innovationsbesessenen Mitteleuropa schon Ende der 50er Jahre ausgerottet worden waren. Harry schrieb: »Lob des Smalltalk. Wahrheit des Smalltalk. Nachprüfen, ob ein Gespräch über das Wetter nicht mehr wert ist als Kants Kritik der reinen Vernunft.«

»What are you doing?« fragte Rita. Sie war jetzt müde und wollte nicht mehr deutsch reden. Harry versuchte, ihr sein Plädoyer für den Smalltalk auf englisch zu erklären. Er war nicht sicher, ob sie ihn verstand.

Am nächsten Morgen fragte ihn Rita, warum er den hellen Anzug aus Kamerun nicht mehr anziehe, diesen schönen, schlampig eleganten Leinenanzug. »Ist er nicht ein bißchen versnobt?« sagte Harry und fuhr ins Amt.

Der Anzug war natürlich zu hell gewesen für Bonner Verhältnisse. Nicht gerade so, daß man Duckwitz nahegelegt hätte, seinen Abschied zu nehmen, wenn er ihn weiter im Amt trüge, aber er war etwas daneben für eine kleine Diplomatenmaus. Es war kein Geckenanzug. Er war unmodisch, wirkte ein wenig schmuddelig, auch wenn er frisch aus der Reinigung gekommen war. Es gab einen Grund, warum er ihn seit einiger Zeit nicht mehr aus dem Schrank nahm.

Im Sommer 1981, als Rita noch nicht in Bonn gewesen war, hatte Harry mit Helene eine Reise nach Paris unternommen, und natürlich hatte er den hellen Kamerun-Leinenanzug angehabt. In Paris lief zu dieser Zeit der vielstündige Film eines deutschen Regisseurs über Hitler. Der Film war schon ein paar Jahre alt und wurde nur noch selten gezeigt. Fast die ganze Nacht lang dauerte er. Amerikanische Linksintellektuelle kamen aus New York nach Paris, nur um dieses Meisterwerk der Vergangenheitsbewältigung zu sehen. Harry fand es etwas übertrieben, eine von drei Pariser Liebesnächten einem Film zu opfern, aber gegen Vergangenheitsbewältigung konnte er nichts einwenden. Der Regisseur war bei der Vorstellung anwesend, wahrscheinlich sah er gerne seinen eigenen Werken zu. »Guck mal!« hatte Helene gesagt. Der Regisseur trug einen zum Verwechseln ähnlichen Anzug wie Harry. Der Film begann. »Das ist doch reinster Weihrauch, Nazischeiße!« hatte Harry nach einer halben Stunde ein paarmal laut gegen die Leinwand gerufen, und dann nichts wie raus. Wenn das Vergangenheitsbewältigung sein sollte, dann lieber verdrängen. Das war ein widerliches Sicheinfühlen in die Kitschmentalität der Nazis. Ein ekelhaftes Machwerk. Helene kam dreieinhalb Stunden später, nach der Hälfte der Vorführung, zu Harry ins Hotel. Wie hatte sie es mit diesem Glitzerdreck so lange aushalten können! Harry war wütend. Sie stritten den Rest der Nacht, obwohl sie über den Film längst einer Meinung waren. Seitdem trug Harry den hellen Anzug nicht mehr.

Harry von Duckwitz, der bald vom Legationsrat zum Legationsrat 1. Klasse befördert werden müßte, fuhr also in sein Büro, das eine Amtsstube war und wie alle Amtsstuben so eng, daß die Lehne des Drehstuhls eine Scharte in die Wand schabte. Harry arbeitete in der politischen Abteilung 3, im Referat für Afrikapolitik. Im Augenblick bereitete er Material auf für eine »Kommission für die Reform des Auswärtigen Dienstes«. In diesem Zusammenhang prüfte er vor allem die Berichte auf ihre Tauglichkeit, die aus den Botschaften hier in der Zentrale eingingen und in der Regel ungelesen in Ordnern verschwanden. Auch die von ihm selbst in Kamerun verfaßten Berichte las er sich noch einmal durch. Etwas sehr penetrant, wie da immer die Rede davon war, welche französischen Firmen den Markt »kontrollierten« und welche deutschen Firmen eine »Kontrolle anstrebten«. Der Botschafter hatte solche Worte nicht gemocht.

Das Beste waren die Berichte der Abgeordneten. Bei ihren horizonterweiternden Reisen durch die Welt besuchten sie vor allem die deutschen Botschaften. Sie kamen nicht darum herum, Reiseberichte zu verfassen. So wollten es die unerbittlichen Spielregeln des Parlamentarismus. Diese Berichte waren allesamt ein entzückender Gipfel der Naivität.

Ein paar Zimmer weiter saß Frau Huber und wertete für dieselbe Kommission Berichte aus Lateinamerika aus. Sie war Botschaftsrätin in Buenos Aires gewesen. Eine energische, kluge Person, die alle Regeln des Auswärtigen Amts widerlegte: Sie war eine Frau, war nicht adelig, war keine Juristin, und doch würde sie, wenn sie Glück hatte, in einem halben Jahr Botschafterin in einer größeren europäischen Botschaft werden, Madrid war im Gespräch. Eine angenehme Kollegin. Keine erotische Anfechtung. Eine Liebhaberin Lateinamerikas. Sie versorgte Duckwitz mit lateinamerikanischen Schallplatten und Kassetten. Sie und Duckwitz zeigten sich gerne gegenseitig die Prachtexemplare, auf die sie bei ihren Recherchen stießen. Heute kam Frau Huber in Duckwitz' Büro mit einem Bericht, der von einer Gruppe von drei Abgeordneten, einem sozialdemokratischen, einem liberalen und einem christdemokratischen, gemeinsam verfaßt worden war. Die Faulheit hatte die Bande zusammenarbeiten lassen.

»Mittags folgten wir der Einladung zu einer Estancia«, begann der Bericht. »Dort Vorführung von Rinderrassen. Dann Einladung zum Mate-Tee und zu einem dort allseits beliebten Rostbratenessen, ›asada‹ genannt.«

»Nicht einmal das können sie richtig schreiben«, sagte Frau Huber, »obwohl es doch hier an jeder Ecke Asado-Steakhäuser gibt!« Der Bericht fuhr fort:

»Gewohnte Herzlichkeit, wie man sie in Argentinien allgemein empfinden konnte. Konversation mit hohen Persönlichkeiten des ökonomischen und politischen Lebens. Riesige Salatschüsseln wurden gereicht. Immer wieder trat deutlich die Meinung hervor, daß einfach wieder Ruhe einkehren müßte. Nach drei Wochen Reise mit vielen Eindrücken und vielen Strapazen froh, wieder nach Hause zu kommen. Deutschland ist doch schön.«

Duckwitz und Frau Huber lachten. »Und solche Säcke sitzen im Bundestag!«

»Warten Sie«, sagte Duckwitz und suchte einen Bericht von amnesty international heraus. Dort wurden die argentinischen Verhältnisse zu dieser Zeit anders beschrieben: »In den frühen Morgenstunden wurden am Stadtrand von Buenos Aires die verstümmelten Leichen von vier Männern und einer Frau gefunden. Sie konnten nicht mehr identifiziert werden. Es dürfte sich um Mitglieder der verbotenen Gewerkschaft CGT handeln, die vor drei Jahren verschleppt wurden. Im Verlauf des Tages wurde im Stadtgebiet die Verschleppung von 23 Menschen bekannt.«

Schweigend legte Frau Huber den ergänzenden Bericht eines Mitglieds der deutschen Botschaft an die hiesige Zentrale auf Duckwitz' Schreibtisch: »Die Herren Abgeordneten fuhren auf das Land hinaus, um Eindrücke zu sammeln. Ihre Aufgeschlossenheit politischen Fragen gegenüber ist zu begrüßen. Für die Botschaft stellen sich in solchen Fällen immer personelle und finanzielle Probleme. So mußte, da zwei Angehörige des mittleren Dienstes auf Heimaturlaub sind, ein argentinischer Chauffeur angemietet werden. Dringend empfiehlt sich die von uns schon mehrfach beantragte Handkasse. Auch sollte für solche Fälle verbindliche Weisung erteilt werden, ob der Verzehr von Speisen in öffentlichen Lokalen von der Botschaft oder vom Spesenkonto der Abgeordneten beglichen werden soll. Es wäre auch ratsam, den Abgeordneten schon vor Antritt der Informationsreise mitzuteilen, daß die Botschaften nicht immer die gewünschten Gespräche mit den Ministern und dem Präsidenten vermitteln können und daß häufig auf deren Stellvertreter zurückgegriffen werden muß. Auf der Fahrt kam es auf dem unwegsamen Gelände zu einer Beschädigung der Radlager. Es muß bei dieser Gelegenheit dringend darauf hingewiesen werden, daß die Beschaffung von Ersatzteilen für botschaftseigene Fahrzeuge ein großes Problem darstellt.«

Duckwitz sah diese seltsamen Afrikatouristen vor sich, die immer mit vorwurfsvollem Grinsen irgendwelche Hilfeleistungen der Botschaft in Anspruch nehmen wollten. Geld, Visa, Telefongespräche. Man half ihnen aus der Patsche. Einer war mit einem alten Hanomag kreuz und quer durch Afrika gefahren, am Ende hatte er die mehrfach zusammengeschweißte Klapperkiste im bitterarmen Sudan für 9000 Dollar verkauft, die er ein Jahr zuvor für 2000 Mark in Hannover bekommen hatte.

Die Kommission hatte den Ernst der Lage sofort begriffen und war gewillt, »Ersatzbeschaffung von Dienstwagen« als Extrapunkt in ihre Liste mit Verbesserungsvorschlägen aufzunehmen, wenn auch in einer beleidigten Formulierung:

»Während die Bundesminister des Innern und der Verteidigung bereits seit Jahren ermächtigt sind, über die Ersatzbeschaffung von Kraftfahrzeugen in eigener Zuständigkeit zu entscheiden, muß für den Geschäftsbereich des Auswärtigen Amts in jedem Einzelfall der Bundesminister der Finanzen zustimmen.« Nach einer längeren Passage über die äußerst schwierige Ersatzteilbeschaffung von Achsschenkelbolzen, Luftfiltern, Kupplungsscheiben und die Anfälligkeit der Fahrzeuge auf den Holperstraßen der Dritten Welt wurde empfohlen, Reparaturen bleiben zu lassen, die kaputten Botschaftsautos für gutes Geld zu verkaufen und sich neue zu besorgen: »Das Auswärtige Amt sollte daher im Einvernehmen mit dem Bundesminister der Finanzen eine Lösung suchen und notfalls eine Änderung entgegenstehender haushaltsrechtlicher Vorschriften anstreben, um schnell und ohne zeitraubende Verfahren Dienstkraftwagen der Auslandsvertretungen aussondern und durch neue Fahrzeuge ersetzen zu können.«

Duckwitz ging zwei Stockwerke tiefer zu einem ständig defekten Fotokopierapparat, der heute allerdings matte Ergebnisse hervorbrachte, und lichtete die Formulierung der Kommission ab. Das würde er heute abend Rita vorlesen, verbunden mit der Frage, ob sie das Deutschlernen nicht lieber doch bleiben lassen wolle.

8

Wie Duckwitz das Anekdotenerzählen der Diplomaten auf die Nerven geht, wie man wo in Moskau Bier kriegt, über deutsche Kultur im Ausland und vor allem darüber, daß einem das Leben manchmal wie ein Film vorkommt, und wie sich Harry und Helene gemeinsam überlegen, was das zu bedeuten hat, nebst einer Schmähung der Simulation.

Nichts liebte Duckwitz mehr als die Behauptung, in der Kantine des Auswärtigen Amts schmecke es ausgezeichnet. Kurz vor zwölf überkam ihn gelegentlich eine Art Sehnsucht nach dem unangenehmen Duft der Großküche, nach dem immer gleichen Gemecker über die Qualität des Essens. Die Kollegen stöhnten darüber, daß heutzutage der Diplomat nichts anderes sei als ein gewöhnlicher Beamter, begriffen aber nicht, daß sie durch ihr beamtenhaftes Gejammer dazu beitrugen, sich selbst noch mehr zu Beamten zu machen.

Duckwitz nahm Platz neben Sachtleben und dem kinnlosen Grafen Waldburg. Sachtleben war zwei Jahre in Moskau gewesen und steckte noch voller Geschichten. Das Irrste seien diese Filmabende in der deutschen Botschaft gewesen. Da es im Ostblock keine Goethe-Institute gäbe, habe er jede Menge zu tun gehabt, die Iwans mit deutscher Kultur zu versorgen. Filmvorführungen seien noch das Sinnvollste gewesen. Man habe sich in der Botschaft natürlich bemüht, zusammen mit den Filmrollen auch gleich den Regisseur nach Moskau zu locken, um den Leuten etwas zum Anfassen zu geben. Das sei nachher meistens ziemlich peinlich gewesen, weil der Regisseur immer die Fragen zu seinem Film beantworten wollte, die das sowjetische Publikum massenhaft an ihn richten würde. Nur habe leider kein Mensch fragen wollen. Die russischen Zuschauer seien nämlich immer nur wegen des Alkohols gekommen. Die Botschaftsangehörigen selbst hätten sich dann ein paar Fragen ausdenken müssen, um die Peinlichkeit in Grenzen zu halten.

Sachtleben hatte vermutlich recht, aber er erzählte auf so hochnäsige Art, daß sich Duckwitz zu einem Einwand gezwungen sah: »Quatsch, Alkohol!« sagte er, »jedes Kind weiß, daß die Russen sich für westliche Kulturprodukte brennend interessieren.«

So, wer denn in Moskau gewesen sei, er oder Duckwitz? Sachtleben strahlte vor Überlegenheit. Nichts zu saufen gebe es in Moskau, keinen Tropfen. Für Alkohol interessierten sich die Sowjetbürger brennend, dann komme erst mal lange gar nichts und dann vielleicht die westliche Kultur. Sei schließlich auch ihr gutes Recht, oder? In der Botschaft habe man sich darauf eingestellt. Die ganzen Büroräume der Kulturabteilung seien vollgestopft gewesen mit Büchsenbier-Kartons und Becks-Bierflaschen für feinere Anlässe. Bei den Filmabenden habe es vorher und nachher immer etwas zu trinken gegeben. Diese bescheidenen Gelage seien natürlich nicht jedem x-beliebigen Moskauer zugänglich gewesen. Um an die Quelle zu gelangen, mußten die Durstigen den russischen Milizionären vor der Botschaft irgendwie ein Interesse für deutsche Kultur glaubhaft machen, sonst wären sie nicht bis zum Eingang der Botschaft vorgelassen worden. Er habe von Russen gehört, die nur deswegen Deutschkurse in den Sprachenschulen und Universitäten belegt hätten, um auf diese Art bei den Kulturabenden ab und zu an ein paar Gläser Bier und einen Schluck Whisky ranzukommen. Die letzten Zustände.

Alle am Tisch hingen an Sachtlebens Lippen. Duckwitz ärgerte sich. Es mochte ja sein, daß in Moskau die letzten Zustände herrschten. Auch in Afrika herrschten die letzten Zustände. Aber er konnte es nun mal nicht leiden, wenn auf diese klammheimlich triumphierende Art, mit dieser Mischung aus echter Schadenfreude und falschem Mitleid, von den letzten Zuständen erzählt wurde. Sachtleben war jedoch nicht zu bremsen: Man habe den Russen die Biergläser förmlich aus der Hand winden und das Licht im Empfangsraum ausdrehen müssen, um sie dazu zu bringen, sich in den Filmvorführraum zu bequemen, und auch das allein mit der Vertröstung, es werde ja danach weitere Schlucke zu trinken geben. Natürlich habe man das Kind nicht beim Namen genannt, sondern von einem »geselligen Beisammensein« gesprochen.

Einmal, das sei nun wirklich das Schärfste gewesen, habe sich der Chef der Kulturabteilung den Film eines bayrischen Originalgenies bestellt, der Name sei ihm im Augenblick entfallen, so ein Urviech, ein Typ, der mit dem Innenminister wegen einer Filmförderungssache einen Rechtsstreit hatte und der angeblich derart anarchistische Filme drehte, daß die Goethe-Institute von der Zentrale aus – Sachtleben deutete auf sein Kantinentablett – die Weisung erhalten hätten, Filme dieses Menschen, wie heiße er doch gleich, vorläufig nicht mehr als Beispiele deutscher Kultur vorzuführen. Vermutlich habe es den Chef der Kulturabteilung gerade deswegen gereizt.

»Elegant!« sagte der kinnlose Graf Waldburg, »ausgezeichnet, guter Mann das.« Den Innenminister konnte keiner im Amt ausstehen. Der solle seine Nase nicht in fremde Sachen stecken, hieß es. Da war man sich einig. Völlig richtig daher vom Leiter der Kulturabteilung in Moskau, diese Anweisung zu unterlaufen. »Einwandfrei!« fügte der kinnlose Graf Waldburg hinzu. Naseweise Typen wie ihn gab es im Amt viele. Egal, was sie wie kommentierten, es war immer von schwer erträglicher Schnöselhaftigkeit. Der Innenminister war natürlich ein Unding. Jeder temperamentvolle Moralist mußte ihn eigentlich für eine Drecksau halten. Aber hier wurde er von Leuten beurteilt, die vielleicht nicht ganz so gemein aussahen, doch auf ihre Art auch sehr unangenehm waren.

Sachtleben fuhr fort. Er erzählte wirklich nicht schlecht, das mußte Duckwitz zugeben. Der ganze Tisch hörte ihm mit lachbereiten Gesichtern zu. Der Film dieses bayrischen Originalgenies, der Name falle ihm schon noch ein, habe nun wahnsinnigerweise von nichts anderem gehandelt als vom Biertrinken.

Die Handlung sei völlig unverständlich gewesen, ein Mann in Polizistenuniform, offenbar der Filmemacher selbst, sei besoffen durch das Gewoge des Münchner Oktoberfestes gewankt und habe unentwegt wildfremden Leuten in großen Schlucken das Bier aus ihren Maßkrügen weggesoffen. Sachtleben kreischte, das müsse man sich mal vorstellen! Das Ganze in Moskau, achtzig, neunzig Moskauer, die nichts sehnlicher herbeiwünschten als das Ende des Films, um sich nachher noch einmal an dem kleinen provisorischen Ausschank drängen und notdürftig laben zu können, mußten sich ansehen, wie nicht nur diese rätselhafte Hauptfigur des Films, sondern eine Unmenge von Menschen in riesigen Zelten eine Unmenge von Bier in sich hineinschütteten.

Duckwitz mußte gegen seinen Willen lachen. Als einziger. Die anderen schienen immer noch auf eine Pointe zu warten. Dabei war die Geschichte gar nicht schlecht. Aber die meisten Diplomaten waren nicht in der Lage, die Grotesken, die sich am Rande ihrer Tätigkeit laufend ereigneten, in ihrem ganzen Ausmaß zu erkennen. Sachtleben war eine Ausnahme. Er war nicht so übel. Die Phantasie der anderen Zuhörer am Tisch reichte offenbar nicht aus, sich die Aberwitzigkeit dieser Situation vorzustellen.

Der kinnlose Graf Waldburg und die farblose Kollegin neben ihm neigten sich wieder über ihre Tabletts und schoben sich Kartoffelbrei in ihre Münder. Sachtleben, jetzt etwas matt, weil ohne Zuhörerschaft, wandte sich an Duckwitz. Das Wahnsinnige sei gewesen, daß es mit dieser in jeder Beziehung quälenden Filmvorführung nicht getan gewesen sei. Zur Erleichterung der Russen sei diesmal der Filmemacher selbst nicht anwesend gewesen. Wenigstens habe also berechtigte Aussicht auf einen baldigen Schluck Bier nach dem Film bestanden, ohne eine abermals quälende Diskussion. Nur leider sei etwas noch Schlimmeres geschehen. Es sei nämlich ein außerordentlich berühmter

Filmhistoriker mitgekommen, möglicherweise zur Sicherheit, damit man, falls Bonn von der frechen Vorführung in Moskau Kenntnis bekäme, sich jederzeit auf das Urteil dieses absolut kompetenten Mannes berufen könnte. Der Historiker sei nun zum Entsetzen der durstigen Russen und der nun auch schon recht durstigen pflichtschuldigst anwesenden Botschaftsangehörigen nicht müde geworden, diesen Film über das Biersaufen als ein unerhörtes avantgardistisches Meisterwerk zu preisen, das, obschon im engen Bereich eines Volksfestes angesiedelt, weit über die Grenzen des Landes, ja Europas hinaus seine zeitlose Gültigkeit habe. Möglicherweise habe er den Film nur deshalb so ausführlich gepriesen, weil er geglaubt habe, sein Vortragshonorar abgelten zu müssen. Er sei nicht zu stoppen gewesen. Einige Russen hätten bereits geschlafen und geschnarcht, andere wohl schon mit Bangen ihre letzte U-Bahn davonfahren und einen Dreißig-Kilometer-Marsch vor sich gesehen – und das alles wegen drei Gläsern Bier und einem unverständlichen Film, in dem das Saufen von Hektolitern Bier gezeigt wurde. Vielleicht habe der Filmhistoriker ja auch geglaubt, dem kleinkarierten Urteil des Innenministers entgegenwirken zu müssen, und deswegen hochgepriesen, was dieser verdammt haben wollte. Duckwitz schüttelte sich vor Vergnügen und sprach seine Anteilnahme aus: Was für ein furchtbarer Abend! Nein, die deutsche Botschaft in Moskau sei wohl nicht der richtige Ort, dem Innenminister der Bundesrepublik, dieser Dreckskröte, langatmig seine Dummheit zu beweisen. Das ginge zu weit. Nicht auf Kosten von durstigen Russen!

Der kinnlose Graf Waldburg mümmelte an seinem panierten Goldbarschfilet herum. Wenn er kaute, rutschte sein Unterkiefer noch weiter nach hinten. Vom Haaransatz bis zur Nasenspitze sah er im Profil nur reich und dumm aus, von der Nasenspitze abwärts geradezu idiotisch. Mit solcher Kulturkacke, sagte er, habe er in Indien weniger zu tun gehabt, da gebe es weiß Gott andere Probleme. Unvorstellbar, das Elend. Wie da die Leute am Straßenrand verreckten! Und von der Brutalität der indischen Polizei mache man sich hier gar keine Vorstellungen. Hier nähmen die Medien immer nur die lateinamerikanischen Menschenrechtsverletzungen oder die im Nahen Osten aufs Korn. Indien gelte als verläßliches Entwicklungsland, wo die deutsche Industrie bedenkenlos investieren könne, als unerschöpfliches Land des passiven Elends. Was sich da aber an aktiven Grausamkeiten abspiele, werde hier überhaupt nicht wahrgenommen.

Das war eine erstaunlich vernünftige Aussage für einen Mann mit einem solchen Profil, fand Duckwitz. Heute schien der Tag der großen Zugeständnisse zu sein. Sollte sich Waldburg, der ihm immer nur als ein dummer Schnösel erschienen war, als ein politisch vernünftig denkender Mensch erweisen? Hatte ihn Duckwitz früher falsch eingeschätzt? Hatte der degenerierte Graf in Indien eine Läuterung durchgemacht? Oder plapperte er nur zufällig nach, was er von einem intelligenten Korrespondenten gehört hatte? Aber war das schlaue Analysieren von schlimmen Zuständen nicht meistens ein Geplapper? Worin, dachte Duckwitz besorgt, unterschied er sich selbst denn noch von diesen Diplomaten, wenn die angepaßtesten bereits hinter die Kulissen blickten, die Zusammenhänge des Elends begriffen und über Regierungspolitiker meckerten – jedenfalls in der Kantine? Es war gefährlich, in die Kantine zu gehen. Duckwitz würde in Zukunft das mittägliche Kantinenessen vermeiden. Hier erschienen die Kollegen auf eine unzutreffende Weise als denkende Wesen und nicht als die funktionierenden Würstchen, die sie in ihren winzigen Büroräumen waren, oder die harten Macher, die sie draußen in den Botschaften zu sein vorgaben, seitdem das Bild vom Diplomaten als elegantem Tiger des Parketts beim besten Willen nicht mehr haltbar war.

Das Zum-Besten-Geben von Anekdoten peinigte Duckwitz, obwohl eigentlich nichts dagegen einzuwenden war. Das müßte doch etwas Behagliches haben, wenn sich nach Art alter Abenteuerromane verschiedene Leute Erlebnisse und Beobachtungen erzählten. Aber es fehlte diesen Leuten einfach an Format. Und die Atmosphäre in der Kantine des Auswärtigen Amts hatte wenig von einem Kaminfeuer. Auch klangen die Stimmen nicht nach dickem Tweed, wie es sich in solchen Fällen gehört, sondern vorlaut und streberhaft. Einen Münchhausen gab es nicht mehr unter den Diplomaten, obwohl Münchhausen kein schlechter Diplomatenname wäre. Duckwitz nahm sich vor, in der Personalabteilung nachzufragen, ob es unter den gut 6000 Botschaftsangestellten einen Münchhausen gebe und wie er mit Vornamen heiße. Ein guter Zeitvertreib für den trostlosen Nachmittag.

Duckwitz hätte einige amüsante Abenteuer beisteuern können, aber nicht hier, nicht vor diesen Leuten, die bestenfalls nicht völlig unerträglich waren, aber mehr eben doch nicht. Es fehlte ihm auch eine Frau als Zuhörerin. Die farblose Hirschkuh neben dem kinnlosen Waldburg konnte er jedenfalls nicht als Frau anerkennen. Sie war die letzte, die Duckwitz hätte animieren können, seine Eloquenz zu entfalten, geschweige denn irgend etwas anderes. Sie erinnerte ihn an die Frau des seligen Hennersdorff, die auch vor Selbstbewußtsein gestrotzt hatte. Sie fühlte sich womöglich charmant, schien sogar einen Mann zu haben, zumindest hatte sie einen absurden Doppelnamen, der durch eine Eheschließung zustande gekommen sein dürfte: Kretschmann-Häusermann oder so ähnlich. Duckwitz hatte sofort Lust, sie Frau Doppelmann zu nennen. Erstaunlicherweise schon »Vortragende Legationsrätin«. Das seltsame Emanzipationssignal, das im Anhängen des Mädchennamens an den Namen des Ehemannes zum Ausdruck kam, begann sich mit einiger Verspätung nun auch im Auswärtigen Amt durchzusetzen, nachdem sich forsche weibliche Bundestagsabgeordnete, fortschrittliche Publizistinnen und

Hochschullehrerinnen schon seit Jahren bar jeden Stilgefühls oft mit zwei Namen behängten.

Die Frau mit dem unausstehlichen Doppelnamen hatte ein gestrafftes Selbstbewußtsein und eine dazu passende Stimme, die vielerlei war: schneidend, brüchig, zitternd und hannoverisch. Diese Stimme erhob sich jetzt unvermittelt und sagte, wie es bei den internationalen Vertretungen zugehe, davon könne man sich gar kein Bild machen. Ein Bienenhaus sei nichts dagegen. Auf Sachtlebens Bierfilm-Anekdote Bezug nehmend, sagte sie, man hätte es als Angehöriger der deutschen Vertretung bei den internationalen Botschaften zwar nicht mit Filmvorführungen zu tun, doch dafür sei das Ganze ein einziger Film, anders könne man das nicht mehr ausdrücken. Was da ablaufe, diese Hektik, dieses Durcheinander, dieser Wirbel, dieses Tohuwabohu, diese Machenschaften – man habe oft das Gefühl, im Kino zu sitzen.

Ihr Bericht war farblos, und keiner hatte Lust nachzufragen, um Näheres über die Hektik in der UN-Botschaft zu erfahren. Der Doppelnamen-Diplomatin machte das nichts aus, sie löffelte ihr Pflaumenkompott.

Daß irgend etwas »wie im Film« sei, daß man sich vorkomme »wie im Kino« – das waren Wendungen, die neuerdings häufig zu hören waren. Je weniger die Leute sich ausdrücken konnten, desto mehr behaupteten sie, irgend etwas sei »wie im Film« gewesen. Vor allem die Diplomaten, die in Krisengebieten ihren Dienst geschoben hatten. Ob Mosambik oder Libanon, Guatemala oder Pakistan – es war dort »wie im Kino«. Korruption, Übergriffe, Schläge mit Gewehrkolben – »ein Film, der da abläuft«. Indem man die Wirklichkeit als Film ansah oder anzusehen vorgab, machte man sich zum Zuschauer, der zwar entsetzt ist, aber nicht eingreifen kann. Wenn also das Durcheinandergeschrei in der Botschaft der Vereinten Nationen in New York der Frau mit dem Doppelnamen wie im Film vorkam, dann bewies sie damit nur, daß sie nicht in der Lage war, mitzutun und einzugreifen. Man mußte ein sehr gutes Examen gemacht und in der Ausbildungszeit sehr gut abgeschnitten haben, um einen der hochbegehrten Posten an einer der internationalen Vertretungen in Brüssel, Genf oder New York zu bekommen. Die Dame mit dem Doppelnamen aber hatte die Übersicht schon verloren. Sonst wäre ihr das UN-Treiben nicht irreal wie ein Film, sondern real vorgekommen. Sie hatte sich den Posten vielleicht durch Beziehungen erschlichen. Doch wohl nicht durch eine Liebesbeziehung? Aber vielleicht gab es ja irgend jemand, dem sie reizvoll erschien mit ihrer Stimme wie eine ausgefranste Blechdose und mit ihrer Gorgonzola-Haut.

Duckwitz ärgerte sich über seine Trägheit, seine Scheu, seinen Takt, sein Mitleid, seine Verachtung, seine Feigheit. Anstatt sich giftige Gedanken über die Doppelnamen-Diplomatin zu machen, sollte er sie fragen, wie es denn mit der sexuellen Hektik bei den UN-Leuten in New York bestellt sei, mit dem Durcheinanderficken, das das politische Durcheinander dem Vernehmen nach völlig in den Schatten stelle. Ob die Gorgonzola-Haut erröten würde? Wohl kaum.

Aus verläßlicher Quelle kannte Duckwitz Einzelheiten vom großen Durcheinanderficken bis hinauf in die Betten französischer Minister. In den Botschaftsbüros in Genf, Brüssel und New York gab es nur ein Thema: Who is fuckable? In den entlegenen Botschaften hingegen, wo die Diplomaten sich untereinander kannten, ging es keusch zu wie auf einer katholischen Missionsstation. Da schwelte allenfalls verdrucktes Begehren. Das Leben war kein Film, sondern ein mehr oder weniger schrecklicher und vor allem ein sehr wirklicher Witz.

Wie immer, wenn Duckwitz große Gedanken verfolgte, füllte er sich mit Leben. Er ging heiter in sein verhaßtes Büro. Natürlich würde er nicht seine Zeit damit verplempern, in der Personalabteilung nach einem möglichen Münchhausen zu forschen. Er hatte Lust, mit Helene zusammenzusein. Alleine denken machte keinen Spaß. Mit ihr zusammen kriegte man die Gedanken besser in den Griff. Raus aus Bonn. Mit Helene in Frankfurt herumsitzen. Er rief sie an. Es sei ihm das letzte Mal zu kurz gewesen, ehrlich gesagt, sagte Harry, zu langes Essen, zu kurze Nacht, zuviel gevögelt, zuwenig gequatscht. Helene lachte. Ob Rita noch immer weg sei. »Weit genug weg«, sagte Harry.

»Ach Harry!« sagte Helene. War es gestöhnt, war es geflötet – es konnte alles heißen. Ein mieser Bourgeois sei Harry, die alte Freundin anzurufen, wenn die Frau nicht zu Hause sei! »Genau«, sagte Harry, »und zwar auf Staatskosten. Ferngespräch vom Büro aus.« Das tue ihm richtig gut. Schade, daß Helene nicht im Ausland sitze. Ferngespräche seien die einzige Möglichkeit, einen Teil der Steuern wieder zurückzuholen.

»Büro, Büro!« rief Helene. Harry sei ein richtiger Bürobock. Er solle nicht immer »Büro« sagen, das sei so schmierig.

Besser schmierig »Büro« sagen als flott »office«, wie neuerdings die jungen Kollegen, und besser auch, als staubig vom »Amt« zu sprechen wie ein vergreister Staatssekretär. Nein, es sei doch gut, daß Helene jetzt nicht im Ausland sei, sondern nur in Frankfurt. Wie lange es mit dem Zug von Bonn nach Frankfurt dauere? Wie spät es jetzt sei? Ob sie heute abend etwas Besseres vorhabe? Er wolle nur ratschen. Nicht vögeln, nur ratschen.

»Wieso nicht vögeln?« sagte Helene.

Harry hatte das Gefühl gehabt, für Helene sei es das letzte Mal eher eine Pflichtübung gewesen, und nur er habe es toll gefunden. Aber diese Vermutung behielt er jetzt für sich. Dem Alter mußte man entwachsen sein, wo einen solche Bedenken marterten.

»Was ist mit Rita?« fragte Helene.

Rita nehme an einem Pianistenwettbewerb in Kopenhagen teil, sagte Harry, aber er schwöre, daß sein Anruf nichts mit Ritas Abwesenheit zu tun habe. Helene sagte,

Harry solle einen Zug aussuchen und dann noch einmal anrufen. Nein, sagte Harry, wenn sein Zimmer auch winzig sei, so habe er doch zwei Telefone. Er könne sich nicht von Helene trennen, während er nach der Zugverbindung frage. Im übrigen gelte es, die Telefonkosten mit Privatgesprächen ins Unermeßliche zu treiben und gleichzeitig Leitungen für Dienstgespräche zu blockieren.

Harry ließ sich mit einer Sekretärin aus der Verwaltung verbinden und bat diese, ihm den nächsten Zug nach Frankfurt zu nennen.

»Dienstlich oder privat?« fragte sie beim Suchen.

»Was spielt das für eine Rolle?« sagte Harry.

Wenn es dienstlich sei, könne sie Herrn von Duckwitz gleich eine Fahrkarte erster Klasse besorgen, sagte die Stimme. Harry hatte beide Hörer an den Ohren.

»Hast du mithören können?« fragte er Helene. »Besuche ich dich dienstlich oder privat?«

»Du schaffst dir eine Mitwisserin«, sagte Helene.

Er sei eben doch kein Bourgeois, der alles heimlich tue, sagte Harry.

»Im Gegenteil!« sagte Helene, beim echten Bourgeois seien die Sekretärinnen immer eingeweiht, igitt.

»Könnten Sie sich bitte entscheiden?« sagte die Stimme der Sekretärin höflich.

»O Gott, schon wieder entscheiden!« rief Harry. »Kannst du das für mich tun, Helene?«

»Herr von Duckwitz wünscht eine Dienstreise Frankfurt hin und zurück, aber zweiter Klasse.«

Harry hielt die beiden Hörer eng zusammen. »Haben Sie gehört?« fragte er die Sekretärin.

»Zweiter Klasse geht nicht«, sagte die Sekretärin großartig ungerührt. Das Amt habe eine Abmachung mit dem Reisebüro, aber Herr von Duckwitz könne sich ja dann im Zug in die zweite Klasse setzen.

Der Geruch in Helenes Wohnung war der gleiche wie einst der in ihrem Wohngemeinschaftszimmer. Das

Chaos hatte hier mehr Platz, sich auszubreiten. Überall aufgeschlagene, mit dem Gesicht nach unten gedrehte Bücher, der Schreibtisch unverkennbar der zentrale Arbeitsaltar. Zum Teetrinken kam es nicht mehr, sie gingen doch zuerst ins Bett und tobten sich aus. Das heißt, ein Bett hatte Helene noch immer nicht, die große Matratze lag auf dem Boden. Bei Helene war das kein albernes Relikt der Studentenzeit, sondern ein souveränes, fand Harry, und das sagte er auch.

Sie saßen nebeneinander, nicht zu eng, nicht zu weit, die Rücken an der Wand, die Knie hochgezogen, die Decke wärmend darüber, die klassische Positur. Harry steckte sich eine Zigarette an. »Nur um es noch klassischer zu machen«, sagte er.

»Total früher Godard«, sagte Helene und korrigierte: Nein, eigentlich eher Chabrol, wenn sie daran denke, daß Harry ein verheirateter Mann sei, ein Ehebrecher! Aber für Chabrol sei er, obwohl ein etablierter Bourgeois, einfach nicht alt und feist genug, sagte sie, spielte eine Katzenfrau und kniff Harry knurrend in den hageren Bauch. »Truffaut!« sagte sie dann, wie in einem Truffaut-Film.

Harry erzählte ihr von seinem Kantinenessen vor wenigen Stunden, von der Frau mit dem blödsinnigen Doppelnamen, wie die auch alles als Film bezeichnet habe, daß das seiner Ansicht nach um sich greife und er darin ein Zeichen für zunehmende Dummheit und Denkschwäche sehe. Daß er dieses Vergleichen der Realität mit Filmsequenzen interpretiere als ein Zeichen der Unfähigkeit, die Realität zu begreifen. Wer nicht willens oder nicht in der Lage sei, die Realität zu begreifen, egal, ob die kurios, rührend oder grausam sei, der nehme sie als Film wahr, also als etwas Irreales, und damit entziehe er sich bequem der Pflicht, in diese Realität einzugreifen. Was wie ein Film ablaufe, das könne nicht geändert, sondern nur verwundert, entsetzt oder erheitert betrachtet werden. Und exakt dies sei die Haltung vieler Diplomaten.

»Oho!« sagte Helene, ob Harry eine Philosophie der

Diplomatie schreiben wolle, das höre sich ja schon ganz gut an. Harry hatte das Gefühl, die intellektuelle Turnübung sei ihm einigermaßen gelungen. Und wie er erwartet hatte, turnte ihm Helene nun ihre Gedanken dazu vor, meinte, das sei vor allem ein Problem der Simulation. Sie redete daraufhin ständig von »Simulation«. Das schien, so, wie sie ihn verwendete, ein neuer Begriff zu sein. In seiner Afrika-Zeit mußte Duckwitz den Anschluß an diesen offenbar zentralen Begriff verloren haben, was aber nichts machte, denn in spätestens sieben Jahren würde auch dieser Begriff seine Bedeutung verloren haben, während sich mit dem guten alten Begriffspaar »real und irreal« noch in hundert Jahren die Dinge gut in die Zange nehmen ließen.

»Alles Schaum!« sagte Harry, ein Blödsinn sei dieses Simulationsgefasel, Helene solle am Boden bleiben, wo bleibe da denn das Empirische!

Wie in alten Tagen zum Thema Ausbeutung der Arbeiterklasse, so ließen Harry und Helene jetzt ihre Überlegungen zum Thema Wahrnehmung der Wirklichkeit als Film wechselseitig herumkreisen. Früher habe der Film das Leben vorgetäuscht, heute täusche das Leben vor, ein Film zu sein, sagte Harry.

»Aber das ist doch Simulation!« rief Helene, Harry solle Baudrillard lesen.

»Den Teufel werde ich tun!« schrie Harry. Alles Blödsinn, alles Akademikergewichse. Er nehme seinen Satz zurück, der klinge nur hübsch, sei aber unsinnig. In Wirklichkeit werde ja gar nichts vorgetäuscht. Man halte das Leben ja nicht wirklich für einen Film, so bekloppt seien ja nicht einmal die Diplomaten, man vergleiche nur. Es handle sich um ein manisches Vergleichenwollen, nicht um eine große Täuschung. Man dürfe eine modische Denkschwäche nicht dämonisieren. Im übrigen hätten sie den psychologischen Aspekt vernachlässigt. Das sei ja das eigentlich Interessante, daß die angebliche Empfindung der Wirklichkeit als Film eine Flucht sei und eine prima

Ausrede biete: In der Rolle des zur Ohnmacht verurteilten Zuschauers halte man sich für schuldlos.

Helene sagte, Harry könne sich ja verdammt gut mit dieser Rolle identifizieren, es sei wohl auch seine eigene, wie? Und das Ganze sei wohl sein eigenes Problem, das er bloß kurzerhand auf den Diplomatenberuf projiziere, so komme ihr das vor.

Harry widersprach energisch. Nicht er habe mit diesen Filmvergleichen angefangen. Er habe das beobachtet. Und jetzt eben auch bei Helene mit ihrem Truffaut-Vergleich.

»Im Augenblick kommst du mir eher vor wie ein Schwätzer aus einem frühen Rohmer-Film«, sagte Helene.

Sie freuten sich und lachten und konnten sich an den Film erinnern, den sie vor Jahren gemeinsam gesehen hatten, wenn auch nicht daran, wie der Film hieß und wovon er handelte, sondern nur an dieses aufgeblasene und seltsamerweise dennoch erfrischende Geschwätz. Sie kamen überein, daß es eines sei, die Wirklichkeit einfallslos und vage wie einen Film wahrzunehmen, ein anderes aber, sich anhand der Wirklichkeit an einen bestimmten Film zu erinnern, so, wie sich Helene jetzt durch das gemeinsame Sitzen im Bett an Truffaut- oder Rohmer-Filme beziehungsweise Filmausschnitte erinnert gefühlt hatte. Das sei alles andere als Simulation, Täuschung, Wahrnehmungsstörung, Wirklichkeitsverlust, ein Zeichen für Denkschwäche oder Lethargie, sondern vielmehr eine muntere und bereichernde Assoziation oder, wie Helene jetzt gleich wieder schick zu formulieren wußte: Zwei Eingeweihte benutzten durch das Erinnern oder Zitieren einer Filmszene einen Code, um eine Situation der Wirklichkeit zu verdeutlichen und ironische Akzente zu setzen. Das sei ein Zeichen für Intelligenz, Bildung und Beweglichkeit, das sei lebendig und aktiv und bereichere die Beschreibung, sei also das Gegenteil der dürren Behauptung, die Verhaftung von Demonstranten in Paraguay durch Zivilpolizisten auf offener Straße, das Reingeboxtwerden in Autos sei abgelaufen »wie ein Film«, und im Trubel der UN-Delegationen komme man sich vor »wie im Kino«. Helene sei somit das genaue Gegenteil jener Diplomatenschickse mit dem grotesken Doppelnamen.

Harry solle sich nicht immer in die Nebensächlichkeiten verbeißen, sagte Helene, ein kurioser Doppelname sei nicht mehr als eine Erwähnung wert. Außerdem würde sie auch nicht Helene Duckwitz heißen wollen, ihren schönen Namen Grünberg würde sie auch Harry zuliebe nicht aufgeben, sie würde sich dann wohl Helene Grünberg-Duckwitz nennen, auch wenn es bescheuert klinge, aber das Problem stelle sich dank Rita ja nicht mehr. »Richtig«, sagte Harry, im übrigen habe Rita auch einen doppelten koreanisch-indischen Mädchennamen gehabt, nämlich Rita Noorani-Kim. Wie Rita Hayworth, der Leinwandschwarm ihres Vaters, sehe seine Rita allerdings nicht aus.

Damit waren sie wieder beim Vergleichen und beim Film, und sie waren sich einig, daß es Situationen gebe, die man nicht anders als buñuelhaft nennen könne. Es gebe Fellini-Typen, es gebe eine gewisse Art von Nervosität, die Woody Allen eigen sei, und zu manchen Aussichtslosigkeiten passe allein das Wort bergmanesk. Filme und Filmregisseure lieferten ideale Kürzel, um eine bestimmte Situation zu benennen. Ein wichtigtuerischer Fernsehmoderator könne nicht exakter als mit dem Stichwort »Loriot« bezeichnet werden, weil nämlich keiner solch unsägliches Gefasel treffender satirisch bewußt mache als Loriot. Und ein wirklich fataler Bestattungsunternehmer oder Baulöwe sei unter Umständen durch nichts genauer zu beschreiben als mit dem Stichwort »Polt«, da kein anderer Darsteller als ein gewisser Polt diesen Typus besser verdeutlichen könne.

Dann fing Helene an, von der »Schaffung von Trivialmythen« zu reden und von »Archetypen«, und Harry sagte: »Quatsch, Archetypen!«, und Helene sagte, Harry habe immer noch diese überzeugende Art, »Quatsch« zu sagen. Sie kamen überein, daß das vielleicht überhaupt ein Sinn von Kunst sei: ihre Verwendbarkeit zur exakteren Beschreibung der Wirklichkeit. Das beziehe sich ja nicht nur auf den Film, es gebe ja auch die Tschechow-Frau, die mit dieser ganz besonderen Mischung aus Hoffnung und Verzweiflung in die Ferne blicke. Und es gebe den Sommerwiesenweg, der eine Spur zu idyllisch sei, nämlich wie von Hans Thoma gemalt.

Harry genoß die Plauderei. Hier fühlte er sich zu Hause. Welcher Irrsinn, Rita zu heiraten. Er erzählte blumig davon, wie er Rita geheiratet hatte, wie ihr indischer Vater sie ihm als Jungfrau angepriesen und sie pillenschluckend ihre durch eine Abtreibung entstandene Unfruchtbarkeit getarnt hatte; davon, wie er, Harry, das entdeckt hatte und wie erpreßbar Rita seitdem war; davon, daß er Ritas Erpreßbarkeit gelegentlich ausnütze, indem er sie bitte, sich eben jenen unglaublich geilen Rock anzuziehen, in dem er sie kennengelernt hatte, und sich mit diesem Rock so selbstgefällig vor den Spiegel zu stellen wie damals, als es funkte; davon, daß sie keinen seiner Witze verstehe, seinem abstrusen Wunsch aber Folge leiste; daß ihn das errege; daß er ein schlechtes Gewissen habe, sie zu einem so sonderbaren Ritual auszunutzen, daß die Geilheit aber das schlechte Gewissen überwuchere...

»Hör auf!« rief Helene, sie werde ja ganz lüstern bei dieser Beschreibung. Nein, er höre noch nicht auf, sagte Harry, jetzt komme er nämlich wieder zum Film: Immer, wenn sich Rita ihren fernöstlichen Rock angezogen und sich wunschgemäß vor dem Spiegel postiert habe, müsse er an einen alten Hitchcock-Film denken, in dem ein besessener Ami seine neue Freundin so herzurichten versucht, wie seine vermeintlich tote Geliebte ausgesehen hat.

»Aus dem Reich der Toten«, sagte Helene, wunderbar, mit Kim Novak und James Stewart.

Richtig, sagte Harry, und Kim Novak sei ein platinblonder Busenstar, während Rita gottlob kleinbusig und dunkel sei. Und er habe auch hoffentlich nicht dieses falsche, wäßrige Blau in den Augen wie James Stewart. Trotzdem müsse er, wenn er sich der vor dem Spiegel stehenden Rita nähere, sich hinter sie stelle, sie einander anstierten und die Dinge ihren lüsternen Lauf nähmen, immer an die glasige Besessenheit im Blick von James Stewart denken und an Kim Novaks stilles Ertragen dieses manischen Rituals. Obwohl das billigste amerikanische Bilderbuch-Psychoanalyse sei, störe diese Filmerinnerung sein Vergnügen.

Helene meinte, das klinge ja zauberhaft, sie beneide Harry und vor allem Rita, sie werde ganz eifersüchtig, es kitzle sie zwischen den Beinen, wenn Harry davon erzähle, er solle fortfahren.

Harry sagte, das Traurige an der Sache sei, daß Rita diese Art von Assoziation nicht zur Verfügung stehe. Selbst wenn sie den Hitchcock-Film gesehen habe, könne man sich nicht über die Stichworte »Kim Novak« und »James Stewart« mit ihr verständigen, um damit die Absurdität der Situation zu benennen und zu lüften.

Harry solle doch froh sein, daß die Situation eben nicht mit einem Code-Wort aus der Traumfabrik benannt werden könne, sagte Helene überraschenderweise. Das habe doch auch etwas für sich, das sei eben jene Authentizität, von der ein zentraleuropäischer Intellektueller nur träumen könne. Vergleiche mit Filmen, das spielerische Sichspiegeln in Kulturprodukten sei zwar ein hübscher Zeitvertreib, wenn einem aber dieser Code nicht zur Verfügung stehe, wenn man ganz auf sich selbst angewiesen sei, wenn einem nicht dauernd und geradezu zwanghaft das Woody-Allenhafte, das Seifenopernhafte oder Hitchcockhafte oder Junger-deutscher-Filmhafte oder Casablancahafte auffalle, oder, noch spezieller, das Verismohafte, wenn einen eine Leidenschaft mal nicht an Viscontis »Ossessione« erinnere, ein fetter Freak nicht an Fellini, ein Angeber nicht an James Dean und ein Ohrläppchenzupfer nicht gleich an Humphrey Bogart – dann sei das doch auch einmal von erholsamer Ursprünglichkeit. Oder wenn einem außerhalb der Welt des Films nicht jeder glühend verbohrte Glaubensblick dostojewskihaft vorkomme und nicht gogolhaft jede schrullige Gestalt, die einem begegne, die Mohnfelder, an denen man vorüberfahre, einem nicht monethaft erschienen und nicht wie von Claude Lorrain der Landschaftsausblick im Lake District – dann könne das auch nichts schaden: wenn alles mal sei, wie es ist – verrätselt und nicht decodiert.

Es war unglaublich, Helene lag nackt im Bett und benutzte ein Wort wie »decodiert«. Harry sagte ihr, daß er das lächerlich finde. Im übrigen wundere er sich über Helene. Er habe sich auf ihren Vorwurf gefaßt gemacht, daß er die arme Rita ausnutze und unterdrücke, und statt dessen finde sie die Geschichte geil und authentisch und stelle den eben erst herausgeputzten Assoziationswert von Filmen und anderen Kunstwerken in Frage.

»Die Zeiten ändern sich«, sagte Helene und versuchte, die Melodie des entsprechenden Bob-Dylan-Songs zu finden. Außerdem scheine Rita ja nichts gegen Harrys ritualisiertes Vorspiel zu haben.

»Das weiß ich eben nicht«, sagte Harry.

»Das ist ihr Problem«, sagte Helene. Das fand Harry hart. Helene war hart geworden. Früher hatte sie auf die gelindesten Formen von Unterdrückung wie eine Furie reagiert. Und jetzt das. Ihre neue Härte war Harry nicht geheuer, aber sie zog ihn an. Rita solle sich zur Wehr setzen, wenn es ihr nicht passe, sagte Helene keck und gnadenlos. Aber was sollte ihr denn daran nicht passen? Das sei doch ein delikates Spiel! Sie, Helene, fände das geradezu beneidenswert.

»Du würdest dich bedanken!« sagte Harry. Er erinnerte sie daran, wie er damals gegen ihre trampeltierartigen Sackkleider protestiert, wie er in seiner Not behauptet habe, sie sehe darin aus wie eine Wachtel oder Schnepfe; daran, wie sie ihn als geilen Chauvi beschimpft und ihm zum Tort diese reizverbergenden Gewänder getragen habe; wie er ihr zum Tort von geilen Weiberärschen vorgeschwärmt, sein letztes Studentengeld zusammengekratzt und ihr eine pechschwarze und knallenge Lederhose geschenkt habe; wie sie »Igitt, das zieh ich nie an!« geschrien, dann die Hose nach Wochen doch einmal angezogen habe; wie er gesagt habe: »So gefällst du mir« und sie daraufhin sofort die Hose wieder ausgezogen habe, weil eine Frau damals um Gottes willen kein Lustobjekt des Mannes sein wollte.

»Hör auf!« rief Helene. Das sei vorbei. Das sei damals eben so gewesen. Im übrigen habe sie die Hose dann durchaus getragen. Ob Harry vergessen habe, daß er ihr in Kneipen immer mit den Socken die Beine hochgefahren sei. Mit glasigem Blick habe er dabei immer gesagt: »Wie das rutscht, wie das rutscht!« Ob er das vergessen habe?

Die Erinnerung an die alte Lust machte ihnen neue, und sie fielen wieder übereinander her. Und es war so gut, sich danach nicht schweigsam seinen eigenen Vorstellungen hinzugeben, sondern sich wieder in die bewährte Truffaut-Film-Position zu begeben. »Deine Rita muß ich jetzt endlich kennenlernen«, sagte Helene.

Und dann ratschten sie noch einmal von Wahrnehmung und Realität, und es fiel ihnen ein, daß sie vergessen hatten, die Bilder des Fernsehens dafür mitverantwortlich zu machen, daß es so etwas wie eine gestörte Wahrnehmung der Wirklichkeit gebe. Harry behauptete, es sei nach wie vor eine Dialektik am Werk: Die Wirklichkeit bestimme den Film, und der Film beeinflusse das Bild von der Wirklichkeit. Seltsamerweise gebrauchte Helene nicht mehr wie früher den Begriff »Dialektik«. Früher hatte sie alles dialektisch gefunden: Theorie und Praxis, abstrakt und konkret – alles war kolossal dialektisch gewesen. Indem Harry jetzt diesen Begriff verwendete, merkte er, wie er sich eines altmodischen Werkzeugs bediente. Es war ihm, als ziehe er plötzlich ein Hemd von 1972 mit einem Haifischkragen an. Wo hatte er den Anschluß verloren? In seiner Zeit als Jurist? Oder während der Ausbildung zum Diplomaten? Oder in den Jahren in Afrika? Wo auch immer, es war nicht schlecht, den Anschluß verloren zu haben, um so mehr fielen einem die Veränderungen auf.

Sie redeten über den Fortschritt und fragten sich, ob die alten barocken Vorstellungen von der Welt als Bühne und vom Leben als Traum nicht das ganze Realitätsgefasel von gestern und das Simulationsgefasel von heute überflüssig machten.

Es fiel ihnen ein alter Schlager ein, sie wußten nicht mehr, wer ihn gesungen hatte, eine Frau, späte 50er oder frühe 60er Jahre vermutlich. Unsäglich schlecht. Unsäglich kostbar. Die Sängerin hatte ihren Verehrer verhöhnt, weil der die Helden der Leinwand imitierte. »Von Gary Cooper hast du deinen Gang«, sang Helene, und Harry fiel die Ergänzung ein: »Und so gehst du die Straße entlang.« Von allen Stars war er nur »eine schlechte Kopie«, das hatte sich auf »mon ami« gereimt. Von irgendwem hatte er die Frisur, wer war das noch, Marlon Brando? Nein, es war wohl eher Elvis Presley gewesen. Sie waren sich nicht sicher. Es war angenehm, gleich alt zu sein, aus demselben Land zu kommen und dieselben Erinnerungen zu haben. Helene fuhr Harry durch die Haare: »Von Charlie Chaplin hast du die Frisur, aber nur, aber nur die Frisur.«

9

Warum Harry an die Botschaft in Quito/Ecuador geschickt wird und wie er dort Schwierigkeiten hat, sich einzugewöhnen, während Rita bei den Indios das Töpfern lernt. Über eine Wahlschlacht, die Schuldenkrise und die Unmöglichkeit, die Wahrheit aus der Nähe zu erkennen. Ein Rückblick auf die Hochzeit von Rita und Harry und allerlei über seine Geburtstagswünsche und lateinamerikanische Musik.

Schon bei der Ankunft in Ecuadors Hauptstadt Quito war Harry klar, daß es ihm hier nicht gefallen würde. Schon beim Aussteigen aus dem Flugzeug. Er war bemüht, seine Enttäuschung vor Rita zu verbergen. Der erste Eindruck bedeutete nicht viel. An Orte konnte man sich gewöhnen.

Selbst schuld, im übrigen. Ein lateinamerikanischer Staat sei ihm nicht unangenehm, hatte er der Personalabteilung mitgeteilt, als die Zeit in der Bonner Zentrale ablief und der nächste Auslandseinsatz näher rückte. Ausgenommen Brasilien und Chile, wenn es geht, hatte Duckwitz gesagt. Diplomatische Ohnmacht in Ehren, aber bitte in keinem Staat mit Terrorregime wie Chile. Das nicht. Nicht ständig mit Leuten zusammenkommen, die man eigentlich sofort erschießen müßte. Und was Brasilien betraf, so mochte er weder dieses pflaumenweiche Portugiesisch noch den Karneval, und schon gar nicht wollte er in einer aus dem Boden gestampften Hauptstadt mit dem künstlichen Namen »Brasilia« wohnen, in der es keine alten Häuser gab. »Ganz schön wählerisch, der Herr Baron«, hatte der Personalmann gesagt, nicht ganz ohne Verständnis, wie es Harry schien.

Man konnte dieser Dritte-Welt-Problematik nicht völlig ausweichen, hatte sich Harry in einer moralischen Aufwallung eingestanden. Indien und Korea kamen allerdings nicht in Frage, weil das Heimatländer von Rita waren. Nicht selten verfielen Diplomaten im Ausland den

Reizen exotischer Frauen und heirateten sie. Das Auswärtige Amt vermied in diesen Fällen die Versetzung in die Heimatländer der Ehefrauen, um seine braven bundesdeutschen Diplomaten nicht in finstere Abhängigkeiten zu verstricken. Gefährdung der Neutralität. Manche Kollegen, die jammerten, weil ihre Frauen gerne wieder einmal nach Hause gekommen wären, wurden daran erinnert, daß die meisten Außenministerien anderer Länder eine Heirat ihrer Beamten mit Ausländerinnen überhaupt nicht zuließen, das heißt, sofort mit der Entlassung winkten. Harry erinnerte sich noch an den smarten französischen Kulturattaché in Jaunde, der sich in eine Äthiopierin verliebt hatte. Die Äthiopierinnen und Äthiopier waren sowieso schon die schönsten Menschen, und diese Äthiopierin war von allen die schönste. Duckwitz war damals bereits mit Rita verheiratet, und sein erster schmutziger Gedanke beim Anblick der Äthiopierin war: Warum habe ich nicht auf so eine warten können. Wenn schon exotisch, dann richtig. Der französische Attaché allerdings war in größten Nöten. Für ihn hieß es entweder – oder. Wenn er sie heiratete, müßte er den Dienst quittieren. So grausam waren die Deutschen nicht.

Rita hatte gegen Lateinamerika nichts. Sie war so erzogen oder so strukturiert, daß sie ihrem Mann folgte, egal, wohin. Leider. Ein bißchen Widerstand wäre Harry lieb gewesen. Er wollte sich nicht immer durchsetzen. Gegen die Äthiopierin, diese Fürstin, hatte Rita wie ein Schulkind gewirkt. Wenn diese erfrischenden Vögelpartien und Ritas Zitterorgasmus nicht gewesen wären, dann hätte er Rita manchmal für seine Tochter halten können. Ausgerechnet Harry, der keine Kinder haben wollte, kam sich wie ein Vater vor. Als das Klavier etwas später in Quito eintraf und einen guten Platz in ihrem geräumigen Haus fand, schien wenigstens Rita restlos zufrieden zu sein.

Daß sie in Lateinamerika gelandet waren, hatte Duckwitz zu einem guten Teil seiner Kollegin Huber, der Lateinamerika-Spezialistin, zu verdanken, die ihn in der

Bonner Zentrale ständig mit lateinamerikanischer Volksmusik versorgt hatte. Es gab Lieder aus den Anden, die ihn in ihrer wehmütigen Ausgelassenheit an Melodien erinnerten, die er an irgendwelchen Feiertagen in seiner Kindheit am Alpenrand gehört hatte. Er war dem nachgegangen, und tatsächlich: Im 19. Jahrhundert hatten ausgewanderte Pfarrer aus Böhmen und Mönche aus Tirol die Polka und den Schuhplattler mitsamt der Mazurka in die Anden gebracht, und diese Rhythmen hatten sich zu einem Singsang vereinigt, der auch einem europäischen Ohr vertraut vorkam: »Según es favor del viento, me voy, me voy.« – Ich lasse mich treiben nach Laune des Windes, ich geh' dahin, dahin. Genial simpel die Melodie, quäkend und eindringlich gesungen von einer Frau namens Violeta Parra, einer Chilenin, die sich 1967 das Leben genommen hatte, nicht aus politischen Gründen, sondern aus Liebeskummer, was natürlich den linken Schallplattenverlagen nicht so recht war. »Despierte el hombre, despierte, despierte por un momento, despierte toda la patria antes que venga el trueno furioso y barra los ministerios.« – Wenn doch der Mensch aufwachte für einen Moment, wenn doch das Land aufwachte, sang sie und fügte dann zart und schadenfroh hinzu: ehe der gewaltige Donner all die Ministerien hinwegfegt. Solche Lieder hatten Harry zu dem Erdteil hingezogen, in dem sie entstanden waren. Er hatte begonnen, spanisch zu lernen. Er lernte schnell und leicht, aber nur bis zu einem gewissen Punkt. Nie würde er eine fremde Sprache perfekt sprechen können. Aber es klang gut. Harry konnte bluffen. Sein Englisch war auch nach drei Jahren Kamerun noch fehlerhaft, aber es hörte sich, wie ihm versichert wurde, akzentfreier an als Ritas perfektes Englisch, dem trotz englischer Internatsausbildung der hübsche indische Tonfall anhaftete. Nun war ihm die Musik vertraut, aber das Land war es nicht. Am schlimmsten war die Unterbringung der Botschaft. Sie lag in einem modernen Bürohaus, das einem deutschen Konzern gehörte. Die Außenpolitik wohnte bei der Wirtschaft zur Miete, die Machtverhältnisse wenigstens waren damit geklärt. Hoechst gehörte der Kasten, behauptete jemand. Egal. Alles derselbe Dreck. In den Räumen der Botschaft hingen jedenfalls überall Hoechst-Kunstkalender. Es war mittlerweile Mai 1984. Der Kalender zeigte eine Landschaft von Claude Lorrain. Der einzige Lichtblick in Harrys Büro. Wenn die kleine Figurengruppe im Vordergrund nicht so albern herumtanzen würde, wäre das Bild noch schöner. Im Hintergrund Berge, die an die Alpen erinnerten, aber auch an die Ufer des Rheins. Dem begleitenden Text entnahm Harry, daß es sich um eine sogenannte ideale Landschaft handelte.

Er trat ans Fenster und blickte auf die massigen Hänge und unsinnig hohen Gipfel der Anden. Wieviel schöner war die ideale Landschaft des Künstlers. Ein Blick auf diese Reproduktion eines 300 Jahre alten Gemäldes in einem werbegeschenkten Kunstkalender des Hoechst-Konzerns war erfreulicher als ein Blick aus dem Fenster. Deswegen hängte man sich Kunst an die Wand. Kunst war immer Pin-up. Das Pin-up-Girl war formvollendeter als das echte. Schönheit mußte man sich vorgaukeln. Wenn Harry sich richtig an den Schwachsinn erinnerte, der seit Jahren von den Feuilletons verbreitet wurde, dann lief die moderne Kunst seit Jahrzehnten Sturm gegen das überkommene Wesen der Kunst, zur Verschönerung des Lebens beizutragen. Die moderne Kunst wollte angeblich Ängste und Schrecken des Menschen sichtbar machen. Ohne mich, dachte Harry. Lieber Diplomat als moderner Künstler!

Obwohl es bitter war, in diesem verdammten Hochhaus sitzen zu müssen, anstatt in einem anständigen alten Palast mit Riesenräumen, abblätterndem Putz an den Wänden und einem langsamen Ventilator oben an der Decke. Die Wirklichkeit hielt auch in diesem Fall der Vorstellung nicht stand. Ein Ventilator wäre allerdings in Quito in jedem Fall ein Unsinn. Die Stadt lag zwar direkt am Äquator, aber 2800 Meter hoch. Es war nie unangenehm heiß hier.

Wenn Harry mit Rita essen ging, las sie die Speisekarte so konzentriert, als handle es sich um eine wildgewordene Franz-Liszt-Sonate. Rita war ihm ein Halt. Sie fand es schön in Quito. Ihr fielen die schönen alten Häuser auf, Harry die häßlichen neuen.

Das ganz große Elend bekam man hier nicht zu Gesicht. Man mußte sich in Erinnerung rufen, was hier tatsächlich geschah. Man sah es nicht. Insofern waren die naiven Berichte reisender Abgeordneter verständlich. Wo, bitte, Verschleppung, Verletzung der Menschenrechte, Folter? Immer woanders. Auch das war wie in Kamerun. Immer verschlug es ihn in moderate Länder. Als sollte ihm der große Schrecken erspart bleiben. Kamerun wurde die Schweiz Afrikas genannt. Ecuador war die Schweiz Lateinamerikas. Am besten erkannte man die Probleme der Dritten Welt, wenn man in Europa auf dem Sofa lag und darüber las.

Je näher man dem Unrecht war, desto mehr erschlaffte das Unrechtsbewußtsein. Schulterzuckend reichte man die Nachrichten weiter. Auch Journalisten arbeiteten so. Sie deckten etwas auf und überließen es anderen, sich darüber zu empören. Das Erdöl floß, der Ölpreis sank, die Schulden wuchsen. Neun Milliarden Dollar. Mit den paar exportierten Panamahüten, die man in Ecuador herstellte, konnte die Staatsverschuldung wohl nicht weggehandelt werden.

Die Dritte Welt wohnte in ihren eigenen Ländern eigentlich nur noch zur Miete. Harry stellte sich die Frage, ob das nicht auch Vorteile hatte. Was heißt schon nationale Würde. Als Mieter braucht man sich um nichts zu kümmern. War doch gar nicht so schlecht. Verwerfliche Gedanken. In Bonn war alles klar gewesen, hier war alles unklar.

Im April 1984 waren Harry und Rita nach Quito gekommen, im Sommer fand die Präsidentschaftswahl statt. Der linksdemokratische und der christdemokratische Kandidat bezichtigten sich gegenseitig der schlimmsten Verbrechen in einer Weise, die sogar Duckwitz als Liebhaber der Verunglimpfung nicht gefiel. Schimpfen nur von unten nach oben. Der Machtlose auf den Mächtigen, der Demonstrant auf den Politiker, nicht umgekehrt. Und nicht Politiker untereinander. Hier aber bezeichnete ein Präsidentschaftskandidat den anderen als drogenabhängig, atheistisch, kommunistisch, faschistisch. Nach den Wahlen stellte sich heraus, daß die Coupons, die von einem der beiden Kandidaten vor den Wahlen an die Armen verteilt worden waren und im Falle seines Sieges in eigens geschaffenen Büros gegen die Mitgliedschaft bei einer Agrargenossenschaft eingelöst werden sollten, wertlos waren. Nach dem Wahlsieg dieses Kandidaten wurden die Büros geschlossen, und sie machten nie wieder auf. War das Verbrechen oder Operette? Duckwitz konnte es nicht entscheiden. Rita konnte es nicht entscheiden. Helene hätte es vielleicht entscheiden können. Duckwitz schrieb es in seine Berichte hinein, die keiner lesen würde.

So vergingen die Monate. Als Harry glaubte, sich langsam an Quito und Ecuador und an die Anden gewöhnt zu haben, merkte er, daß er die ganze Zeit über Heimweh gehabt hatte. Um sich abzulenken, besuchte er möglichst oft die anderen Botschaften, ging bei den Italienern und Franzosen vorbei und trank bei den Briten einen Tee mit Milch.

Auch die DDR hatte in Quito eine Botschaft. Was die hier sollte, wußte kein Mensch. Kaum vorstellbar, daß der Kommunismus in Lateinamerika noch einmal an Boden gewinnen könnte. Mit den DDR-Leuten pflegte man keinen Kontakt, die igelten sich ein. Auch in Jaunde war es so gewesen. Überall war es so. Wenn DDR-Leute auftauchten, schwiegen sie bloß. Nur manchmal geschah es irgendwo in der Welt, daß Angehörige der DDR-Botschaft in der Botschaft ihrer freien Westkollegen Asyl suchten.

Im Gegensatz zu den abscheulichen Räumlichkeiten der

Botschaft der Bundesrepublik war die Botschaft der DDR in einem passablen Gebäude untergebracht. Einmal war Duckwitz in guter Laune und klopfte bei einem Gang durch die Stadt an die Tür der DDR-Botschaft.

»Was wollen Sie?« fragte der Mann, der ihn hereinließ. Daß diese DDR-Leute tatsächlich immer aus Sachsen stammten!

»Ich möchte den Botschafter kennenlernen«, sagte Duckwitz, und das meinte er in diesem Augenblick tatsächlich ernst.

Der Sachse verschwand und ließ Duckwitz warten. Als der Botschafter schließlich erschien, begrüßte er Duckwitz mit der Frage: »Wer schickt Sie?«

»Das verrate ich Ihnen nur, wenn wir auch wirklich abgehört werden«, sagte Duckwitz.

Der DDR-Botschafter konnte mit dieser Bemerkung nichts anfangen: »Was soll das?«

»Mich schickt Ihr Staatsratsvorsitzender persönlich«, sagte Duckwitz.

»Unsinn! Was wollen Sie hier?«

»Ich will mich jedenfalls nicht verhören lassen«, sagte Duckwitz, drehte sich um und ging.

»Passen Sie auf, Herr!« rief ihm der DDR-Botschafter nach.

Im Oktober wurde Harry 39. Er wünschte sich von Rita, daß sie ihn an seinem Geburtstag mit dem Motorrad vom Büro abholte. Rita schüttelte gnädig lächelnd den Kopf und versprach es.

Ihr schönes Motorrad, das zusammen mit dem Klavier hierherverfrachtet worden war, stand in der Garage. Ein Jammer, daß sie es so selten benutzte. Wie ein himmlischer Kurier sah sie aus, wenn sie damit fuhr. Eine Überbringerin allerbester Nachrichten. Stolz und aufrecht saß sie auf der dicken Maschine, deren Motor solide und zuverlässig donnerte. So hatte er sie in Kamerun kennengelernt. So hatte er sie lieben gelernt. Ein etwas romantisches Bild. Ritas Verwandlungen hatten ihm immer imponiert: von der Schlitzrock-Suzie-Wong zum Motorradengel und dann wieder die höhere Tochter, die eisern ihre Klassiker am Klavier in den Griff zu kriegen versucht.

Auch in Bonn hatte das Motorrad meist nur herumgestanden. Auch dort hatte er den gleichen Geburtstagswunsch geäußert. »Du hast einfache Wünsche«, hatte Rita gesagt und ihn vom Amt abgeholt. Wie eine Sendbotin aus einer anderen Welt wartete sie auf ihn auf dem Parkplatz des Auswärtigen Amts, lässig an die schräggekippte Maschine gelehnt. Ein göttliches Bild. Die Kollegen krochen in ihre Autos, und Harry schwang sich hinter Rita auf den Sitz, und dann waren sie losgedonnert Richtung Bad Godesberg. Zehn Minuten reines Glück. Vorbei am Palais Schaumburg, am monströsen Adenauer-Denkmal, an diesem Hühnerstall von Kanzleramt, am Bundespressehaus. Vorbei an den Ministerien für Bildung und Justiz und Wissenschaft und Forschung. Alles links liegenlassen und vorbeidonnern mit Rita. Vamos, vamos, mi compañera, laß uns die Ministerien hinwegfegen, barramos los ministerios, me voy, me voy.

Die Frau eines Schweizer Diplomaten hatte einen Keramikkurs organisiert. Rita machte mit. Zwei Indiofrauen brachten einem Dutzend Diplomatenfrauen das Töpfern bei. Sie formten riesige Schüsseln. Kein Mensch wußte, was man da hineintun sollte. Sie bemalten Kacheln mit indianischen Ornamenten. Damit würden sie zu Hause ihre Bäder kacheln, sagten sie. Zu Hause hätte sich Harry über töpfernde Frauen lustig gemacht. Das war auch so ein Unterschied zwischen Quito und Bonn: Was dort eine alberne Therapie- und Kreativitätsmode war, das hatte hier einen freundlichen Sinn.

Auf Duckwitz' Schreibtisch im Büro lagen Briefe von MAN, Hoechst, VW, Krauss-Maffei, Bayer-Leverkusen, Daimler-Benz, Siemens und von anderen, unbekannteren bundesdeutschen Firmen. Alle wollten investieren, finanzieren, exportieren, importieren, umschulden, entschulden, verschulden. Und dann erschienen die unsäglichen Vertreter dieser Firmen auch noch leibhaftig und wollten irgendwelche Kontakte von einem. Duckwitz kam nicht dahinter, ob das Ganze ein Ausverkauf der Dritten Welt war oder ihre Rettung, ob der Ausverkauf die Rettung war oder der Untergang. Von »Secondhand«-Krediten war die Rede, sie kauften und verkauften Schulden, sie arbeiteten an der Umstrukturierung von sogenannten Problemkrediten, sie maßen den Wert eines Landes an dem Prozentsatz, den die Gläubiger möglicherweise zurückbekämen, 30 Prozent in Mexiko, immerhin 45 Prozent in Ecuador, wo die Lage vergleichsweise stabil war. Die Banker und Firmenvertreter sprachen pausenlos von »Debt-equity-swaps« und »Macho-Provisioning« – das waren die neuesten Ausdrücke für ein Kreditmanöver, mit dem man die Zahlungsunfähigkeit der Länder der Dritten Welt tarnen konnte. Hilflos sah die Botschaft zu.

Mit einer gewissen Schadenfreude beobachtete Duckwitz, wie sich eine ganze Gruppe von Aktenkofferträgern wie die Geier bemühten, der ecuadorianischen Fluggesellschaft einige Airbus-Maschinen anzudrehen, diesen ganzen Stolz der europäischen Flugzeugindustrie. Aber irgendwie kamen sie nicht richtig zum Zug. Und plötzlich stellte sich heraus, daß der US-Botschafter, der ein ganz besonders übler Finger war, das Geschäft zum Platzen gebracht hatte, indem er die US-Firma Boeing alarmierte, die den Ecuadorianern im Fall eines Geschäftsabschlusses einen Gratis-Jet dazuversprach und damit den Zuschlag bekam. Ein Geschäft, bei dem auch dem US-Botschafter einiges zugeflossen sein dürfte. Die Airbus-Leute flogen so verbittert wieder ab, daß sie Duckwitz fast leid taten. Er besaß einen Brief des US-Botschafters, aus dem diese ebenso legale wie krumme Tour hervorging. Den spielte er am Auswärtigen Amt vorbei der deutschen Presse zu, die in ihren Wirtschaftsteilen auch ausführlich über den Fall berichtete. Die Grundfrage allerdings sprachen die Wirtschaftsjournalisten nicht an: ob man solche verfluchten Investitionen dulden sollte oder behindern – oder fördern, wie es die Aufgabe des Auswärtigen Dienstes war.

Aus dem benachbarten Peru war zu hören, daß in der Hauptstadt Lima der schwedische Botschafter zwei von der Justiz gesuchte ehemalige Polizisten, die in seiner Mission um Asyl gebeten hatten, höchstselbst im Kofferraum seiner Diplomatenlimousine zum Flughafen gefahren und in eine Maschine nach Stockholm verfrachtet hatte. Das waren offenbar die einzigen Heldentaten, die ein Diplomat heute noch vollbringen konnte. Harry hätte auch lieber ein paar Verfolgten aus der Klemme geholfen, anstatt mehr oder weniger tatenlos zuzusehen, wie sich unsympathische Wirtschaftskriminelle gegenseitig die Bissen wegschnappten. Aber natürlich hätten vor seiner Tür keine verfolgten Helden um Hilfe in der Not gebeten, sondern irgendwelche undurchsichtigen Typen, denen man zutrauen konnte, daß sie gerade im Dienst der Weltrevolution ein paar arme Bauern auf ihren Feldern erschossen hatten.

»Maldigo la cordillera de los Andes y la costa«, hatte die große Violeta Parra gesungen – verflucht sei die Kordillere der Anden und die Küste. Sogar den verlogenen Sommer und den Winter hatte sie verflucht in ihrer Wut, das Kanarienvögelgezwitscher und die Bischöfe, sogar den Stern am hohen Himmel mit seinem Gefunkel: »Maldigo del alto cielo la estrella con su reflejo.«

Das war die eine Seite, und die andere war die Liebe. Liebte er Rita? Manchmal. Kein Mensch liebt mehr als manchmal. Und Helene? Auch. Manchmal geliebt. Immer noch.

Bei einem dieser unzähligen Feste, die in den Straßen der Altstadt mit Musik und Tanz so häufig gefeiert wurden, hatte Harry einmal einen Sänger aus El Salvador erlebt, dessen charmantes Liedchen ihm nicht aus dem Kopf ging. Und plötzlich war es an der Zeit, es Rita vorzusingen.

»Kannst du dich an unsere komische Hochzeit erinnern?« fragte er Rita.

»Jaja, der alte Botschafter, der uns getraut hat.«

»Er hat vergessen, uns zu fragen, ob wir Mann und Frau werden wollen. Wir haben unterschrieben, wir haben aber nicht ja gesagt.« Harry war damals irgendwie ganz zufrieden gewesen, nicht als Jasager dastehen zu müssen. Rita war es nicht aufgefallen.

»Und jetzt«, sagte Rita, »willst du mir sagen, daß du deinen Entschluß bereust, oder was? Willst du deine Zustimmung nachholen, oder willst du nein sagen? Willst du eine Scheidung?«

»Nachholen«, sagte Harry, »aber gesungen.« Das kleine seltsame Wörtchen »Ja« sollte man lieber singen. »Ein Lied«, sagte er, »es stammt nicht von mir, ich singe es nur, es ist ein Nachtrag zu unserem Sprachkurs: ›Yes yes en mal inglés/ piano piano en italiano/ yo te amo en castellano.‹«

Wie in der bundesdeutschen Botschaft in Quito hoher Besuch aus Bonn erwartet wird und Harry von Duckwitz wieder einmal glaubt, ausfällig werden zu müssen, wie er dann aber unter dem Eindruck des wirklichen Elends Reue zeigt und einen Brief an Helene schreibt. Ferner einiges über die korrekte Benennung lateinamerikanischer Elendsviertel sowie über eine Brasilianerin namens Marida Böckle und über Harrys Aggressionstraining am Eukalyptusbaum.

Nie gehört! Keiner in der Botschaft hatte den Namen dieses Menschen je gehört. Angeblich sei er der engste Berater des neuen Staatssekretärs im Auswärtigen Amt. Aber auch von dem wußte man ja fast nichts. Nur, daß er eine Null war. Doch Nullen waren sie fast alle in Bonn. Vermutlich hatte man dem sehr jungen Staatssekretär einen dieser älteren Männer mit abgestorbenem persönlichem Ehrgeiz und viel Erfahrung zur Seite gestellt, die ebenso bescheiden wie wichtigtuerisch den inoffiziellen Titel »engster Berater« wie einen Heiligenschein mit sich herumtrugen.

Das Auswärtige Amt hatte nun den Informationsbesuch dieses unbekannten Beraters in Ecuador angekündigt. Da der Botschafter auf Heimaturlaub war, würde sich Harry von Duckwitz als dessen Stellvertreter hier in Quito um den Gast kümmern müssen.

Duckwitz haßte solche Besuche. »Ich bin nicht Diplomat geworden, um wie ein Blindenhund irgendwelche Landsleute zu geleiten, die an allen Ecken der Welt herumtappen müssen«, sagte er bei der morgendlichen Besprechung, und alle in der Botschaft nickten. Herr von Duckwitz sagte wieder einmal, wie es ist. Wenn der Botschafter dagewesen wäre, hätte er auch genickt, etwas genierlich, wie man zu einer Wahrheit nickt, der man nicht allzu laut zustimmen möchte. Aber ein verschwörerischer Glanz in den Augen gibt zu erkennen, daß man ganz dieser Meinung ist. D'accord.

Duckwitz bereute sofort seine saloppe Bemerkung. Immer wieder machte er den Fehler: Immer, wenn er schimpfte, maulte, höhnte, wenn er Politiker oder den Diplomatenberuf verspottete, wurde ihm zugestimmt. Und zwar immer von den falschen Leuten. Oder sollte man sich einreden, wer einem zustimmt, sei auf der richtigen Seite? Aber was, bitte, war die richtige Seite?

»Moment«, sagte Duckwitz und verschwand aufs Klo. Er mußte sich jetzt konzentrieren. Es war egal, wer man war, das herausfinden zu wollen war albern. Aber man konnte herauskriegen, wie man auf wen wirkte. Damit war auch schon geholfen.

Zustimmung von Leuten, die einem nicht geheuer waren, war verdächtig, soviel stand fest. Mußte überprüft werden. Und zwar rasch, weil er nicht ewig auf dem Klo bleiben wollte. Sonst glaubten die Botschaftsleute noch, er habe Durchfall oder Verstopfung. Es sollte einem vielleicht egal sein, fand Duckwitz, ob sich die Kollegen Gedanken über seine Verdauung machten, aber es war eben nicht egal. Auch das hatte mit der Frage zu tun: Wie wirke ich, wie schätzt man mich ein? Duckwitz spülte, um sich zu zwingen, jetzt schnell die Lage zu klären. Das Problem des Beifalls von der falschen Seite, das war es, was ihm zu schaffen machte. Zu schaffen machte? Es interessierte ihn. Es interessierte ihn immerhin so, daß er deswegen die Morgenbesprechung, das Wichtigste an so einem Botschaftstag, unterbrochen hatte.

Kaum hackte man ein bißchen auf den Typen aus Bonn herum und nörgelte und zeterte, daß man sich um diese Affen kümmern mußte, schon hatte man die Solidarität der Kollegen gewonnen. Sehr richtig, sagten ihre Gesichter, wer sind wir denn, daß wir uns für diese Heinis krummlegen müssen. Sie glaubten offenbar, sie seien etwas Besseres, und fühlten sich durch Duckwitz' Aufwallung bestätigt. Duckwitz aber wollte nichts Besseres sein und konnte Leute nicht ausstehen, die etwas Besseres zu sein glaubten.

Irgend etwas Mißverständliches mußte er an sich haben, dachte er jetzt, daß ihm immer die falschen Leute beipflichteten. Wenn er stichelte, verunglimpfte und verwünschte, dann nicht von oben herab, sondern gewissermaßen aus einer Nische. Gut, man trat hervor, man erhob sich in gewisser Weise, man mußte die Stimme heben und lauter werden, wenn die Bemerkung treffen sollte, aber es blieb eine dreckige Bemerkung, und man selbst war nichts Besseres, sondern ein Dreck. Nur deswegen war es legitim herumzuschimpfen, weil man machtlos war. Nur als Ohnmächtiger konnte man sich Arroganz leisten. Die Arroganz der Macht hingegen war nichts als gemein.

Duckwitz wusch sich die Hände. Jetzt war es klarer geworden: Die einen, die mehr konservativ und autoritätsfixiert waren, und die unter ihrer Autoritätsfixiertheit natürlich selbst litten, fanden es toll, wie er sich aufschwang und losdonnerte. Die anderen, die mehr links waren, lehnten dieses Benehmen als überheblich ab. Die Linken mißverstanden ihn, die Rechten mißverstanden ihn. Oder war es einfach der Spießer, der ihn mißverstand? Das mußte später einmal geklärt werden, dafür war jetzt keine Zeit. Mit Helene mußte das einmal geklärt werden. Beim nächsten Heimaturlaub. Bis dahin würden Harry allerdings diese komplizierten Überlegungen entglitten sein.

Duckwitz sah sich im Spiegel über dem Waschbecken an und sagte in sein Gesicht: »Keiner versteht mich. Nirgends gehöre ich hin.« Sofort schüttelte ihn ein kurzer Lachanfall, als er sich vorstellte, ein Kollege könnte dieses Geständnis zufällig gehört haben. Die verdruckste Sekretärin, die als einzige die total verdrucksten Leute von der DDR-Botschaft für normale menschliche Wesen hielt, war auch die einzige gewesen, die vorhin nicht beifällig gelächelt hatte. Womöglich war Ablehnung doch noch unangenehmer als falscher Beifall? Böse und strafend hatte sie an Duckwitz vorbeigestarrt und ausgesehen, als ob sie Gertrud oder, besser noch, Hiltrud hieße und mit sich kämpfte, dem Herrn von Duckwitz ihre Meinung zu sagen, daß nämlich Herr von Duckwitz hier die Diplomaten als einen Stand beschreibe, der mit der Arbeit des Alltags nicht behelligt werden dürfe. So hatte sie ausgesehen. Und recht hatte sie, ob sie ihn mißverstand oder nicht. Was sollte das Gebell. Und doch mußte es sein. Jeder Hund bellte. Es gehörte zur Hundewürde, bellen zu dürfen. Vermutlich wußte sie als einzige, wer der Berater war. Vielleicht war der Berater ein ganz besonders liberaler Liberaler, von dem man ernsthaft so etwas wie politische Verbesserungen erwarten konnte. Und Duckwitz, das ahnungslose Großmaul, boykottierte mit seinem vorlauten Gejökel alle liberalen oder vielleicht sogar sozialdemokratischen Verbesserungsbemühungen schon im vorhinein.

Als Harry ins Besprechungszimmer zurückkam, hatte sich die Runde bereits aufgelöst. Er konnte sich vorstellen, wie seine Feindin Gertrud oder Hiltrud ungeduldig auf ihre Uhr gesehen hatte, um dann mit vorwurfsvollem Gang ihr Büro anzusteuern, wo angeblich jede Menge wichtigster Arbeit auf sie wartete.

Der Telefonist redete mit dem Legationssekretär, und Harry hatte Zeit, an seinen Auftritt in Kamerun zu denken, als er bei einem offiziellen Essen den Pudding voller Verachtung aus dem Mund gewürgt hatte. Der linke Literaturprofessor und die linke Goethe-Instituts-Tante, die damals zu Gast gewesen waren, hatten das als versnobtes Benehmen eines Adelsschnösels gewertet. Diese Form des Protests duldeten solche Leute nur, wenn sie als Kunst daherkam. Debile Künstler durften das Schlachten von Schweinen und das Sichwälzen in deren Eingeweiden als Kunstwerk ausgeben, das galt als progressiv. Wenn Duckwitz seinen Nachtisch vor den Augen einer erlauchten Gesellschaft auf den Teller zurückspuckte, dann war das zwar keine Heldentat, aber verdammt noch mal künstlerischer und auch fortschrittlicher als das mystische Herumgepansche mit Schweineblut. Dies schöne Argument war ihm damals nicht eingefallen. Und während die Konservativen seinen anarchistischen Ausfällen zuzwinkerten, wandten sich die Progressiven pikiert von ihm ab. Dabei fühlte er sich doch ihrem Denken verwandter. Oder war er ein konservativer Mensch, der sich versehentlich für einen Linken hielt oder gehalten hatte? Unsinn. Mit Helene besprechen.

Harry nahm einen Zettel, schrieb »links-rechts« darauf und legte ihn in die Zigarrenkiste, diesen geduldigen Sarg seiner Einfälle und Fragen. »Links-rechts« – was das bedeuten sollte, würde er morgen schon nicht mehr wissen. Er holte den Zettel wieder heraus und ergänzte: »Es gibt angeblich Leute, die nicht wahrhaben wollen, daß sie schwul sind. Frage an Helene: Gibt es analog dazu Linke, die nicht wahrhaben wollen, daß sie rechts sind?« Die Frage war gut. Obwohl es auch ein Blödsinn war, die Welt immer in rechts und links zu teilen. Vielleicht hatten das Verstehen und das Mißverstehen mit rechts und links gar nichts zu tun.

»Engster Berater«, sagte Duckwitz jetzt verächtlich zu dem Telefonisten, der den Legationssekretär losgeworden war, er könne sich nicht helfen, das klänge irgendwie obszön. »Er bringt vielleicht seine Frau mit«, sagte der Telefonist und lachte. Das sei das einzige, was die Sekretärin verraten habe. In diesem Fall, sagte Duckwitz, solle das Hotel eine extra Rechnung ausfertigen. Er konnte es nicht leiden, wenn Politiker mit ihren Frauen billig Familienurlaub machen wollten. Manche dachten an nichts anderes als daran, wie man es drehen könne, die Mitreise der Gattin kostenlos zu arrangieren. Der Staat, fand Harry, dieser elende Staat, dessen elender Vertreter er war, durfte nur von denen betrogen werden, die wirklich gegen ihn waren.

Am Tag, als der Berater kam, zog Duckwitz sich besonders nachlässig an und verabredete ein angeblich wichtiges Gespräch beim Landwirtschaftsminister, der einer seiner Bridgepartner war. Der Chauffeur sollte den ungebetenen Gast aus Deutschland allein vom Flugplatz abholen. Nein, der Wagen brauche vorher nicht gewaschen zu werden. »Waschen Sie ihn bitte nicht!« sagte Duckwitz.

Neben einem steinernen Oberst war der amerikanische Botschafter der vierte Mann beim Bridge. Bevor sie anfingen zu spielen, drückte er Duckwitz die neueste Ausgabe der ›Washington Post‹ in die Hand. »You are an amnesty-freak, aren't you?« sagte er lachend und wies auf einen Artikel über Menschenrechtsverletzungen in Lateinamerika hin, den er gelesen habe, aber überzogen fände. Er sprach kein Wort spanisch. Der Oberst seinerseits, kaum hatte er das Wort »amnesty« aufgeschnappt, sah dem Botschafter ins Gesicht, lehnte sich zu Duckwitz hinüber und sagte: »Es un cagaleche!« – Er ist ein Milchscheißer! Auf deutsch, das keiner der Anwesenden verstand, sagte Duckwitz: »Drecksbande, verkommene!« Dann fingen sie an zu spielen.

Gegen 5 Uhr rief einer von der Botschaft im Bridgeclub an, der Berater säße seit zwei Stunden da wie bestellt und nicht abgeholt.

»Ich komme!« rief Harry ins Telefon. Es war Zeit, den Club zu verlassen. Er hatte seine Gründe, warum er mit diesen Leuten Bridge spielte, es hatte einen gewissen Nutzen. Hier erfuhr man einiges. Trotzdem mußten diese Gründe demnächst einmal überdacht werden. Es ging ein bißchen weit, sich mit solchem Pack an einen Tisch zu setzen.

Harry ging zum Spieltisch zurück und lud die drei Gestalten ein, um 8 Uhr in die Botschaft zum Empfang zu kommen. Ein einflußreicher Vertrauter des Bundeskanzlers sei zu Gast. Harry machte mit Daumen und Zeigefinger das Zeichen für Geld und amüsierte sich darüber, daß der Landwirtschaftsminister und der Oberst sofort leuchtende Augen bekamen. »Hasta luego, conquistadores malditos«, sagte Harry und ging, das Gelächter der Bande im Rücken.

Der Berater war keiner dieser älteren Männer mit viel Erfahrung. Er mochte Mitte Dreißig sein. Offenbar ein Experte für irgend etwas. Nur als Experte konnte man so schnell aufsteigen. Er nahm es Duckwitz nicht übel, daß er so lange hatte warten müssen. »Ich bitte Sie«, sagte er, als er von dem Gespräch mit dem Landwirtschaftsminister hörte, »der Alltag geht vor.«

Er hatte tatsächlich seine Frau mitgebracht. Frau von Duckwitz sei so freundlich gewesen, ihr den Markt von Quito zu zeigen. »Ihre Frau ist bezaubernd«, sagte er. Wie oft hatte Duckwitz diesen Satz gehört. Rita war bezaubernd. Aber was war sie sonst noch? Sie war exotisch. Anfangs hatte Harry Rita über die Maßen attraktiv gefunden. Jetzt, nach drei, vier Jahren Ehe, fand er sie immer noch rätselhaft. Musikalisch war sie. Aber auch ihre Musikalität war rätselhaft. Das war auf die Dauer alles etwas wenig. Katholisch war sie auch noch. Das würde Duckwitz nie verstehen, warum diese Frau jeden Sonntag in irgendwelchen dunklen Kirchen verschwand.

Rita war mit der Frau des Beraters nach Hause gegangen, und es blieb Duckwitz nichts anderes übrig, als den Berater zu sich zum Tee einzuladen. Duckwitz fragte sich, aus welchem Stoff der Berater war. Er gehörte nicht zur Gattung der Politiker, die von der Presse gern als »Betonköpfe« bezeichnet werden. »Betonkopf« – das war das Schimpfwort, das noch salon- und sendefähig war und das Fernsehkommentatoren ungestraft benutzen durften, wenn sie ihre Empörung über die Uneinsichtigkeit des politischen Gegners markig zum Ausdruck bringen wollten. Der Berater, der jetzt unangenehm nah neben Duckwitz im Auto saß, wirkte eher flexibel, künstlich flexibel. Duckwitz entschied, daß der Berater aus einem elastischen Kunststoff war. Er gehörte zur neuen Generation der Silikonpolitiker. Tatsächlich war er Finanzexperte und hatte einen Draht zum Kanzleramt, der viel wert war. Er war hier, um bei den Ecuadorianern wegen der zukünftigen Kreditpolitik vorzufühlen.

Die Frau des Beraters war auf ihre Art auch bezaubernd. Leider. Duckwitz litt darunter, sie attraktiv zu finden. Die Unsinnigkeit seiner Ehe mit Rita kam ihm wieder einmal zum Bewußtsein. Vielleicht wäre es besser, mit so einer Beraterfrau unglücklich zu werden als mit der fernöstlichen und völlig unbegreiflichen Rita, die jetzt lächelnd und schweigend der Beraterfrau Ponchos aus Lamawolle aus ihrer Folklorekollektion vorführte.

Zum Abend hatte Duckwitz alle für den Berater wichtigen Leute eingeladen. Es war ihm gelungen, drei Minister und den amerikanischen Botschafter zusammenzutrommeln, nebst dem schauerlichen Oberst, um den man bei solchen Empfängen nie herumkam. Der Berater war ganz beeindruckt von Duckwitz' guten Kontakten. »Donnerwetter!« sagte er, und das sollte wohl so klingen, als würde er zu gegebener Zeit in Bonn dem Außenminister, wenn nicht gar dem Kanzler selbst zu verstehen geben, daß da in Ecuador ein Diplomat säße, der zwar sehr unkonventionell sei, aber hervorragende Verbindungen habe. Duckwitz war diese mögliche Empfehlung gar nicht angenehm. Er stellte sich das vor: In einer Sitzungspause – der Berater tuschelt am Ohr des Kanzlers, der Kanzler nickt mit seinem aufgeblasenen Schädel.

Es waren noch zwei Stunden hin bis zum abendlichen Empfang. Man trank Tee, und Duckwitz fand, es sei nun an der Zeit für eine kleine Provokation. Er versicherte sich, daß auch die Frau des Beraters in Hörweite war, dann sagte er in eine Gesprächspause hinein: »Wie geht's denn unserem Kanzlerschwein?« Mit derartigen Ausdrücken hatte er schon manchen reisenden Abgeordneten in höchste Verlegenheit gebracht. Die meisten reagierten erst nicht, so daß Duckwitz seine Beleidigung wiederholen mußte. Immer waren es die Frauen gewesen, die dann doch zu kichern anfingen und das jäh erstarrte Klima lokkerten. Die so geprüften Reisenden aus Bonn hatten dann die salopp gewordene Atmosphäre benutzt, um über die heimatlichen Politintrigen vom Leder zu ziehen. Dabei betranken sie sich, und auch Duckwitz trank, und er bestand darauf, daß ausschließlich Kriminelle an der Macht waren. Und die berauschten Gäste nickten und sagten »genau«; aber sie verstanden es nicht oder ganz anders. So ungewöhnlich war es, von einem Diplomaten derart herbe Töne zu hören, daß am nächsten Morgen alles vergessen war. Daher hatte Duckwitz auch noch niemals Verwarnungen oder auch nur warnende Hinweise irgendwelcher Art wegen seiner Ausfälligkeiten zu hören bekommen.

Der Berater war aber doch etwas Besseres. Er reagierte auf das Wort »Kanzlerschwein« souverän. Während seine Frau wie von der Tarantel gestochen Duckwitz den Kopf zuwandte und sich damit alle seine Sympathien mit einem Schlag verscherzte, tat der Berater, als bekäme er so etwas täglich zu hören. Er grinste und sagte: »Sie haben sich aber einen rauhen Ton angewöhnt, hier draußen in der Prärie!« Er war offenbar auch ein Experte im Abfangen von Provokationen. Vermutlich eine Wochenendschulung. Oder war er vorbereitet? Wußte er was? War er womöglich in Wahrheit hier, um herauszubekommen, ob der wilde Duckwitz für das Auswärtige Amt überhaupt noch tragbar sei? Dann würde er sich wundern. Duckwitz wollte schon längst nicht mehr tragbar sein! Er gab nicht nach und sagte: »Wenn man den Kanzler sieht, dann muß einem doch übel werden.« Der Berater lachte. »Sie sind nicht der einzige, der ihn nicht mag«, sagte er freundlich, fast verständnisvoll. Duckwitz war erschüttert. Wenn das die neue Bonner Linie war, dann konnte er einpacken.

Für den Abend hatte Duckwitz einen Dolmetscher bestellt. Er wollte nicht dauernd diesen gegenseitigen Finanzdreck, den der Berater mit den hiesigen Schuldnern austauschen würde, hin- und herübersetzen. Die Frau des Beraters, jetzt als reaktionärer Rauschgoldengel enttarnt, ging Duckwitz ostentativ aus dem Weg und unterhielt sich, da es mit Rita nichts mehr zu reden gab, mit der Frau des amerikanischen Botschafters. Der Berater war in seinem Metier. Er redete in einem fort über Zinsen und über die Möglichkeit eines argentinischen Kredithebels. Kredithebel – dies Wort schien seine Expertenerfindung zu sein. Sein Hauptopfer war der Finanzminister. Der nickte immer heftig, wenn der Berater sprach, und zwar noch bevor er die Übersetzung hörte. Der Berater würde doch nicht so hoch aufsteigen, stellte Duckwitz befriedigt fest, denn er hatte kein Gefühl dafür, ob man ihm zuhörte.

Duckwitz dagegen hatte das schöne Gefühl, in dieser Gesellschaft überflüssig zu sein. Er verschwand in das kleine Kaminzimmer nach nebenan. Offenbar hatte sich auch Rita in eins der Nebenzimmer zurückgezogen. Sie übte eine Sonate des jungen Mozart. Duckwitz schlug die ›Washington Post‹ auf, um die Geschichte zu lesen, auf die ihn der amerikanische Botschafter hingewiesen hatte. Es war eine der schlimmsten Geschichten, die er je über Folter gelesen hatte. Die Aussagen einer chilenischen Widerstandskämpferin. Eine unbegreifliche Nüchternheit gab ihrem Zeugnis das entsetzliche Gewicht. Man hatte ihr Ratten in die Scheide gesteckt. »Die armen Tiere suchen immer einen Ausgang«, hatte sie später wörtlich erklärt. Man hatte einen ihrer Söhne bei lebendigem Leib angezündet. Die Offiziere hatten gelacht, als der Junge herumsprang. Sie wurden vor Gericht gestellt und freigesprochen.

Duckwitz legte die Zeitung beiseite. Warum brach ihm der Schweiß nicht aus. Warum klopfte sein Herz nicht. Wie hatte der amerikanische Botschafter ihn mit einem Witz auf diesen Artikel aufmerksam machen können. Dies hier war die Wirklichkeit. Man mußte ausgerechnet eine Zeitung aus den USA lesen, um sich wieder einmal zu erinnern, was hier geschah. Alle wußten es, allen war es egal. Der Zins, die Kredite, die Exporte waren wichtiger. Und der Legationsrat Harry von Duckwitz fand es wichtiger, den Kanzler ein Schwein zu nennen, um einen läppischen Karrierepolitiker zu reizen. Warum schlug er nicht alles kurz und klein?

Harry atmete durch. Jetzt eine Lunte zünden und diesen ganzen verfluchten Globus explodieren lassen. Eine Welt, die so etwas hervorbrachte, so etwas geschehen ließ, hatte ihren Untergang verdient. Keine Frage. Keine Gnade. Gar nicht lange herumtun, wer hier Schuld hat. Weg damit. Weg mit diesem US-Botschafter, mit diesem Ecuador-Oberst. Töten. Was für ein rührendes Trampeltier war der deutsche Bundeskanzler gegen diese Finstermänner.

Heute hatte ihn die Schilderung der Folter ins Mark getroffen. Heute hatte es nicht geklappt mit dem Hin- und Weghören, mit dem flüchtigen, pflichtbewußten Hinweglesen. Duckwitz hatte sich gezwungen, den Bericht von Anfang bis Ende durchzulesen. Die teilnahmslose, scheinbar ungerührte Sprache des amerikanischen Reporters war kaum zu ertragen. Der war auch schon ganz hart geworden. Aber vielleicht machte gerade das den Leser weich.

Duckwitz fragte sich plötzlich besorgt, ob es nicht womöglich das Gefühl der eigenen Ohnmacht war, das ihn stärker traf als das Mitleid? Man konnte vor lauter Haß und Entsetzen und Trauer und Rachebedürfnis nicht mehr zwischen seinen Gefühlen unterscheiden. Die Folter war so pervers, daß man selbst ganz pervers wurde. Denn pervers war es, sich zu fragen, ob man leidensfähig genug war. Und das Schlimmste war, daß man von all dem wußte. In jedem amnesty-Bericht konnte man es nachlesen. Man las es natürlich nicht, weil man sich nicht kaputtmachen wollte.

Es gab Leute, die sich ständig mit den Greueln der Nazis befaßten. Auch das mußte einen kaputtmachen. Das war vorbei. Dies hier geschah in der Gegenwart. Auf Europas Straßen starben jährlich Tausende, aber was für ein umsorgter und umtrauerter Tod. Kein Grund, an der Menschheit zu verzweifeln. Angesichts von fünfzig ineinander verkeilten Autos schüttelte man als Unbeteiligter den Kopf, doch man geriet nicht aus der Fassung. Man nahm sich vor, vorsichtig zu fahren. Unfälle aller Art hatten etwas Pädagogisches. Die Folter aber war nur zum Verzweifeln. Sie ließ keine Hoffnung. Man mußte daran denken, aber man durfte nicht oft daran denken. Nicht zu detailliert. Sonst mündete der Haß auf die Welt in nicht enden wollenden Gewaltphantasien, in der Sehnsucht, im rechten Augenblick zur Stelle zu sein.

Duckwitz haßte seine kindischen Rachegelüste. Seit langem schon hielt man die Präsidenten der USA für gefährliche, unberechenbare Idioten, weil sie Krisen schürten, indem sie ihre Flugzeugträger in die Krisengebiete schickten. Sie drohten. Auf den berühmten roten Knopf aber hatte noch keiner gedrückt. Die waren also vernünftiger und beherrschter als man selbst. Das war auch keine angenehme Erkenntnis. Man selbst hätte es vielleicht schon krachen lassen.

Andere hatten die Folter am eigenen Leib ertragen, der feine Herr von Duckwitz geriet schon bei der Nachricht von einer Folterung außer sich. Dieses Mißverhältnis. Er kannte Gefolterte. Er begegnete ihnen wie Heiligen. Nicht wenige von ihnen machten keinen anderen Eindruck als ein Europäer, der einen schweren Autounfall überlebt hat. Wie eine Auszeichnung trugen sie es. Fast mit einer Art Stolz, die Hölle überlebt zu haben. Es war auch das nicht zu fassen. Sie spielten die Qualen beinahe großtuerisch herunter, vielleicht, um sich selbst zu schützen, um die Erinnerung besser ertragen zu können. Wer durch die Folter seelisch zu Bruch ging, von dem hörte man nichts. Man hörte nur die, die es scheinbar intakt überstanden hatten. Manche zogen die Schultern hoch, als wäre alles ein Spiel gewesen. Ein Spiel, bei dem es um Leben und Tod ging, aber ein Spiel.

Noch nie war Duckwitz einem Gefolterten begegnet, der Rache geschworen hatte. Sie behielten unbegreiflicherweise einen kühlen Kopf. Und Duckwitz? Kein Haar war ihm je gekrümmt worden. Und doch erzeugte die bloße Vorstellung von Grausamkeiten den grausamen Wunsch nach Vernichtung. Die Berichte machten reaktionär, sie machten aus ihm für mehrere Stunden einen Befürworter der Todesstrafe. Diese häßlichen Gefühle kehrten sich um gegen ihn selbst und den idiotischen und irgendwie auch kriminellen Beruf, den er da ausübte. Denn was man als Angehöriger der Botschaft unentwegt tat, war, daß man sich der Beihilfe zum Völkermord schuldig machte. Statt den Wirtschaftsdeppen bei der Gründung von Firmen und Zweigwerken und Tochtergesellschaften behilflich zu sein, müßte man unentwegt boykottieren und blockieren. Die deutsche Bundesregierung müßte so weit gebracht werden, auf die Regierungen der Länder der Dritten Welt Druck auszuüben. Sie hatte Möglichkeiten der Erpressung. So, wie man die Abnahme von Maschinen erpressen konnte, würde sich auch die Beachtung der Menschenrechte erpressen lassen. Vielleicht wären auf diese Weise eines Tages sogar die lateinamerikanischen Militärs gezwungen, ihre Stiefel nicht nur zum Hineintreten in die Leiber von Regimegegnern zu benutzen. So lukrativ wäre die Dritte Welt dann allerdings nicht mehr. Vor allem, so flüsterten die wahren Wirtschaftsexperten, ginge es den Menschen in der Dritten Welt dann wirtschaftlich noch schlechter.

So war es. Man konnte und man wollte nichts mehr von den Foltern hören und nichts mehr von der Ausbeutung. Man war bis oben hin voll mit diesen Schandtaten. Man hörte, und man hörte weg, und auch das war eine Schandtat. Oder sollte man einer Untergrundorganisation zuarbeiten, die ein paar Drogenbarone in Kolumbien abschießt und damit einen Beitrag zur Verbesserung der Welt zu leisten glaubt? Die grobe Welt machte einen grob. Man schützte sich. Ab und zu drang etwas durch, dann geriet man durcheinander. Wenigstens das.

Harry goß sich ein großes Glas Whisky ein. Da er

Whisky ohne Eis nicht mochte, ging er in die Küche zum Kühlschrank. Nebenan das Stimmengewirr des Empfangs. Rita spielte endlos Klavier. Es gab in diesem Haus, in dieser Stadt, in diesem Land keinen Menschen, mit dem er reden konnte. Er setzte sich an den Schreibtisch im Kaminzimmer, nahm ein Blatt Papier und begann hastig zu schreiben: »Liebe Helene«, schrieb er, »ich lese gerade einen Bericht von Menschen, die auf grauenvolle Art gefoltert wurden. Und ich brauche einen Whisky. Ich brauche nicht nur einen Whisky, ich brauche sogar ein Stück Eis dazu. Was muß eigentlich passieren, daß ich nicht mehr an Eiswürfel denke. Ich finde mich furchtbar. Ich bin ein Schwein. Ich spiele Bridge mit Mördern und Mordgehilfen.«

Harry dachte wieder an die geschundene Chilenin, die ebensogut eine Frau aus Ecuador, aus Argentinien oder dem benachbarten Peru sein konnte. Die Vorstellung ihrer Qualen weckte erneut seine Rachegefühle, und er schrieb weiter: »Ich bin zu schlapp, um auf die Nachrichten solcher Greuel politisch zu reagieren. Wie denn auch? Ich weiß nicht, wie. Ich bekomme nicht einmal Schweißausbrüche, sondern nur blutrünstige Phantasien, das ist alles.« Harry ließ sich gehen und schrieb, wie er sich danach sehnte, die Magazine der verhaßten Waffen leerzuschießen, in die verhaßten Körper all der uniformierten und nicht uniformierten Verbrecher hinein. »Ich bin eine durch und durch lächerliche Figur«, fuhr er fort, »ich bin ein Mitläufer. Ich bin mir subversiv vorgekommen, weil ich mich nicht scheue, den Kanzler ein Schwein und den Außenminister eine Qualle zu nennen. Aber ich bin nur ein Politclown, Helene, der sich an vergleichsweise harmlosen Demokraten reibt und der mit Putschisten Karten spielt. Vielleicht bin ich nichts anderes als ein Putschist, der mit Schimpfwörtern herumballert statt mit Pistolenkugeln.« Duckwitz las die letzten Sätze durch und war ganz erschüttert von seiner Selbsterkenntnis. Es klang alles plausibel, aber es konnte doch hoffentlich nicht ganz wahr sein.

Rita spielte Mozart. Sie kam aus Korea und spielte eine über 200 Jahre alte Sonate so, daß Mozart wiederauferstand. Wie war das möglich? Und wie war es möglich gewesen, daß dieser Teenager Mozart sich Kompositionen ausdachte, die alle reifen Gefühle der Welt dauerhaft enthielten? Und nebenan dieser Oberst. Wie war es möglich, daß dieser gar nicht so unwitzige Mensch sicherlich keine Sekunde vor Befehlen mit den grauenvollsten Folgen zurückschrecken würde? Überall Taten, die man den Tätern nicht zutrauen mochte. Selbst sein Brief an Helene, fand Harry, geriet ihm irgendwie ehrlicher, als ihm selbst zumute war.

Er sehnte sich nach Helene und ihrem politischen Verstand. Wie sie ihm manchmal unerwartet die Zunge in den Mund geschoben hatte! Harry warf sich auf eins der Sofas und stöhnte mehrmals den Namen »Helene« ins Polster. Erst als ihm einfiel, daß sich verlassene Frauen in amerikanischen Filmen so benahmen, stand er auf und ging zu seinem Brief zurück. Irgend etwas darin stimmte, und irgend etwas darin stimmte nicht. Sollte Helene es selbst herausfinden. Er schrieb dazu: »Ich bin mit einer Frau verheiratet, mit der man über nichts reden kann. Ich sehne mich nach Dir. Ich brauche Dich. Dein Harry, Dein Heuchler, Dein Schwein.«

Irgendwie getröstet faltete er den Brief zusammen. Morgen würde er ihn im Sekretariat in die spinatgrüne Plastikschale für die ausgehende Post legen. Es war jetzt Zeit, den Ort zu verlassen.

Duckwitz ging in die Empfangsräume. Verglichen mit der Residenz des Botschafters in Kamerun war dies hier schon fast feudal. Mieses, jetzt auch noch angetrunkenes Volk. Ein mieses Klavier im Nebenzimmer, das nach einem evangelischen Gemeindesaal aussah. Rita spielte noch immer. Sie hatte wieder die aggressive Art, auf die Noten zu starren, als wären sie ihr Feind. Als wolle sie es den Noten zeigen. Vielleicht war das die Erklärung dafür, daß die Leute aus dem Fernen Osten die abendländische Musik so perfekt spielten: Sie konnten diese Musik nicht ausstehen, sie wollten sie durch ihr perfektes Spiel vernichten. Rita sah Harry wartend in der Tür stehen. »Geh nur schon vor, Harry«, sagte sie. »Ich will noch zu Ende spielen. Der amerikanische Botschafter wird so nett sein, mich nachher in seinem Wagen mitzunehmen.« Ritas Deutsch war mittlerweile perfekt, sofern man Sätze perfekt nennen konnte, die wie aus dem 19. Jahrhundert klangen.

Gut. Sehr gut. Harry ließ den Wagen stehen und ging zu Fuß. Die Nächte hier in Quito waren alle mehr oder weniger gleich. Es gab nicht die lauen Sommernächte, die einen zu Hause mit vielem versöhnten. Wie schon in Kamerun gab es auch hier in dieser vermaledeiten Äquatornähe keine vernünftige Dämmerung. Um 6 Uhr ging die Sonne unter, und die Nacht begann. Und morgens war es so, als ob ein unfreundlicher Mensch das Licht andrehte. Immer das gleiche. Das war keine Art. Keine kurzen Winternachmittage, keine langen Sommerabende. Es gab keine Tageszeit für eine gepflegte Melancholie. Es gab allerdings oft genug Wind und Regen, ein plötzliches, kurzes, erstaunlich mitteleuropäisches Sauwetter, an dem man sich stärken konnte, wie einst mit sechzehn, siebzehn, achtzehn, im besten Existentialistenalter, als man den Kragen hochschlug, weil man glaubte, mit Camus-Gesicht den Böen des Daseins trotzen zu müssen.

Seit einem Jahr war er jetzt hier, und zwei Jahre würde er noch hiersein müssen. Es sei denn, er ließe sich ein ärztliches Attest ausstellen – die Höhenluft, nächtliche Anfälle. Aber dann würden sie ihn woanders hinschicken, und woanders war es auch nicht besser. Auch in Bonn war es nicht besser. Vielleicht war es in den bayrischen Bergen besser. Harry nahm sich vor, bei seinem nächsten Heimaturlaub eine Fahrt in die bayrischen Berge zu machen und die Orte seiner Kindheit aufzusuchen. Diese verfluchten Anden waren ein dummes und sinnloses Gebirge. Viel zu groß, viel zu hoch, viel zu weit, viel zu kahl. Eine riesige Halde. Da Harry ständig die Berge der Anden sah, ärgerte er sich ständig. Man durfte nicht nachlassen in seinem Ärger über das Unabänderliche. Dabei konnte er froh sein, daß er an der Botschaft in Quito war und nicht in La Paz. La Paz war noch viel höher, noch kahler, noch sinnloser alles. Noch mehr Gewalt, noch mehr Elend, noch verhutzeltere Indios, eine noch arrogantere Bourgeoisie, die noch stolzer war, daß kein Tropfen indianisches Blut in ihren Adern floß, noch gespenstischer die Feuer auf den nächtlichen Straßen, an denen die Ärmsten der Armen Müll verbrannten, sich wärmten und eine Suppe kochten.

Absurd: Am Ende der 60er Jahre hatte man es als Student nicht ausgehalten, daß die Arbeiter der Industrienationen acht Stunden in der Fabrik herumwerken mußten. Und fünfzehn Jahre später lebte man in einer lateinamerikanischen Hauptstadt, wo es dem größten Teil der Bevölkerung schlechter ging als den ausgebeutetsten Arbeitern des 19. Jahrhunderts, und es war nicht so, daß einen das sonderlich quälte. Vielleicht war es ja auch weniger schlimm, untätig vor sich hin zu vegetieren, als sich den ganzen Tag in einer Fabrik zu schinden. Das Leid war nicht meßbar.

Am besten, man redete nicht darüber. Man sah, man schluckte, man schwieg. Jede Klage war Heuchelei. Oder man klagte nicht, sondern sprach von den »Slöms«, wie die Frau des Botschafters. Sie gehörte noch zu der Sorte von Damen, die aus einem unverständlichen Grund die englische Butter als »Bötter« bezeichneten, den Wirbelsturm als »Hörrikan« und den Cut im Kleiderschrank ihrer Diplomatenmänner als »Cöt«. Beim Kartenspiel und in der Küche hatte sich allerdings der nicht ganz ernst zu nehmende deutsche Umlaut voll durchgesetzt: »Cörry« sagte man und »Blöffen«. Die Krone dieser eigentümlichen Lautverschiebung war, die Slums »Slöms« zu nennen. In dieser falschen, pseudovornehmen

Aussprache war das Naserümpfen über den Gestank gleich mit enthalten. Aber es war mehr kurios als zynisch. Es war zu dumm, um zynisch zu sein. Zynischer war es, die Elendsviertel der verschiedenen Großstädte mit dem jeweiligen Spezialausdruck zu benennen, die »favelas« von Rio, die »chacaritas« von Asunción, die »barriadas« von Lima und Bogotá. So sprachen die Lateinamerika-Kenner. Es sollte sich fachmännisch anhören, aber es war geschmacklos. Es klang, als sei von einer Tortilla-Spezialität aus Mexiko die Rede oder von einem Tanz, wie der Milonga aus Montevideo oder der Cueca aus Santiago. Damit, daß man das Elend bei seinem richtigen Namen nannte, war nicht geholfen; es war eine Anmaßung. Die ethnologisch interessierten und sozialkritisch die Verhältnisse begutachtenden Reisenden waren taktloser als die Botschaftsangehörigen und Botschaftsgattinnen, die wenigstens nur blind waren für die Wirklichkeit.

Duckwitz hatte den Kern der Stadt durchquert. Es ging jetzt bergauf, er näherte sich dem Viertel der feinen Leute. Er versuchte, seine Gedanken an die irrsinnig tiefliegenden, dunklen Augen der Frau des Schweizer Geschäftsmanns zu unterdrücken, der Brasilianerin Marida Böckle. Sie nannte ihn Duckwitz und du. »Du kannst jederzeit kommen, Duckwitz«, hatte sie noch vor der ersten Vögelei gesagt. Ihre unkomplizierte Bereitschaft hatte anfangs etwas Wildes und Lockendes gehabt. Ein paarmal hatte Duckwitz seiner Lust nachgegeben. Schon weil er es zu keusch gefunden hätte, seiner Lust nicht nachzugeben. Dann aber hatte er gemerkt, daß es einfach zu unkompliziert war. Marida kannte nichts als die Liebe. Sie spielte sich als Göttin der Liebe auf. Liebe sei das Wichtigste und Schönste im Leben, gurrte sie, als sei das eine geheime Erkenntnis. Sie zelebrierte die Liebe. Wenn man sich nur einen Augenblick nicht mit ihrem sehr schönen Körper beschäftigte, fragte sie sofort: »Was hast du?« Sie konnte einem mit ihrem Schwärmen von der Liebe die Liebe austreiben.

Man sah aus dem Schlafzimmerfenster von Señora Böckle und erinnerte sich, daß man das oft selbst schon gesagt hatte, wie schön doch die Liebe sei, und daß es nichts Schöneres gäbe und daß die Liebe das Wichtigste sei und so weiter. Man saß bei dieser wahrhaft glühenden Brasilianerin, die an einen stets abwesenden Schweizer Geschäftsmann geraten war, den sie übrigens nach ihren Angaben durchaus liebte. Schön und geschmeidig schnurrte das prachtvolle Weibchen auf dem Bett und war besorgt, es einem recht zu machen. Sie wollte eine Eins in Liebe haben. Sie wollte ständig hören, wie gut sie im Bett sei, und sie wollte es einem auch sagen. Duckwitz konnte es nicht mehr hören. Ein Unglück hatte es gewollt, daß er, als er Maridas tiefen Augen das erste Mal nachgegeben hatte, ein unermüdlicher Liebhaber gewesen war. Die ganze Nacht hatte er herumgetobt, so wild hatten ihn ihre dunklen Augen in diesen tiefen Höhlen gemacht. Seitdem hatte sie ihn als besten aller Liebhaber gepriesen, auch dann, wenn er lustlos und abwesend und flüchtig war.

Duckwitz ging an dem Haus von Marida vorbei, die Lust pochte, aber diesmal gab er ihr nicht nach, obwohl es doch albern war, der Lust nicht ihren Lauf zu lassen. Nicht jetzt, nicht, nachdem er Helene gerade einen Brief geschrieben hatte. Nicht, nachdem ihn gerade erst die Geschichte der furchtbaren Folter aufgerührt hatte. Daß er überhaupt schon wieder an Lust und Liebe denken konnte, machte ihn sich selbst unsympathisch. Es wäre geschmacklos, sich jetzt mit Marida Böckle im Bett herumzuwälzen und die Sache zu vergessen. Es wäre auch geschmacklos Helene gegenüber. Seiner Frau Rita gegenüber wäre es nicht geschmacklos, fand Harry. Das ging sie nichts an, wie ihn ihre Kirchgänge nichts angingen.

Das Schlimmste an Marida Böckle war, daß sie einen durch ihre Willfährigkeit rücksichtslos machte. Indem sie einem unentwegt sagte, wie anders man sei als alle anderen Männer, wieviel liebevoller und besser im Bett und wie toll, daß man nicht dauernd an seinen Beruf dächte wie all die anderen Männer, machte sie einen genau zu dem Typ Mann, den sie zu verabscheuen vorgab. »Du bist anders als die andern« – was für ein Schlagersatz. Wie gern hätte Duckwitz mit 18 oder 20 Jahren so einen Satz aus dem Mund einer Frau gehört, und wie schal und falsch und dumm kam ihm jetzt dieser Satz vor. Marida faselte soviel von der Wichtigkeit der Liebe und der Unwichtigkeit der Männerberufe, daß sich Duckwitz bald schon gewünscht hatte, einen wichtigen Beruf zu haben. Wie hatte er früher die Männer verachtet, die keine Zeit für die Liebe hatten. Die Kollegen in der Kanzlei, die lieber ein Rendezvous platzen ließen als den Termin mit einem Mandanten. Die Liebe, das Privatleben hatte Priorität zu haben. Das war Harrys Devise gewesen. Jetzt fand er, daß vielleicht das Leben interessanter sein würde, wenn er Journalist wäre oder Geschäftsmann. Dann hätte er einen guten Grund, nach dem Vögeln auf die Uhr zu sehen und sich dem Geplapper von Marida zu entziehen. Dann würde sie sagen, »du bist wie alle« – aber er wäre den Klammern ihrer Leidenschaft bis zum nächsten Geilheitsanfall entkommen. Wenn ihm das Geschäftemachen, das Recherchieren und Schreiben von Artikeln sehr wichtig wäre, dann würde die Liebe nicht diese maßlose Bedeutung haben. Vermutlich war es doch der größte Fehler seines Lebens gewesen, den Job als Anwalt an den Nagel zu hängen. Das Leben war nicht nur dazu da, sich geil im Bett zu räkeln und von der Liebe zu schwärmen. Das war auch nicht besser, als beim Essen ständig über das Essen zu reden.

Marida war aus der brasilianischen Oberschicht. Sie nannte sich eine Indianerin, aber sie war stolz auf ihre helle Haut. Wenn sie von den »favelas« sprach, klang es wie ein Peitschenhieb. »Die Leute dort sind faul und verkommen«, sagte sie. Das war eine ebenso reaktionäre wie richtige Bemerkung. Natürlich waren die Bewohner der Armenviertel faul und verkommen. Natürlich war das nicht zu ändern. Natürlich war es verlogen, wenn man

Abhilfe versprach. Verlogen war schon das Mitleid. Verlogen auch die rhetorische Nachfrage, mit der man sich als Kenner der gesellschaftlichen Ursachen erwies: Warum sind sie faul und verkommen? Trotzdem war diese Verlogenheit sympathischer als das harte Schulterzucken.

Jetzt pochte die Lust nicht mehr, Harry ging geläutert und entschlossen nach Hause. Rita lag schon im Bett. Er legte sich zu ihr. Sie wachte nicht auf. Marida würde sofort schnurrend ihren Arsch an ihn drücken. In letzter Zeit las man immer mehr über diese Aids-Krankheit. Die Frau eines französischen Botschaftsangehörigen hatte einen Witz gemacht: In Brasilien gäbe es derart viel Aids-infizierte Frauen, daß sogar die Flugzeuge ihre Schwänze einzögen, wenn sie darüber hinwegflögen. Dieser Witz hatte ihm Marida Böckle nicht nähergebracht.

Am nächsten Morgen ging Duckwitz nicht in die Botschaft. Rita hinderte ihn am Nachdenken mit ihrer guten Laune und ihren Fragen, was er sich abends zum Essen wünsche. Er kam sich gemein vor und umarmte sie. Als sie einkaufen gegangen war, versuchte Harry sich über seine Gewaltphantasien klarzuwerden. Er haßte Gewalt, und er haßte Gewaltphantasien, daher wollte er in diesem Punkt mehr Klarheit über sich haben. Es waren Gegengewaltphantasien. Das war beruhigend. Aber Gewalttäter gaben ihre Gewalt immer als Gegengewalt aus: Wenn ich nicht mittels Folter die Namen von weiteren Kommunisten herauskriege, werden die Kommunisten an die Macht gelangen und alles kaputtmachen, denkt sich der Folterknecht. Oder denkt er sich das nicht? Macht ihm das Quälen Spaß? Fest stand, daß schon bei der geringsten Vorstellung von Folter eine schrille Mischung aus blindem Haß und Ohnmacht und Verzweiflung in Duckwitz hochkam, der fast gierige Wunsch, den Folterknecht, den Auftraggeber, die Hintermänner sofort zu vernichten. Beruhigend war, daß er auch in seinen Vorstellungen keine Lust hatte, die Folterer zu foltern. Der Wunsch nach

Gegengewalt äußerte sich bei den harmlosesten Leuten oft in abscheulichen Flüchen und Verwünschungen: Dem müßte man bei lebendigem Leib die Haut abziehen, den müßte man in kochendes Wasser werfen. Das wenigstens wollte Harry nicht. Gestern hatte er sich noch vorgestellt, wie erlösend es sein müßte, die Folterknechte, die diese arme Chilenin so furchtbar gequält hatten, mit Garben aus automatischen Gewehren zu erschießen. Heute war ihm selbst das zu grausam. Es blieb nur der Wunsch, solche Menschen von der Erdoberfläche wegzufegen, wie Dreck. Erschlagen mit einer riesigen Götterpranke, das Gesocks, und dann über den Rand der Welt kehren. Daß die Welt keine Platte, kein Teller mit einem Rand war, über den man den Unrat ein für allemal kippen konnte, damit hatte die ganze Scheiße begonnen. Der Globus war eine Fehlkonstruktion. Er drehte sich im Kreis herum. Was für ein Unsinn. So konnte nie etwas Vernünftiges daraus werden. Vernunft und Unvernunft bissen sich in den Schwanz. Die Folterknechte sollten daher nicht gefoltert werden. Man mußte wenigstens versuchen, die Drehbewegung zu verlangsamen. Sie sollten nicht leiden. Er wollte sich nicht weiden an ihrer Angst, nur einfach weg damit. Dabei war Duckwitz nicht einmal in der Lage, einem unverschämt daherredenden Oberst den Inhalt eines Glases ins Gesicht zu gießen. Wenigstens das hätte er tun sollen. Noch war es nicht zu spät. Allwöchentlich würde sich die Gelegenheit ergeben. Ständig kam man mit diesen Mistkerlen zusammen, und ständig redeten sie unerträgliche Gemeinheiten, ständig hätten sie es verdient, daß man sie dafür öffentlich besudelte. Aber wie ging das? Das mußte gekonnt gemacht sein. Es mußte geübt werden. Gräßliche Schmach, wenn man sie nicht wirkungsvoll mitten ins gemeine Gesicht träfe.

    Harry füllte eine Karaffe mit Wasser, nahm ein Glas und ging in den Garten. Hier stand ein Eukalyptusbaum, der hatte in Augenhöhe ein Astloch im Stamm, das war die ideale Übungszielscheibe. Harry stellte sich vor den

Baum, füllte sein Glas mit Wasser und sagte zu dem Eukalyptusbaumstamm: »Sie Schwein!« und schüttete sein Glas in Richtung Astloch. Zu tief. Wie gut, daß er auf die Idee gekommen war zu üben. »Lárguese!« – Verschwinden Sie! – schrie er den Baum an und schleuderte ihm den Rest des Wassers entgegen. Diesmal traf er gut. Er füllte das Glas mit Wasser aus der Karaffe nach. Nochmal: »Siento náuseas al verle, animal asqueroso!« – Mir wird schlecht von Ihrem Anblick, Sie ekelhaftes Tier!

Im Haus hörte man Geräusche. Scheinbar war Rita vom Einkaufen zurückgekommen. Was, wenn sie ihn schon seit einer Weile beobachtet hätte? Oder die Haushälterin: Señor Duckwitz ist übergeschnappt! Was Rita denken würde, wäre nie herauszubekommen. Harry stellte Glas und Karaffe ab. Helene würde bald kommen. Von Helene hätte er sich gern beobachten lassen. Vor ihr wäre es ihm nicht peinlich gewesen, in all seiner Albernheit dazustehen.

Sechs Wochen später holte Harry Helene vom Flugplatz ab. »Ich komme stop!« hatte sie telegrafiert. »Abflug 3. Februar Rotterdam.«

»Eine alte Freundin kommt uns besuchen«, sagte Harry zu Rita, die diesmal leider eine langweilige Sonate von Schumann einstudierte. »Lovely«, sagte Rita, ohne von den Noten aufzusehen. Das sagte sie neuerdings gern. In Bonn hatte Harry mit Entsetzen erfahren, daß Rita noch nie etwas von der ›Sergeant-Pepper's‹-Platte gehört hatte. Sie hieß Rita und kannte den Song ›Lovely Rita‹ nicht! Na gut, 1967 war sie zwölf Jahre alt gewesen. Harry hatte ihr sofort die Platte mitgebracht. Traurigerweise konnte die halbindische Rita nicht einmal mit den halbindischen Stücken der Beatles etwas anfangen. Und Harry hatte so gehofft, sie damit für die Wonnen der populären Musik zu öffnen. Das einzige, was sie übernahm, war das Wort »lovely«. Das sagte sie, wie um Harry zu entschädigen.

Als Harry zum Flugplatz fuhr, wurde er unruhig. Was hieß das eigentlich: Ich komme! Was war das für eine lapidare Verkündigung. Am Flugplatz sah er Helene eher als sie ihn. Sie sah herb aus und blaß. In Deutschland war jetzt Winter. Eine kleine graue Haarsträhne gab Harry einen Stich. Sie umarmten sich fast verlegen. Doch dann sagte Helene: »Du bist nicht so!« Und Harry vergaß seine schmutzigen Gedanken.

11

Wie Harry und Rita mit Helene als Dauergast zurechtkommen und Harry eine Nacht und einen Tag lang der glücklichste Mensch der Welt ist. Was die feinen Leute in Ecuador von Harry halten, wie er erstmals Gelegenheit hat, ins Weltgeschehen einzugreifen, und mit vielen Skrupeln davon Gebrauch macht. Ferner einiges über einen Zoologen, einen tauben Artillerieoberst und einen Großgrundbesitzer namens Eduardo Dünnbier.

Helene machte keine Anstalten, wieder abzureisen. Harry war von ihrer Anwesenheit begeistert. Das Haus war groß genug.

Wenn man zu Gast war, machte man sich nützlich, indem man im Haushalt half. So war es immer gewesen. Hier war das nicht möglich. Das machte Helene zu schaffen. Es gab Personal, das sich die Arbeit nicht wegnehmen ließ. Das Personal kochte und wusch, man mußte darum betteln, sich den Tee einmal selbst machen zu dürfen. Die Köchin und das Mädchen wollten nicht nach Hause gehen, weil es hier schöner war. Vielleicht fanden sie es auch lustig, bei Leuten angestellt zu sein, die sich ständig bei ihnen bedankten und unentwegt sagten, was alles nicht getan werden müsse. Nur Rita, die in diesem Sommer 1985 gerade 30 Jahre alt geworden war, konnte mit dem Personal natürlich umgehen. Sie ließ sich bedienen, wie es sich gehörte, und riß dem Mädchen nicht das Tablett aus der Hand wie Helene. Harry mußte sich von Helene sagen lassen, er solle nicht so unfreundlich zum Personal sein. Sie bekamen den ersten Streit, weil Harry nicht zugeben wollte, was ihm nach Helenes Vorwurf sofort klar war. Rita beobachtete die beiden gespannt. Mit ihr war es deswegen noch nie zu einer Auseinandersetzung gekommen. Aber es wäre ihr wohl auch nie aufgefallen, daß seine Verlegenheit vom Personal für Unfreundlichkeit gehalten werden konnte.

Helene machte Ausflüge und Reisen, manchmal nahm sie Rita mit. Harry merkte, daß Rita solche Abwechslung offenbar gefehlt hatte. Von daher war Helenes Frage, die sie nach einiger Zeit stellte, ziemlich rhetorisch: »Ihr müßt sagen, wenn ich euch auf den Wecker gehe.« Ritas Deutsch war mittlerweile fast perfekt, was aber »auf den Wecker gehen«´ heißen sollte, wußte sie noch nicht. Sie lachte, als Harry es erklärte, und drückte Helene schwesterlich an sich. Manchmal fragte sich Harry, ob die ehrliche Helene Rita womöglich schon erzählt hatte, daß er in Bonn während Ritas Abwesenheit ein paarmal mit ihr ins Bett gegangen war. Egal, das konnte kein Problem sein. Seit Helene da war, schlief Harry besonders gern mit Rita. Er wurde ganz wild im Bett. Sollte es Helene nur hören! Wenn sie damals nicht auf eine derart muffelige Tour nach Nordengland verschwunden wäre – damals, vor zehn Jahren –, dann wäre jetzt alles anders. Darum, fand Harry, habe er ein Recht, Helene ein bißchen zu provozieren. Zumindest das Stöhnen der Lust brauchte er sich nicht zu versagen. Schlimm genug, daß so oft Personal im Haus herumschlich.

Ein paar Wochen waren seit Helenes Ankunft vergangen, als eines Nachts plötzlich die Tür zum Schlafzimmer aufging und Helene zu ihnen ins Bett schlüpfte. Es war, als müsse das so sein, als hätte es nie anders sein können. Die ganze Nacht lang war Harry der glücklichste Mensch der Welt. Nun mußte das Leben im Paradies beginnen.

Ähnlich glücklich war er nach dem ersten Kuß gewesen, damals am Alpenrand, als sich überraschend Reginas Zunge fremd in seinem Mund bewegte und ein neues Zeitalter beginnen würde. Und dann die erste Vögelei. So mangelhaft sie auch gewesen war, so hatte sie doch gezeigt, daß es klappt. Es geht nicht nur mit der Hand, es geht auch in einer Vagina, und zwar sehr viel besser. Und jetzt waren da zwei Vaginas, und es ging durchaus nicht mangelhaft, sondern ohne jeden Mißklang. Jeder wußte, was zu tun war, als führe ein Unsichtbarer Regie. Nun war Helene kein Gast mehr, nun gehörte sie dazu. Das war der Fortschritt, die Befreiung, das Ende der Finsternis. Das war überhaupt die einzig mögliche Lebensform. Noch völlig überwältigt von dem bevorstehenden Lebensglück, erschien Harry sogar die DDR-artige Wühlmaus in der Botschaft auf einmal liebenswert – und siehe, kaum lächelte er sie an, schon lächelte sie zurück, etwas mißtrauisch noch, aber das würde sich ändern. Der Mensch war gut und schön und lernfähig.

Am nächsten Abend aber geschah nichts. Harry versuchte, die Köchin und das Mädchen so früh wie möglich loszuwerden. Die Lust auf die Liebe machte ihn ungeduldig, sein Ton war scharf. Er war irritiert, daß weder Rita noch Helene ihn bei der Vertreibung des Personals unterstützten. Offenbar war das Männerarbeit. Warum aber behinderten sie ihn dabei, indem sie gemütlich mit der Köchin und dem Mädchen die Einkäufe für den morgigen Tag besprachen? Als gehe es darum!

Nachdem sie endlich allein waren, mußte Harry feststellen: Rita und Helene wollten nicht. Die letzte Nacht war ihnen nicht peinlich, aber sie wollten nicht einmal daran erinnert werden.

»Zerrede doch nicht immer alles!«
»Ich will ja gar nicht reden, ich will…«
»Na was«, sagte Helene, »was willst du?«

Wie nannte man das? Die Sache hatte noch keinen vernünftigen Namen.

»Ich will die Wiederholung«, sagte Harry.
Helene sagte: »Das ist nicht sehr originell.«
Rita kicherte unverschämt. Nichts war zu machen. Tagelang versuchte sich Harry als Verführer – umsonst. Wie auch? Es war schon schwierig genug, eine wohlvertraute Frau zum Schmelzen zu bringen, doppelt schwer schien es zu sein, das gleichzeitig bei zwei Frauen zu schaffen.

Harry solle nicht so lästig sein, sagte Helene, das Leben bestünde schließlich nicht nur darin, sich zu dritt in einem

Bett zu wälzen, das könne man mal machen, da sei nichts dabei, aber doch nicht unentwegt. Und wie er darüber rede, da könne einem ja bereits der ganze Spaß vergehen!

Nachdem sich drei Wochen lang überhaupt nichts mehr getan hatte, besuchte Harry wieder einmal Marida Böckle. Es war ihr zu Ohren gekommen, daß sich ein weiblicher Dauergast bei Duckwitz einquartiert hatte. Wenn sie Harrys Frau wäre, sagte sie, hätte sie »die andere« schon längst umgebracht. »Es ist nichts zwischen uns«, sagte Harry. Das glaubte Marida Böckle nicht. Sie hielt Harry für einen Nimmersatt, ihr gefiel die Vorstellung, daß offenbar nur sie in der Lage war, ihn zufriedenzustellen. Mit den abscheulichsten Gefühlen ging Harry nach Hause. Es hatte keinen Sinn, sich auszuschlenkern, wenn keine Liebe dabei war. Er schrieb einen Brief an Elizabeth Peach in London und erzählte ihr alles. Die Antwort kam rasch: »Weniger entblößt haben Sie mir besser gefallen!«

Rita und Helene schienen sich wohl zu fühlen. Harry lauerte auf Anzeichen einer lesbischen Liebe – nichts, leider.

Statt dessen entwickelte sich zwischen Rita und Helene eine herzliche Freundschaft. Wie zwei Schwestern waren sie. Nach einer Weile wurde es möglich, mal mit Rita, mal mit Helene allein ins Bett zu gehen, vorsichtig, höflich, schüchtern, leise. Harry wurde den Verdacht nicht los, daß sie ihn damit bei Laune halten wollten. Ein halbes Jahr später etwa ergab sich plötzlich wieder einmal dieses Fest im Bett in großer Besetzung. Es war nicht vorherzusehen, und Harry gab es vorläufig auf, über sein Liebesleben nachzudenken. Das große Glück, der Himmel auf Erden, war es nicht, mit Rita und Helene zusammenzuhausen, aber es war lebendiger und anregender als mit Rita allein.

»Du bist meine Akupunkturnadel«, sagte Harry zu Helene und piekte ihr den Zeigefinger in die Wade. Sie war vom Gast zur Lebensgefährtin geworden, und wieder lebten sie in einer Wohngemeinschaft.

Im Oktober 1985 wurde Harry 40. Helene war 38, Rita

30. Im selben Monat brach der Präsident Ecuadors die diplomatischen Beziehungen zu Nicaragua ab. »Diese rechte Sau!« sagte Helene. Das kam ihr noch fast so schwungvoll wie früher von den Lippen. 1968 hatte sich Harry in Helene verliebt, als sie auf einer Studentenversammlung irgendeinen Professor als »rechte Sau« bezeichnet hatte. Niemand konnte das so grandios herausposaunen wie Helene. Schön war sie gewesen in ihrem heiligen Zorn. »Zum Geburtstag wünsche ich mir, daß es sich wieder mal ergibt«, sagte Harry. Aber dann waren sie alle so betrunken, daß keiner mehr daran dachte.

Rita spielte in letzter Zeit mehr Chopin als Mozart. Leider. Obwohl auch Chopin schon verdammt gut war. Den Trauermarsch spielte Rita so, wie er vielleicht auch gedacht war: daß jeder Tote in seiner Grube wieder lebendig werden mußte. Jetzt die Trompete und ein Wiederauferstehungsstückchen daraus machen, von Moll plötzlich in Dur kippen und dann losfetzen, daß Beine wirbeln. Helene erinnerte Harry daran, daß seine Trompete seit 1968 auf ihrem Kleiderschrank in Frankfurt liege.

Gelegentlich gingen sie gemeinsam aus, gelegentlich hatten sie Gäste. Nicht alle Deutschen waren so schlimm, wie Harry sie geschildert hatte. Selbst angenehme Amerikaner machte Helene ausfindig. Niemand nahm Anstoß an ihrem Leben zu dritt. Bedauerlich, fand Harry. Er wäre gerne vom Botschafter gefragt worden, ob er das richtig fände, sich hier als Vertreter der Bundesrepublik mit zwei Frauen herumzutummeln. Aber er fragte nicht. Er dachte nicht daran.

Duckwitz war nicht der Don Juan, der mit seinen Frauen das Nachtleben von Quito unsicher machte. Es gab kein Nachtleben. Jedenfalls nicht für Duckwitz. Harry, Rita und Helene waren an Häuslichkeit nicht mehr zu überbieten. Lesen und Musik. »Ich komme mir vor wie ein Mormone«, sagte Harry, »Vielweiberei, aber spießig bis in die Knochen.« Helene entdeckte lateinamerikanische Romane und holte die Lektüre nach. Sie empfahl die

Bücher Harry und Rita, ohne Erfolg. »Mythen mag ich nicht«, sagte Harry, nachdem er in einem Klappentext gelesen hatte, hier werde »ein bunter Mythenteppich« geknüpft. Romane mit geschichtlichen Themen interessierten ihn nicht. Alles Mystische fand er noch schlimmer als das Mythische, und deswegen weigerte er sich auch, den ihm von Helene dringend ans Herz gelegten Borges zu lesen, das war Harry zu versponnen und zu gelehrt. Einzig ein kurzer Roman aus Uruguay fand seine Gnade, das Tagebuch eines Büroangestellten, der sich an eine Frau heranmacht. Nichts weiter. »Etwas banal«, fand Helene dieses Buch. »Eben«, sagte Harry.

Er erinnerte sich an die Unterhaltung mit dem linken Literaturprofessor in Kamerun und wühlte in seiner Zigarrenkiste. Hier: »Lieber trivial als radikal, am liebsten aber banal.«

Helene studierte den Zettel, als enthalte er eine Botschaft, dann legte sie ihn weg. »Na ja.«

»Mich interessiert nur der Alltag«, sagte Harry, »nicht die Verklärung. Ich lese lieber Zeitung.«

Einmal verliebte sich Helene in einen englischen Zoologen, der auf den Galapagosinseln zu tun hatte und von Quito aus seine Forschungsabstecher unternahm. Harry hätte nie gedacht, daß ein Zoologe Kettenraucher sein könnte. Ein Typ, der den Mund nicht aufkriegte. Er sah aus wie ein Dachs. Rita fand Harrys Bemerkungen unpassend. Die Lage sei ernster, als er annehme. Ob es Harry denn egal sei, wenn Helene mit dem Mister verschwinde? Ihr sei es nicht egal. Harry sagte: »Wenn Helene uns wegen dem im Stich läßt, dann sind wir nichts wert.« Rita sagte: »Du hast nie gelernt zu kämpfen« und sah plötzlich aus wie die Pressesprecherin von einem fernöstlichen Elektrokonzern.

Helene liebte und litt, weil der Typ sie nicht genug liebte, nicht oft genug da war. Dann war er plötzlich ganz weg, und Helene litt noch mehr. Die gemeinsamen Bemühungen von Rita und Harry, sie von dieser Krankheit zu erlösen, waren offenbar so komisch, daß sich ihr Schmerz eines Abends in Luft und in einem Besäufnis auflöste. Und wenige Tage später ergab es sich wieder einmal.

Helene ließ sich Bücher schicken und übersetzte vom Französischen ins Deutsche: »Das Mäzenatentum in der italienischen Frührenaissance.«

»Wer von uns beiden tut die sinnlosere Arbeit«, sagte Harry.

Einmal überreichte Helene Rita und Harry ein Taschenbuch: »Hier, für das Ehepaar Duckwitz!« Es war ein Roman von Simone de Beauvoir in der deutschen Übersetzung. Großes Gelächter über den Titel: ›Sie kam und blieb‹. Handlung: Einem friedlichen Paar gesellt sich plötzlich eine zweite Frau hinzu. Rita las das Buch, kommentierte es aber nicht. Harry blätterte darin herum und sagte: »Das hört ja mit einem Mord auf!« Mord sei eine zu billige Lösung. Das lese er nicht: »Absolument pas!« Er erinnerte Helene daran, wie sie Anfang der 70er Jahre in der Frankfurter Wohngemeinschaft ein Fernsehinterview mit Simone de Beauvoir gesehen hatten. Auf die Frage, ob sie und Sartre jemals daran gedacht hätten, Kinder zu kriegen, hatte dieses Inbild der befreiten Frau der Interviewerin empört ein schallendes »Absolument pas!« entgegengeschrien. Harry und Helene hatten sich diesen halb albernen, halb überzeugenden Ausruf zu eigen gemacht. Kinder kamen auch für sie nicht in Frage. »Absolument pas!«

Jetzt war die Beauvoir tot, und Harry sagte, er glaube, daß sie doch eine ziemlich unerträgliche, von Ehrgeiz zerfressene Kröte gewesen sei, und Helene widersprach nicht. Es würde ihn nicht wundern, sagte Harry, wenn die gepriesene linke Musterehe mit dem rebellischen Sartre in Wirklichkeit das Allerletzte gewesen sei. Alles Krampf und Angeberei, bis hin zur Kinderablehnung. »Wetten, daß es bei uns liberaler zugeht als bei diesem Horrorpaar?«

Die einzigen, die Duckwitz' inoffiziellem Familienstatus Beachtung schenkten, waren die kriminellen Gestalten der ecuadorianischen Oligarchie. Den korrupten großgrundbesitzenden Drahtziehern, mit denen Duckwitz als Wirtschaftsreferent wohl oder übel zu tun hatte, war es nicht verborgen geblieben, daß sich der Primer Consejero Duckwitz von der westdeutschen Botschaft in ihren Augen über Recht und Ordnung hinwegsetzte. Duckwitz war kein Waschlappen, keine Memme, kein »cretino«, sondern ein ebenbürtiger Mann. Auf einen Mann, der zwei Frauen hatte, war Verlaß. Viele Männer der lateinamerikanischen Oberschicht hatten eine Geliebte, die im Lauf der Zeit zur Zweitfrau wurde. Das war kein Geheimnis, aber zwei weit voneinander entfernte Häuser waren nötig. Es waren zwei Lebenskreise, die sich nicht berühren durften. Daß Duckwitz mit zwei Frauen unter einem Dach lebte, fanden die Latinos teils imponierend, teils bedauernswert. Duckwitz machte ein steinernes Gesicht. Er hatte nichts dagegen, diesen Lümmeln zu imponieren, aber er wollte sich nicht mit ihnen auf Gespräche über Frauen einlassen. Er wette, sagte ein Plantagenbesitzer, daß auch der Primer Consejero eines Tages ein zweites Haus zum Ausweichen brauche.

Manchmal trieb sich Duckwitz mit einem gewissen Vergnügen in den Kreisen der Oberschicht herum. Er fand Gefallen daran, diejenigen Leute zu durchschauen und zu verachten, von denen er sich nicht durchschaut fühlte. Er kam sich wie ein Geheimagent vor. Hier, in den feudalen Stadthäusern von Quito und in den umliegenden Landhäusern, erhielt er politische Informationen, von denen keiner in der deutschen Botschaft auch nur eine Ahnung hatte. So erfuhr er zum Beispiel, wie realistisch tatsächlich ein Putsch des Luftwaffengenerals einzuschätzen war, von dem in letzter Zeit zunehmend gemunkelt wurde. Hier gab es Anzeichen dafür, daß die korrupten Militärs gegen die korrupte Zivilregierung keine Chance hatten. Der durch und durch verkommene Präsident galt als der zuverlässigste Garant der USA in Lateinamerika, und darum war ein nicht von den USA unterstützter Militärputsch aussichtslos. Zu tief hatten US-Firmen ihre Finger im Erdölgeschäft.

Das alles war durchschaubar – und doch auch wieder nicht. Undurchschaubar war das menschliche Rätsel, das sich in Lateinamerika an allen Ecken und Enden stellte: Warum waren Widerlinge nicht immer widerlich? Vielleicht hatte auf diesem Kontinent die Verkommenheit Zeit gehabt, sich zu kultivieren, einen Stil auszubilden, im Gegensatz zu Afrika, wo die herrschende Klasse, von der Entkolonialisierung überrascht, einfach nur zum Durchdrehen neigte. Denn das war eine Tatsache: Die übelsten Schurken, die hundertmal so korrupt und verkommen waren wie die politischen und wirtschaftlichen Drahtzieher im alten Europa, die also wirklich gefährlich waren und auch vor Morden nicht zurückschreckten, traten auf wie kauzige, harmlose Bühnenfiguren. Das war das Problem. Es waren Verbrecher, aber sie waren komisch. Bei einem mit hochkarätigen Gästen besetzten Empfang in einer noblen Hazienda brüllte ein General seine Meinung über die ecuadorianischen Zivilregierungen der letzten Jahre ins stocktaube Ohr eines Artillerieoberst: »Ellos no entienden nada de la vida!« – Sie verstehen nichts vom Leben! Man könnte auch auf so einen Mann zugehen und ihm ins Ohr brüllen: »Pero ustedes entienden todo de la muerte!« – Aber Sie verstehen alles vom Tod! Doch das sollte man lieber lassen. Er würde vermutlich nur begeistert nicken.

Auf einem anderen Empfang in einem protzigen Landhaus trat ein Großgrundbesitzer mit dem wunderbaren Namen Eduardo Dünnbier an Duckwitz heran. »Entre hombres«, sagte er – von Mann zu Mann. Er war auch einer von denen, die zwei Frauen hatten. »Sie verstehen!« In Quito lebte er mit seiner Familie. Er deutete auf eine elegante Person: seine Frau. Dort: seine zwei Töchter. Alle schön und schlank und mit schwarzen Haaren. Seiner Zweitfrau hatte er ein Landhaus geschenkt, auf der Straße zum Pazifik hinunter, da, wo es aufhört, kahl und kühl und bergig zu sein und noch nicht stickig und tropisch, also klimatisch und landschaftlich am schönsten ist, genau da. Ein Refugium. Ein Paradies. Ein wunderschönes Haus in einem Tal, abgelegen und doch nur zehn Kilometer von der Straße Quito-Esmeraldas entfernt. Und nun sein Problem: Durch dieses Tal soll eine Straße gebaut werden, um das Inland mit dem Erdölgebiet zu verbinden und obendrein das Holz, das in den Urwäldern an der kolumbianischen Grenze gerodet wird, leichter abtransportieren zu können. Das Paradies seiner Zweitfrau wäre durch diese Straße dahin. Eduardo Dünnbier ist ein einflußreicher Mann, er kann viel verhindern und betreiben, kennt alle Minister, aber bei diesem Projekt stößt er auf seine Grenzen. Der Primer Consejero Duckwitz, Wirtschaftsmann in der deutschen Botschaft, sei seine letzte Chance, sagte er.

Unglaublich. Harry ließ ihn erst mal zappeln: Wo der eigenartige Name Dünnbier herkomme, wollte er wissen. Eduardo Dünnbier erzählte bereitwillig, daß seine Familie 1848 von Nürnberg-Fürth nach Ecuador ausgewandert sei. Dann kam er wieder zur Sache. Entre hombres. Von Mann zu Mann. Er wußte, was auch Harry hätte wissen müssen, aber natürlich war wieder einmal alles am Auswärtigen Amt vorbeigegangen, daß nämlich eine westdeutsche Baumaschinenfirma direkt mit der Regierung von Ecuador verhandelte. Die Lieferung von 150 schweren Straßenbaumaschinen stand in Aussicht, unter Umständen auch eine Zweigniederlassung, um weitere Maschinen an Ort und Stelle produzieren zu können. Ein dickes Ei. Elegant an der Illegalität vorbei.

Duckwitz hörte sich alles an. Es war wunderbar, wie Eduardo Dünnbier mit nichts als seiner Hazienda und seiner Zweitfrau argumentierte. Von Mann zu Mann. Dem war es völlig egal, wie viele Straßen in den Urwald gebaut, wie viele Bäume gerodet wurden. Das war ein Typ, der nur einen Lachanfall bekam, wenn man ihn auf die ökologischen Folgen der Regenwaldrodung ansprach. Er wußte offenbar nichts von Harrys Ökomoral, sondern nur von seinen zwei Frauen. Darum appellierte er an ihn von Mann zu Mann, von Schwein zu Schwein, von Dünnbier zu Duckwitz.

Harry zeigte inniges Verständnis, und das brauchte er nicht einmal zu heucheln. Es war völlig legitim, daß man sich sein Liebesnest nicht von monatelangen Bauarbeiten und einer häßlichen Straße zerstören lassen wollte. Offenbar war Dünnbiers Liebe fest mit der Unberührtheit dieser Landschaft verknüpft. Er hatte genug Geld, sich woanders eine Hazienda für seine Zweitfrau zu kaufen. Es war rührend, wie verzweifelt dieser Schuft an diesem Fleckchen Erde hing. Der Egoismus von Eduardo Dünnbier hatte etwas Herzerfrischendes.

Duckwitz verschwieg ihm, daß er Baustellen und Baumaschinen schon immer wie die Pest haßte und daß ihm die Information gelegen kam. Es gab genug Straßen auf der Welt, die sollten endlich aufhören, mit dieser Straßenbauerei auch noch die letzten Oasen unberührter Natur zu vernichten.

Harry wußte, daß er als Diplomat nichts dagegen ausrichten konnte. Er konnte in seine Berichte hineinschreiben, daß der Export von deutschen Straßenbaumaschinen gut für die deutsche Wirtschaft sei, aber verheerend für den Urwald und die letzten Indios, das wäre irgendwie nur rührselig. Was tun? Man konnte mit der Klimakatastrophe der Welt drohen, wie Helene es tat, aber das brachte niemanden aus der Ruhe, weil es schon alle wußten. Harry blieb nur die ästhetische Argumentation. Einfach auf den kaputten Wald zeigen und sagen: »Wie sieht denn das aus!«

Und jetzt bot sich Harry endlich einmal die Möglichkeit, konkret etwas zu verhindern, nicht nur zu reden und zu schreiben, sondern zu handeln. Und es paßte zur waltenden Ironie des Daseins, daß man die privaten Interessen eines Schurken für sein eigenes Interesse, die Verhinderung eines unverantwortlichen Straßenbauprojekts, ausnützte. Eine gelungene Form der Symbiose.

Eduardo Dünnbier, der schreckliche Kumpan, bestand darauf, Duckwitz seine wunderbare Hazienda plus Zweitfrau zu zeigen, sonst wisse der Primer Consejero ja nicht, worum es gehe. Tatsächlich fuhren die beiden ein paar Tage später dorthin. Anderthalb Stunden von Quito entfernt tat sich ein Seitental auf, sie fuhren von der Straße ab, und nach einigen Kilometern stand sie vor ihnen: eine protzige, geschmacklose Pseudohazienda, und auf der Terrasse saß ein fettes Weib, das Señor Dünnbier beseligt in die Arme schloß.

»Ich verstehe«, sagte Duckwitz auf der Rückfahrt, »ich verstehe Sie.« Dann versuchte er, Eduardo Dünnbier klarzumachen, daß er kein Geld wünsche, falls er den Straßenbau verhindern könne. Allerdings erwarte er, bevor er in Aktion trete, Señor Dünnbiers Unterstützung in einem anderen Fall, von dem er gehört habe. Es ging um ein prekäres Geschäft, über das deutsche Firmen gerade mit Vertretern ecuadorianischer Ministerien verhandelten, nämlich die Lieferung von 5000 Rohlingen für Artilleriegeschosse. »Dieser Handel muß platzen«, sagte Duckwitz. Dünnbier solle sich etwas einfallen lassen.

Señor Dünnbier war etwas mißtrauisch. Es wäre ihm lieber gewesen, Duckwitz hätte Geld gefordert. Idealisten waren mit Vorsicht zu genießen. Duckwitz sah, daß Dünnbier mit sich kämpfte.

»Oder sind Sie an dem Geschäft beteiligt?« fragte er.

»Nein, nein!«

»Für mich ist Ihre Sache riskanter, als Sie glauben«, sagte Duckwitz.

Das überzeugte den Señor Dünnbier. Schweigend steuerte er seinen weichen Amischlitten Richtung Quito die Anden hoch. Sie kamen aus dem subtropischen Bereich mit seiner angenehmen Vegetation heraus, und es wurde langsam wieder trostlos.

»Glauben Sie, daß diese hohen, kahlen Berge einen Einfluß auf den Charakter der Bevölkerung haben?« fragte Duckwitz. Das könne doch nicht spurlos an den Menschen vorbeigehen, wenn sie seit Jahrhunderten auf einer riesigen Halde lebten. Ob die brutalen Menschenrechtsverletzungen nicht auch eine Folge dieser brutalen Landschaft seien, die den Menschen so winzig und das Menschenleben so wertlos erscheinen lasse?

Eduardo Dünnbier zuckte die Schultern und sagte nach einer Weile: In Deutschland sei die Landschaft lieblich, aber seines Wissens habe da vor wenigen Jahrzehnten eine Gewalt geherrscht, gegen die die lateinamerikanische ein Witz sei.

Dann schwiegen sie wieder und fuhren dahin, und Harry dachte, was wohl seinen eigenen Charakter geprägt haben mochte. Ein Wesenszug, aus dem er eine Profession gemacht hatte, war vielleicht das Abwiegeln, das Beschwichtigen und Verdrehen von Tatsachen. Schließlich war er nicht ohne Grund Anwalt geworden. Und vielleicht war er deswegen auch in die Diplomatie gegangen, die nichts anderes war als ein krummes Geschäft, das seinem krummen Wesen entsprach. Diplomatie war Kuhhandel, höfliche Erpressung, freundliche Intrige. Wenn sie neben der Betreuung von Touristen, Sportlern und Geschäftsleuten im Ausland einen Sinn hatte, dann war es der, Aktivitäten zu verhindern. Völlig richtig. Kriege verhindern – das war der Sinn der Diplomatie. Oder eben einen Krieg der Baumaschinen gegen den Urwald verhindern. Dafür war jedes Mittel recht.

Es war ihm nicht gegeben, Aufrufe gegen die Vernichtung des Regenwaldes zu formulieren. Er war kein Parlamentarier. Auch als Anwalt war er besonders gut im Verhandeln hinter den Kulissen gewesen. Auch als Anwalt mußte man diplomatisch sein. Einen Prozeß zu verhindern war manchmal sinnvoller, als einen fadenscheinigen Prozeß zu führen, wenn auch nicht so spektakulär, und immer auch etwas belämmernd, wenn man sich »entre hombres« mit dem Staatsanwalt traf, um im Vorfeld einen dieser Kuhhandel zu arrangieren.

Einmal war ein Student in seiner Kanzlei aufgetaucht,

gegen den ein Ermittlungsverfahren wegen Beleidigung eingeleitet worden war. Er hatte in einer Schmähschrift drei Ministerpräsidenten, den Bundeskanzler und den Bundespräsidenten beleidigt. Von seinem Bruder Fritz, der damals auch schon Dichter war und Literaturwissenschaft studierte, erfuhr Harry, was Rollenprosa ist: wenn nämlich der Autor eine Romanfigur für sich reden oder denken läßt. Dann ist logischerweise die Figur, die beleidigt, und nicht der Autor für die Beleidigungen in seinem Buch verantwortlich zu machen, jedenfalls sofern das Ganze gut genug ist, als Kunst oder Satire durchzugehen. Harry hatte sich mit dem Staatsanwalt mittags zum Essen verabredet. Er hieß Hütel, kam aus Stuttgart und behauptete, liberal zu sein.

Rechtsanwalt Duckwitz und Staatsanwalt Hütel aßen Salat. Wußte der, was »Rollenprosa« ist? Wußte er nicht. Duckwitz klärte ihn auf, und der Staatsanwalt stellte das Ermittlungsverfahren ein.

Daran mußte Duckwitz jetzt denken. Man einigte sich im Vorfeld mit dem Gegner. Es kam nicht zum Streit. Die jeweiligen Interessen lösten sich wunderbar in nichts auf.

Sie näherten sich Quito, und Harry freute sich auf Rita und Helene. Was für ein Glück, daß Helene da war. Überhaupt hatte er Glück gehabt. Seine Zweitfrau war nicht so dick wie die von Señor Dünnbier, und auch eine so gräßliche Hazienda hatte er nicht. Und diese blöden Anden waren nicht seine Heimat, die würde er am Ende des Jahres ein für allemal verlassen. Und Duckwitz war ein besserer Name als Dünnbier.

Obwohl er sich in der Straßenbausache schon entschieden hatte, wollte er Helenes Freispruch. Konnte man das machen, sich für üble Gestalten und ihre üblen Motive einsetzen, um etwas zu verhindern, von dem man überzeugt war, daß es verhindert werden sollte?

»Stell dich nicht an!« sagte Helene. Dann lachte sie plötzlich los: Es sei zu komisch, Harry wie den Helden in einem Drama von Schiller grübeln zu sehen.

Aber Harry ließ nicht locker. Er grübelte wirklich. Der Typ sei nicht besser als ein Nazi, der dich bittet, den Bau eines KZs vor seiner Villa zu verhindern, weil ihn der Anblick stören würde, wenn er beim Kammermusikmachen aus dem Fenster guckt.

»Hör auf!« sagte Helene. »Der Vergleich hinkt.«

Harry sagte, sie sei doch früher immer mit solchen Vergleichen dahergekommen, bei ihr habe er das gelernt.

»Früher«, sagte Helene.

Die Sache selbst war ziemlich einfach durchzuführen. Duckwitz schrieb an das Auswärtige Amt, er habe Bedenken, daß die Exportbestimmungen bei dem geplanten Geschäft eingehalten würden. Die Zentrale antwortete erwartungsgemäß, sie wisse es auch nicht, sie könne es nicht ausschließen. Wenn es so sei, müsse das Geschäft annulliert werden. Diesen Brief ließ Harry ins Spanische übersetzen, und zwar in einer Färbung, die den Anschein erwecken mußte, das Auswärtige Amt werde nicht davor zurückschrecken, den Handel zu unterbinden. Dieses Dokument spielte Harry einem hohen Beamten in die Hände, zusammen mit einem gefälschten Briefwechsel zwischen zwei anderen deutschen Baufirmen, aus dem hervorging, daß die besagte Baumaschinenfirma kurz vor dem Bankrott stand. So platzte ein Zigmillionenauftrag. So einfach war das. Duckwitz hatte das Gefühl, eine Bombe zur Explosion gebracht zu haben. Nicht unbedingt ein erhebendes Gefühl. Für die deutsche Baufirma hieß das wahrscheinlich: Kurzarbeit, Entlassungen. Und das alles, damit Eduardo Dünnbier am anderen Ende der Welt seine Ruhe hat. Damit ein Diplomat namens Duckwitz auch mal das Gefühl haben darf, eine gute Tat vollbracht zu haben nach zehn Jahren dummen Zeugsmachens. Und was die Geschoßrohlinge betraf, deren Lieferung Dünnbier tatsächlich auch verhindert hatte, so würden die vermutlich in Chile oder im Irak reißenden Absatz finden.

Harry war sich selbst nicht geheuer. Anstatt laut und

offen gegen die Mißstände dieser Welt zu Felde zu ziehen, hatte er diese miese Hintertreppentour gewählt. Er war alles andere als ein leuchtender Held. Er war ein kleines Licht.

Das Jahr 1986 ging zu Ende und damit die Zeit in Ecuador. Eigentlich wäre jetzt ein weiterer Auslandsposten fällig gewesen wie damals nach Kamerun. Harry war Anfang Vierzig. Mehr denn je zu alt, fand er, sich herumschicken zu lassen, wie es denen im Auswärtigen Amt gefiel. Er griff ein. Er wollte zurück nach Bonn. Rita mußte mit ihrer Musikhochschule in Köln herhalten. Ein offizieller Antrag, ein bißchen telefonisches Antichambrieren über den Atlantik.

»Warum sind Sie eigentlich Diplomat geworden, wenn Sie ständig nach Bonn zurückwollen?« fragte eine schwäbische Stimme aus der Bonner Personalabteilung, die vielleicht lieber draußen in der Welt gewesen wäre. »Fragen Sie mich nicht«, sagte Duckwitz. Er werde sehen, sagte der Personalmensch. Duckwitz drohte ironisch mit Selbstmord für den Fall, daß es nicht klappen sollte, ein bißchen gemein Hennersdorff gegenüber, der sich in Afrika tatsächlich umgebracht hatte. »Bloß nicht!« sagte die Stimme aus Bonn, wir hatten in diesem Jahr schon drei Selbstmörder, das Soll ist mehr als erfüllt.

Harry war etwas in Sorge, daß durch den Umzug nach Bonn das angenehm unklare Verhältnis mit Helene geklärt werden müsse. Alles sollte bleiben, wie es war. Aber er wollte weder Rita noch Helene zu einer Entscheidung drängen. Ein Leben zu dritt funktionierte nur, wenn man nicht drängte. Das immerhin hatte Harry in den letzten zwei Jahren gelernt.

Rita kam ihm zuvor. »Du bleibst doch bei uns – in Bonn!« sagte sie zu Helene, und zwar ziemlich unwiderstehlich, wie Harry fand. Er war froh, daß das Angebot von Rita gekommen war, daß Rita offenbar dieselben Vorstellungen hatte wie er, was das betraf. Allerdings zeigte sie damit auch, daß sie ein Leben mit Helene und ihm einem Leben mit ihm allein eindeutig vorzog. Obwohl es ihm genauso ging, war es doch auch ein bißchen schmerzhaft.

»Wenn der Herr des Hauses damit einverstanden ist«, sagte Helene.

Nicht anders als die meisten Reisenden, die an ihre Heimkehr denken, haben auch Diplomaten den Trieb, Souvenirs mit nach Hause zu nehmen. Im Gegensatz zu gewöhnlichen Reisenden hatten sie keinerlei Platzprobleme. Der Umzug wurde organisiert. Egal, wie voluminös der Hausrat angewachsen war, er wurde von kundigen Packerhänden komplett und gratis verfrachtet. Diese Vorzugsbehandlung verlockte viele Kollegen zu Großeinkäufen. Im immunen Diplomatengepäck verschwanden Kunstwerke aller Art, Gold- und Silberschmuck, Teppiche, Antiquitäten, Skulpturen groß und klein, Hochkunst und Volkskunst, was immer das Herz begehrt. Natürlich kursierten auch Gerüchte, die Diplomaten betrieben im Schutz ihrer Immunität einen regelrechten Handel mit Ausgrabungsfunden und sonstigen Antiquitäten, aber das war nicht nachweisbar. Solange sie nicht Heroin im Gepäck hatten, ging das keinen etwas an. Und Schrumpfköpfe. Deren Ausfuhr war auch verboten. Aber wer wollte schon die ekelhafte Spezialität der Urwaldindianer mit nach Hause nehmen. Es sei denn, man verkaufte sie für viel Geld an perverse Schrumpfkopfsammler. In Kamerun waren immer jede Menge Negerplastiken in den Umzugscontainern der Kollegen verstaut worden. Auch ein bißchen Elfenbein fiel nicht weiter auf. Einer hatte kubikmeterweise tropisches Edelholz für den Fußboden seines Bonner Eigenheims mitgenommen. Aus Singapur und Japan brachten die Diplomaten Unterhaltungselektronik mit, Computer aus der jeweils neuesten Generation, riesige Hi-Fi-Türme, die dort so billig waren wie in Europa erst ein halbes Jahr später. Und aus Japan natürlich auch Motorräder.

Harry haßte diesen legalen Schmuggel. Er konnte auch nicht verstehen, wieso durchaus nicht arme Leute in den Duty-free-Shops auf Flughäfen oder Schiffen Schlange stehen, nur um den Whisky um ein paar lächerliche Mark billiger zu kaufen. Er wollte keine irdenen Töpfe, keine Kupferkessel und Holzbecher aus den Anden mitnehmen, keine Lamadecken und auch keine echten oder nachgemachten Madonnen aus der gräßlichen Zeit des lateinamerikanischen Jesuiten-Barock. Ritas kaum benutztes Motorrad und ihr vielbenutztes Klavier waren die einzigen sperrigen Güter, denen der Luxus einer Schiffsreise bevorstand.

Üblich war es auch, eine Abschiedsreise durch die Nachbarländer des Kontinents zu machen, die kennenzulernen man als Diplomat meist keine Gelegenheit gehabt hatte. Auch dazu hatte Harry keine Lust. Er 'wollte jetzt weg von hier. Er hatte genug. Rita war unentschieden. Helene allerdings spielte mit dem Gedanken, eine lateinamerikanische Rundreise zu unternehmen. Harry riet leidenschaftlich ab. Helene wolle sich doch nicht im Ernst die Hirngespinste der modernen Architektur Brasilias ansehen oder die Reste der nicht minder fragwürdigen Inkakultur. Kein Mensch werde schlauer, wenn er zu den Zentren des Inkareichs nach Peru pilgere und die rätselhaften Ruinen von Machu Picchu betrachte oder die alte Inkamauer in Cuzco. Man könne sie noch so lange anstarren, man werde nie dahinterkommen, ob der Inkastaat die Hölle war oder nicht. Und um festzustellen, daß die Kathedralen der spanischen Eroberer alle wie Polizeikasernen aussehen, dazu brauche man nur ein paar Ansichtskarten oder Bildbände zu betrachten. Die Herumreiserei sei eine verfluchte Unsitte von Leuten, die nicht auf ihrem Hintern hocken bleiben könnten. »Nieder mit dem Tourismus«, rief Harry, »es lebe der Reisebericht, die Fotografie, der Kulturfilm!« Auch die Tierfilme über die auf den Galapagosinseln herumwatschelnden Leguane seien hundertmal instruktiver als eine Reise zu den Galapagos.

Dort störten gackernde Amischicksen nur die armen aussterbenden Darwinfinken beim Brüten und verstellten einem die Aussicht.

Helene sagte, sie hätte das alles aber trotzdem gerne gesehen, auch Enttäuschung müsse authentisch sein, machte dann aber ihre Rundreise doch nicht. Ein Verlag in München oder Hamburg hatte ihr plötzlich ein gutes Angebot für eine interessante Übersetzung geschickt, ein dicker Fisch, die Sache ließ sich nicht aufschieben. So würden sie also doch zu dritt reisen.

Duckwitz' Nachfolger traf verfrüht in Quito ein. Anfang Dreißig, zwei Kinder und eine schwangere Frau. Ob das gut ging? Die Familie würde Duckwitz' Haus übernehmen. Der Auszug begann. Harry brauchte sich kaum zu kümmern. Indios von einer Speditionsfirma verpackten stillschweigend die Habe. Ausgerechnet Harrys Feindin aus der Botschaft, die DDR-haft verdruckste Gurke, die wie Hiltrud oder Gertrud aussah und ihm in den drei Jahren nur ein einziges Mal zugelächelt hatte, organisierte den Umzug. »Ist das Ihre Bücherkiste oder die Ihrer Bekannten?« fragte sie bösartig. »Meine Freundin hat kein Gepäck«, sagte Duckwitz so vernichtend wie möglich. »Sie reist sogar ohne Handtasche, stellen Sie sich das vor!« Die wollte doch tatsächlich Helenes zentnerschwere Bücherkiste nicht dem Diplomatengepäck zurechnen, genauer gesagt, sie wollte zu erkennen geben, daß sie Duckwitz bei einer Unlauterkeit ertappt hatte. Erschleichung von Gratisspedition.

Für die letzten paar Tage zogen Harry, Rita und Helene in ein altes Hotel in Quito. Beim Frühstück unterhielten sie sich darüber, wie sie das Land nennen sollten, in das sie übermorgen hinflögen. Deutschland? Nein. Bundesrepublik? Absurd. Wo also fuhren sie hin? Heim? Nach Hause? Das klang so traut. Nach Bonn! Das konnte man sagen, das war neutral.

»Ihr habt Probleme!« sagte Rita.

»Es ist unser Herkunftsland«, sagte Harry. »Da, wo ich

herkomme« – damit könne er sich identifizieren, kein Heimatgedusel, kein Nationalismus. Er denke dabei weniger an ein Land als an einen Schoß.

»Natürlich«, sagte Helene, »l'étranger, der große Fremde, der Mann aus dem Nichts, he's a real nowhere man, hier kommt Harry Ohneland.«

Harry lenkte ab. »Wie wäre es, wenn wir in den 20er oder 30er Jahren gelebt hätten. Wir hätten schönere Koffer, und ich hätte einen Strohhut auf. Wir ratterten mit dem Zug über die Anden nach Buenos Aires, tanzten Tango in Hafenkneipen und warteten auf die Abfahrt des Dampfers nach Europa. Vielleicht hätten wir damals auch weniger dabei gefunden, zu dritt zusammenzuleben, als heute.«

»Wieso, was findest du dabei?« fragte Helene.

Harry sagte, er wisse manchmal nicht recht, woran er sei, er finde, daß sie nicht über alles reden könnten, kurz, daß eine erotische Kombination wie die ihre in den 20er Jahren selbstverständlicher gewesen wäre.

Helene sagte zu Rita: »Hast du das gehört, er nennt es eine ›erotische Kombination‹!«

Rita kicherte, wie sie vor Jahren in Afrika gekichert hatte, und sagte zu Helene, als wäre Harry nicht dabei: »Er soll doch froh sein, daß er nicht weiß, woran er ist.«

Recht hatte sie. Besser die Komplikationen der Gegenwart, als den Schiffsreisen der Vergangenheit nachzutrauern. Es wäre wohl doch ein bißchen oberflächlich gewesen, mit Strohhut an der Reling zu stehen, Rita und Helene rechts und links eingehängt, Harry, der Frauenheld, kurz davor, den Atlantik zu überqueren. Aus den Salons tönte der Jazz, den nachzuspielen heute sowenig befriedigend war. Vielleicht waren die heute geliebten Nummern damals auch ganz oberflächlich gewesen und hatten erst im Lauf der Jahrzehnte an Tiefe gewonnen. Vielleicht war ja auch der Charme dieser vermeintlich wilden Zeit nur eine nervtötende Albernheit, vielleicht war die Frivolität nur die Maske einer großen Verklemmtheit. Nicht einmal das wußte man, wie sollte man dann etwas über das Leben im Inkareich in Erfahrung bringen.

Im übrigen, sagte Helene, hätte ihnen dann die Nazizeit noch bevorgestanden und der Zweite Weltkrieg. Danke nein! Dann lieber Anfang 1987 in ein Flugzeug steigen und durch die Luft in die alte Welt zurückrumpeln.

12

Wie Harry von Duckwitz mit Rita und Helene nach Bonn zurückkehrt und wie und wo sie sich dort einrichten. Wie sie ein Fest geben und was sie dabei für Geschirr benutzen. Etwas über Harrys Arbeit im Auswärtigen Amt und in welcher Form er am gesellschaftlichen Leben der Diplomaten teilnimmt. Wie Helene ein Haus in der Eifel mietet, Harry geschwisterliche Gefühle zu seinem Bruder Fritz entwickelt und die Frauen sich fragen, wer die hübschesten Beine hat. Daneben einige Bemerkungen über den Dreck in der Politik, über Fotografie und Musik sowie über einen Kollegen, der wie ein Colonel aussieht.

Kommt nicht in Frage! Das Reihenhaus in Bad Godesberg, das ihnen das Amt zur Miete vermittelt hatte, war unzumutbar. Jedenfalls für Harry und Helene. Rita zeigte sich wieder einmal asiatisch, das Haus sei nicht übel, sagte sie, renoviert, ein Gärtchen dabei und sogar eine Waschmaschine im Keller. Sie wußte sogar schon, wo sie das Klavier hinstellen wollte.

Harry schüttelte den Kopf. »Nicht schon wieder«, sagte er zu Rita. Das Leben in der Doppelhaushälfte bei ihrem letzten Aufenthalt in Bonn hatte ihm gereicht. Und dieses Reihenhaus war besonders scheußlich. Allein die Eingangstür, das Glas, die Klinke, die zwei Kunststeinstufen, die kleine Blautanne daneben – ein Friedhof, ein Schweinestall, wer hier wohnt, geht zugrunde.

Helene suchte und fand sehr bald eine Wohnung am Rand der Bonner Innenstadt. Großer verschlampter Altbau. Türken im Haus und in der Straße Italiener, Griechen und Rentner, nicht einmal schicke Studenten. Kein Diplomat, kein Bonner Politiker hat je in dieser Gegend gewohnt. Hier konnte man atmen.

Für jeden von ihnen gab es ein großes Zimmer, außerdem ein geräumiges Wohnzimmer. Rita weinte der Waschküche nach. Harry schenkte ihr zum Trost einen

Flügel. Noch nie in seinem Leben hatte er etwas so Teures gekauft. 18000 Mark. Konnte man das überhaupt mit einem einzelnen Scheck bezahlen? »Ich bitte Sie«, sagte der Klavierhändler.

Rita war glücklich mit ihrem Flügel, und Harry kaufte Helene zum Ausgleich die neueste französische Enzyklopädie, 28 Bände.

Geld war genug da. Daß Diplomaten vor allem im Ausland durch diverse Zulagen sehr gut verdienten, war eine Legende, die ständig bestritten wurde, die aber der Wahrheit entsprach. Bei Umzügen gab es sogar Zuschüsse für neue Vorhänge. An alles war gedacht. Harry wußte nicht, wohin mit seinem Geld. Rita bekam obendrein von ihrem Vater jeden Monat ihre Überweisung. Helene wollte sich auf keinen Fall von Harry aushalten lassen und verdiente ihren Anteil mit Übersetzungen.

Genug Geld, genug Frauen und eine Arbeit, die ihm viel freie Zeit ließ. Das, woran es sonst immer fehlt, war ausreichend vorhanden. Und doch schrie er nicht stündlich vor Glück. Die Mangelhaftigkeit des Daseins, dachte Harry manchmal, zeigt sich paradoxerweise am deutlichsten dem, der keinen Mangel leidet. Wer Geld und Liebe hinterherstrampeln muß, fällt abends müde ins Bett und hat keine Kraft mehr für die schönen Zweifel am Sinn des Ganzen.

Im Januar 1987, als sie aus Ecuador zurückgekommen und in die Bonner Wohnung eingezogen waren, wurde der Kanzler, wie zu erwarten, zum zweitenmal gewählt. Ritas wunderbares Desinteresse für die bundesdeutsche Politik wirkte ansteckend und ließ sie auch für Harry und Helene zu einem provinziellen Furz zusammenschnurren. Der Außenminister blieb derselbe. Es würde sich nichts ändern. Das hatte Vorteile. Obwohl Harry gerne mit angesehen hätte, wie ein neuer Minister die Leute in den oberen Etagen auswechselt und unter den höheren Beamten die Angst umgeht, wer von ihnen die Säuberung überstehen wird.

Harry ging meistens zu Fuß ins Amt, erst durch die geschäftige, spießige Fußgängerzone der Innenstadt, dann durch den Hofgarten und am Rheinufer entlang bis zu dem malerischen Treppchen, das zu der kleinen Sackgasse hinaufführte, in der der Eingang des Auswärtigen Amts lag.

Vor wenigen Monaten hatten diese wahnsinnigen Terroristen einen Abteilungsleiter des Auswärtigen Amts erschossen. Daher sah man jetzt noch relativ viele Polizeistreifen. Die Zeit war auch vorbei, in der man mit den Terroristen sympathisieren konnte. Vor zehn Jahren hätte Harry sie noch verteidigen mögen. 1977, deutscher Herbst. Die alte Frage damals: Was macht man, wenn so einer kommt und Unterschlupf begehrt? Klarer Fall, daß man ihn eine Nacht in der Besenkammer versteckt hätte. Heute würde man die Polizei rufen.

Manchmal, wenn ihm der Fluß zu elegisch war – er kannte diese Laune aus seiner Frankfurter Anwaltszeit –, nahm er den Weg durch die laute und häßliche Adenauerallee, vorbei an der argentinischen Botschaft, deren heruntergekommene Nobelfassade wie ein Gruß aus dem besseren Lateinamerika wirkte. Seit kurzem erst war die Zeit in Ecuador Vergangenheit, und schon begann sie sich zu verklären.

In der Personalabteilung hatte man sich fast entschuldigt, für Duckwitz nur einen Platz in der Abteilung Öffentlichkeitsarbeit/Inland zu haben. Natürlich sei Duckwitz als Volljurist überqualifiziert, aber mit seiner Rückversetzung nach Bonn habe hier niemand gerechnet, eher mit dem Botschafterposten in Dakar im Senegal, da er ja seinerzeit aus Kamerun so ausgezeichnete Berichte geschrieben habe. »Aber das ließ sich ja leider wegen der Ausbildung Ihrer Gattin nicht realisieren«, sagte der Personalmensch.

Das konnte doch nicht wahr sein, dachte Duckwitz, daß die in Bonn seine bescheuerten Berichte wirklich gelesen hatten! Rita hatte übrigens tatsächlich eine Stelle an der

Kölner Musikhochschule bekommen. Sie gab Klavierstunden, nahm Klavierstunden und machte Klavierbegleitung.

Da der Job Öffentlichkeitsarbeit/Inland allgemein als uninteressant galt, stöhnte auch Harry. In Wirklichkeit war er begeistert. Es war genau der richtige Platz für ihn. Er arbeitete an der Aktualisierung von Broschüren über die Dritte Welt und die Auswärtige Kulturpolitik. Manche hatten kitschige Titel wie ›Brücke über Grenzen‹, und die Texte waren mit vielen kitschigen Wörtern verkleistert, aber sie enthielten keine bösartige Propaganda, sondern gutgemeinte und sogar selbstkritische Beteuerungen des besten Willens. Zu Hunderten lagen die schwarz-rot-gelb-gestreiften Broschüren im Keller des Amts und im Lager des Druckhauses in Koblenz und warteten darauf, angefordert zu werden. Oft bestand die Aktualisierung lediglich darin, auf der ersten Seite das Bild des Ministers, der ja seit nunmehr 13 Jahren seinen Dienst tat, durch ein Foto neueren Datums zu ersetzen.

Im Augenblick wurde eine Broschüre aktualisiert, die sich vereinnahmend »Unsere Auswärtige Politik« nannte. »Was sie will. Wer sie macht. Wem sie nützt« stand erklärend darunter. Diesmal war eine didaktische Aufbereitung des Textes fällig, die ein ständig hustender Legationssekretär besorgte, der in seinem Vorleben ein paar Jahre Lehrer gewesen war. Duckwitz war für den Inhalt zuständig. Aber nicht verantwortlich. Verantworten konnte man das nicht, was da über das neue Image des Auswärtigen Amts als ungeheuer nützlicher Behörde zu lesen war. Es wurde allerlei zusammengelogen, aber es waren milde Lügen, nicht vergleichbar mit denen, die man als Anwalt vor Gericht benutzen mußte. Die politischen Abteilungen hatten vielleicht so etwas wie eine Verantwortung. In Harrys Broschürenabteilung aber konnte man sich guten Gewissens verantwortungslos fühlen, zumal sich kein Mensch für diese Schriften interessierte.

Nur der Abteilungsleiter interessierte sich neuerdings

dafür, wollte die Texte etwas flotter und zeitgemäßer haben. Einmal ließ er sich eine überarbeitete Broschüre vorlegen, für die sich der Ex-Lehrer ein zusätzliches Kapitel hatte einfallen lassen, mit dem Titel ›Arbeitsfeld Welt‹. Harry hatte eine fette Zwischenüberschrift angebracht: »Es wird zuviel Geld in die Rüstung gesteckt!« Er war ganz gerührt, als der Abteilungsleiter sagte: »Völlig richtig, Duckwitz, das mal ganz klar zu sagen!« Gegen Rüstung waren sie alle.

Im großen und ganzen glaubte Duckwitz, bei seinen Vorgesetzten und Kollegen einen guten Ruf zu haben, verließ sich aber sicherheitshalber nicht allzusehr auf dieses Gefühl. In seiner Zeit als Anwalt hatte er sich auch für einen beliebten Mitarbeiter gehalten und mußte dann mit anhören, wie die Sekretärin und die hübsche Referendarin heimlich über ihn herzogen.

Darum ging er gleich zu einem Gegenangriff besonderer Art über, als er mitbekam, daß man im Amt über seine Wohnung tuschelte. Ausgerechnet ein Mann der Abteilung Öffentlichkeitsarbeit/Inland hauste in solcher Türkengegend wie ein gescheiterter Dichter. Duckwitz lud einen großen Kreis seiner Vorgesetzten und Kollegen zu sich nach Hause zum Essen ein. Einige kamen in Anzügen, die meisten in Bluejeans, weil sie glaubten, beim legeren Duckwitz sei das angebrachter. Der aber hatte sich so fein wie möglich gemacht. Wenn Diplomaten zum Essen einluden, pflegten sie besonderen Wert auf ein erlesenes Tafelservice zu legen. Für diese aufwendige Anschaffung gab es aus Repräsentationsgründen finanzielle Hilfe vom Amt. Auf dem Eßtisch von Duckwitz sah es aus wie Kraut und Rüben: verschiedene Gläsersorten, zusammengestoppeltes Geschirr, altes Familiensilber neben Hotelbesteck und Kantinenblechlöffeln. Aber das Essen war gut, die Wohnung sauber. Die Gäste waren verwirrt, wußten nicht, woran sie waren. Dann hielt Duckwitz eine Rede. Was ihn beträfe, so lehne er die selbstgewählte Isolation der Diplomaten in den Diplomatengettos ab. Er befürworte die Integration. Integration statt Isolation. Der Diplomat im Elfenbeinturm gehöre in die Vergangenheit. Heute sollten Diplomaten in Ausländervierteln wohnen, um auch von seiten des Auswärtigen Amts der wachsenden Ausländerfeindlichkeit in der Praxis entgegenzuwirken. Und schließlich, sagte Harry, fände er die Altbauten mit ihren großen Räumen und Stuckdecken einfach würdiger als die engen Schweinekoben in Bad Godesberg, in die nicht einmal ein Flügel passe. In diesem Augenblick begann Rita mit einem schmelzenden Prélude von Chopin.

Die Gäste waren betrunken, hingerissen, überzeugt. Der Typ von der Protokollabteilung, den Duckwitz nur flüchtig aus der Kantine kannte und von dem er vermutet hatte, er würde besonders schockiert sein, war besonders gerührt, bedankte sich beim Abschied für diese endlich einmal wirklich unkonventionelle Einladung und sagte: »Mehr Leute wie Sie bräuchte das Amt!«

Eine weitere Überraschung dieser Abendgesellschaft war, daß sich offenbar auch niemand an Duckwitz' Zweifrauenhaushalt zu stören schien, denn Rita und Helene hatten sich Harry zuliebe die Hausfrauenpflichten bei der Bewirtung der Gäste in schönster Eintracht geteilt.

Das Leben mit den beiden Frauen war allerdings nicht ganz so leicht und beneidenswert, wie es den Anschein hatte. Zumindest nicht immer. Gelegentlich war es durchaus beneidenswert. Es war nicht lenkbar. Die erotische Spannung verdoppelte sich manchmal, während die sexuellen Aktivitäten sich halbierten. Aber kaum hatte sich Harry dieses Naturgesetz zurechtgedacht, da entwickelte sich ein großes Getobe und Geaale und Geschlenker und widerlegte alle Formeln, mit denen er den Geheimnissen ihres Zusammenlebens beizukommen suchte. Und oft geschah auch gar nichts. Nichts. Tagelang nichts. Zwei Frauen, schlank und schön, und nichts geschah. Es war gemütlich, es war durchaus angenehm, aber es geschah nichts. Als gäbe es so etwas wie Geilheit nicht.

Einmal erinnerte sich Harry an das alte Spiel, wie er vor Ewigkeiten unter den Kneipentischen seinen besockten Fuß auf Helenes schwarzen Lederhosenschenkeln hatte herumrutschen lassen. Wo war die Hose? Helene zuckte die Schultern. Weg war sie. Seit Jahren weg. Unmodern, zerschlissen, weg. So achtlos durfte man nicht mit einer Erinnerung an die Lust umgehen! Harry fuhr nach Köln, suchte vergeblich, fuhr weiter nach Düsseldorf und wurde schließlich in einer kleinen Boutique bei einem schmierigen Verkäufer fündig.

Helene und Rita sagten, er habe sie nicht mehr alle, als er ihnen beiden je eine schwarze Lederhose mitbrachte. Größe 38 für Helene, Größe 36 für Rita, das wußte er. »Ich mußte wieder mal einen Scheck ausfüllen«, sagte er und verprellte Helene mit einer erotischen Schwärmerei über seine beiden »zwillingshaften Rockerbräute«. Helene bezeichnete Harry als sexistisch und kitschig. Harry sagte, er fände, sie sei lustfeindlich, und als er sie an ihr Gefüßel unter den Kneipentischen erinnerte, meinte Helene, er renne alten Zeiten hinterher.

Harry nahm so selten wie möglich am gesellschaftlichen Leben der Bonner Diplomaten teil, Rita noch seltener, Helene niemals. Doch nun bat Harry Rita und Helene, auf einen Empfang beim französischen Botschafter mitzukommen, und zwar beide in den neuen Lederhosen. Rita fand, das ginge zu weit, und Helene sagte, sie lasse sich nicht für sein Provokationsprogramm einspannen, er könne ja zwei Callgirls bestellen.

Doch am Abend des Empfangs tranken sich Rita und Helene Mut an, schlüpften in ihre Zwillingshosen und begleiteten den überraschten Harry in die Residenz des französischen Botschafters. Ein großer Tag. Ein Tag, der alles ändern würde. Duckwitz, der mit Rockerfrau und Rockerfreundin auf einem Empfang erscheint, wo die Damen feine Kleider tragen!

Wunderbar stellten Rita und Helene die anderen Frauen in den Schatten. Animalisch und betörend sahen sie aus, wild und verwegen, fand Harry. Er war stolz. Souverän, wie sie die Sitten der Kleiderordnung mißachteten. Gleich würden die anderen Frauen böse Blicke werfen und zu tuscheln beginnen. Und sie tuschelten dann tatsächlich, aber bewundernd. Bezaubernd fanden sie Rita und Helene. Wenn sie eine Figur hätte wie diese beiden, hörte Duckwitz die Frau seines Abteilungsleiters zur Frau des stellvertretenden Protokollchefs sagen, dann wäre sie die erste, die solche Hosen trüge. Todschick. »Düsseldorf«, sagte Duckwitz im Vorbeigehen, »zwölfhundert Mark das Stück.«

Die versuchte Provokation war gescheitert, und im Amt konnte er widerstandslos pazifistisches Gedankengut in seine Broschüren hineinschreiben. Es war offenbar nicht möglich, das diplomatische Leben durcheinanderzubringen.

Helene lachte, als er sich bei ihr über die hohe Toleranzschwelle beklagte und sagte, das postmoderne Lebensgefühl mit seiner Anything-goes-Devise habe eben auch in Bonn Einzug gehalten. Eines Tages, sagte Harry, würde er bei einer glanzvollen Gelegenheit den US-Botschafter ohrfeigen. Wenn der wieder einmal die US-Ekelpolitik rühmte, dann rechts und links eine drauf auf die dumme Pausbacke. Aber der US-Boy würde das womöglich von der sportlichen Seite sehen. Und wenn er sich wirklich beschweren sollte, dann wäre Duckwitz vermutlich die Rückendeckung des Amts sicher. Denn der US-Bubi war in ganz Bonn wegen der Art seiner Arroganz verhaßt. Nur Wohnungseinrichtungszeitschriften konnten dieser Gestalt und seiner Gemahlin etwas abgewinnen. Vielleicht sollte Duckwitz wie ein Pan dieser Gemahlin ins Ohr spucken, möglichst in Anwesenheit des Bundespräsidenten. Dann würde man ihm vielleicht nahelegen müssen, sich amtlich für verrückt erklären zu lassen, und dann schließlich aus gesundheitlichen Gründen ab in den vorzeitigen Ruhestand.

»Bloß nicht«, sagte Helene. Das sei kein verlockender

Gedanke, wenn Harry den ganzen Tag zu Hause herumhocke.

Rita brachte manchmal von der Musikhochschule in Köln einen Japaner mit einem rechteckigen Gesicht mit nach Hause, einen Tenor, der kein Wort deutsch sprach und verstand, aber ein makelloseres Deutsch sang als alle deutschen Sänger zusammen. Jedes Wort war zu verstehen, und es klang nicht einmal künstlich: »Was vermeid ich denn die Wege, wo die andren Wandrer gehn...« Duckwitz war gerührt von diesem Schubert-Lied. Auch die klassische Musik hatte ihre Perlen. Und ausgerechnet ein rechteckiger Japaner mußte einem diese schönen Zeilen erschließen. »Wirst du nicht eifersüchtig, wenn du den beiden zusiehst?« sagte Helene.

Dann trieb Helene plötzlich ein Haus in der Eifel auf, das unbedingt gemietet werden müsse. Sie hatte schon immer über die stinkige Bonner Luft geklagt. Sie wolle mal wieder in der Natur sein und Felder und Wiesen sehen. Außerdem brauchten sie und Rita einen Ort zum Ausweichen. Die Miete war nicht teuer, das Haus war schön, die Gegend häßlich. Eine Zuflucht. Harry könne hier ja mit Rita seine Flitterwochen nachholen, sagte Helene. Harry fand es etwas übertrieben und modisch, ein Haus auf dem Land zu mieten. Aber Helene hatte sicher recht. Die Luft war besser, und es gab sogar Fischreiher. Seit Jahrzehnten sah man wieder einmal Fischreiher. Hier kriegte man Milch, die sofort sauer wurde, und im Garten war ein Komposthaufen, den keiner fachmännisch umgrub. Harry war schließlich sehr zufrieden. Ritas Motorrad bekam einen schönen Platz in einer leeren Scheune nebenan. Im Dorf gab es eine Pizzeria.

Harry bot seinem Bruder an, doch öfter herauszukommen. Fritz wohnte in Köln. Ein Katzensprung in die Eifel. Harry hatte mit seinem Bruder Fritz, dem Dichter, noch nie allzuviel anfangen können, aber manchmal hatte er das Gefühl, etwas für ihn tun zu müssen. Verdiente der überhaupt genug mit seinen Büchern? Mußte man ihn vielleicht finanziell unterstützen? Helene sagte: »Der Mann ist ein Jahr jünger als du, soviel ich weiß. Der ist kein Kind mehr.«

Fritz lebte von Arbeiten für den Rundfunk. Er lebte nicht schlecht. Er hatte eine Freundin. Schon bei Harrys letztem Aufenthalt in Bonn Anfang der 80er Jahre war von ihr die Rede gewesen. Helene hatte sie einmal in Köln getroffen. »Sie sieht nicht schlecht aus«, sagte sie. Harry traute Fritz weder tolle Literatur noch eine tolle Frau zu, war aber neugierig. Sie hatte aus einer geschiedenen Ehe zwei oder drei Kinder, hieß es, und war Krankenhausärztin.

Fritz kam erst mal ohne Freundin ins Eifelhaus. »Wenn du willst, kannst du dir im zweiten Stock ein Zimmer einrichten«, sagte Harry. »Zum Dichten und so.« Fritz lachte: »Was du für Vorstellungen hast!« Er brauche seinen Arbeitsplatz mit seinem Computer.

»Ihr seid doch alle verrückt«, sagte Harry. Helene hatte sich auch einen Computer besorgt, genaugenommen, zwei. In Bonn und im Eifelhaus ließ sie sich von einem Bildschirm anglotzen. »Du siehst aus wie eine Sachbearbeiterin«, sagte Harry beleidigt.

»Das ist gut«, sagte Fritz. »Sachbearbeiterin, wir sind alle einverstanden. Der Autor als Sachbearbeiter, da ist was dran.«

Das nächste Mal brachte Fritz seine Freundin mit. Sie hieß Ines. Ihr geschiedener Mann kannte nichts Schöneres, als am Wochenende die beiden Kinder aus der geschiedenen Ehe um sich zu haben. Eine ideale Lösung, fand Fritz. Nur den Kleinsten hatte Ines mitgebracht, den stillte sie noch. Entschlossen zog sie ihren hübschen kleinen Busen raus und hielt ihn dem Baby hin. Harry wußte nicht, ob er das provokativ oder selbstverständlich finden sollte, und griff nach einer Zigarette. »Rauch draußen, wegen dem Baby«, sagte Helene. »Laß nur, er raucht ja nicht viel«, sagte Ines, »das macht nichts.« Das Kind war ein dreiviertel Jahr alt, Ines aber schon seit zwei Jahren geschieden. »Also bin ich endlich Onkel?« fragte Harry.

Nein, sagte Fritz, auch dieses Kind sei von Ines' geschiedenem Mann, zu dem sie nach wie vor ein gutes Verhältnis habe. Bei einer der routinemäßigen Kinderübergaben am Wochenende muß es noch einmal geschehen sein. Fritz lachte.

Harry fand den Kleinen ganz niedlich. »Halt ihn mal«, sagte Ines. Harry traute sich nicht. »Es kann nichts passieren«, sagte Ines.

Sie war Mitte Dreißig, zwei Jahre älter als Rita. Ihre Figur war so ähnlich wie die von Rita und Helene. Auch ihre Haare waren dunkel. Wenn sie lächelte, rutschten ihre Lippen über die langen Zähne.

Fritz und Ines blieben nicht über Nacht. Als sie gegangen waren, wurde natürlich über Ines gesprochen. Wie Harry sie finde?

»Gut«, sagte Harry.

»Mir hat sie heute nicht so gut gefallen«, sagte Helene.

»Ich mag sie«, sagte Rita. »Das Kind ist süß.«

Harry war froh, daß für ihn das Kinderproblem gelöst war. Er kannte Kollegen, die von ihren Frauen jahrelang mit dem Wunsch nach Kindern traktiert wurden, dann waren die Kinder da, und das Martyrium wurde noch toller. Gute Rita ohne Uterus. Ob sie wehmütig wurde, wenn sie ein Mutterglück sah?

»Kannst du dir vorstellen, mit ihr zu schlafen?« wollte Helene wissen.

»Sofort«, sagte Harry. »Sie hat so tolle lange Zähne.«

»Parodontose«, sagte Helene.

»Egal«, sagte Harry, »Hauptsache schön lang.«

Dann stellten Helene und Rita Beinvergleiche an. Die Beine von Ines seien nicht schlecht. »Auf alle Fälle länger als meine«, sagte Rita.

»Das ist nicht wahr«, sagte Helene.

»Aber schöne Fesseln hat sie.«

»Meine Fesseln sind auch nicht schlecht!«

»Das habe ich nicht bestritten.«

»Aber ihr Gang ist ein bißchen schlurfig.«

Harry sagte: »Ihr Weiber seid doch die schlimmsten Machos!«

Helene sagte: »Ich verstehe bloß nicht, wie sie sich so einen spießigen Rock anziehen kann.«

»Der Rock ist doch göttlich«, sagte Harry und dachte an Elizabeth Peach in Kamerun und an dieses Renaissancebild, das sie ihm gezeigt hatte, mit den drei annähernd gleich hübschen Beauties drauf, deren hübscheste der ihnen zu Füßen liegende Paris aussuchen soll.

Es wurde Mai. Ein Jahr zuvor war in der Ukraine der Atomreaktor von Tschernobyl geborsten, hatte einen Teil der Welt verpestet und angeblich das Bewußtsein der Menschheit verändert. Damals waren sie alle drei in Ecuador gewesen. In Sicherheit. Seitdem sie sich wieder auf dem leicht verseuchten Gelände Mitteleuropas befanden, gingen Harry die Ängste von Helene auf die Nerven. Er war zwar bereit, die komplette Atomlobby eigenhändig zu erschießen, erdolchen, erwürgen, allen voran dieses Spaltprodukt von Forschungsminister, keine Frage. Wer diesen Stoff propagierte, herstellte, vertrieb, der sollte verrecken. Irgendwo hörte der Spaß auf. Aber Harry hatte keine Lust, neben der dauernden Strahlenbelastung nun auch noch die Gefahren der Atomenergie als belastendes Dauerthema zu ertragen. Noch protestierte er nicht, weil Helene recht hatte mit ihrer Vorsicht und ihrer Sorge. Aber er litt darunter. Wenn es so weiterging, würde er sich demnächst die Ohren zustopfen bei dem Thema. So, wie die Umwelt nur begrenzt Gifte aufnehmen konnte, konnte auch das Bewußtsein nur begrenzt diese dauernden Meldungen über neue Umweltkatastrophen aufnehmen. So, wie ein Gewässer kippen konnte, konnte auch das Bewußtsein kippen. Bekanntlich strömte das auch. Harry merkte, daß er kurz vor dem Umkippen in den Wutanfall war, wenn Helene von den »Becquerels«

sprach, die in jedem Waldpilz und jeder Forelle blau oder gebraten vorhanden seien. Ihre sonst warme Stimme wurde dann immer ganz schrill.

Helene fragte Ines einmal, wie sie es mit den Kindern halte, vor allem mit dem Kleinen. Das Zeug sei ja sogar in der Muttermilch. »Mei«, sagte Ines, die aus Bayern kam, »es hilft ja nichts, es muß halt gehn.« Das war zwar keine Antwort, aber eine Volksweisheit, und weil Ines eine Ärztin war, hatten diese Worte etwas Beruhigendes, auch für Helene. Wenn Ines und ihr Säugling sich trotz radioaktiver Niederschläge nicht auflösten, dann würde es vielleicht tatsächlich weitergehen. Harry fand, daß Ines das Wort »Becquerel« auf unvergleichliche Art aussprach. Ohne jede Hysterie. Es perlte wie frisches Mineralwasser.

Manchmal lud Harry Kollegen zum Wochenende ins Eifelhaus ein. Es gab durchaus Leute, die auf sympathische Weise die Nase vom Auswärtigen Amt voll hatten. Schade, daß Hennersdorff nicht mehr lebte. Einmal brachte Harry den kinnlosen Grafen Waldburg mit. Fritz und Harry fanden ihn amüsant. Rita war begeistert, weil er unerwarteterweise sehr gut Klavier spielen konnte. Helene und Ines waren sich einig: Waldburg sei ein netter Kerl, er ginge ihnen nur leider auf die Nerven. Er habe so etwas Gackerndes.

Ein andermal kam der Kollege Willfort zu Besuch, den Harry noch von seiner Ausbildungszeit her kannte. Willfort war in Jakarta gewesen und jetzt in der Abteilung für Auswärtige Kulturpolitik. Die Leute interessierten sich nur für den Kack, sagte Willfort, die wirklich guten Ideen hätten keine Chance. Er trank Unmengen, erzählte in bester Laune von seiner trostlosen Tätigkeit in Bonn und schwärmte von der Zeit in Indonesien. Zu Rita sagte er ständig: »Ich mache Ihnen den Hof. Ich werde Ihnen den Hof machen.« Willfort kannte sich mit französischen Philosophen aus. Helene konnte sich mit ihm über die Postmoderne unterhalten, von der ja leider keiner im Haus etwas wissen wolle. Harry weigerte sich seit Jahren, solche Modeströmungen zur Kenntnis zu nehmen. Kaum habe man endlich begriffen, sagte er, was es damit auf sich habe, da sei die Mode schon wieder vorbei. Das Gefasel über den Strukturalismus zu Beginn der 70er Jahre habe er auch unbeteiligt über sich ergehen lassen, und siehe: Längst wisse kein Mensch mehr, was das war, der Strukturalismus. So werde es auch der Postmoderne ergehen. Natürlich las Harry heimlich jeden Aufsatz über die Postmoderne, der in den Zeitungen stand, denn ignorant durfte man nicht sein. Ignoranz mußte man vortäuschen.

Helene fand, Willfort sähe aus wie ein Colonel und sagte ihm das auch ins Gesicht. Harry erschrak, weil er es für eine Taktlosigkeit hielt. Wer wollte schon aussehen wie ein Kolonialoffizier. Aber Willfort war begeistert. Sie könne ihn sich gut mit einem Tropenhelm vorstellen, sagte Helene. Noch nie hatte Harry Helene so zu einem Mann reden hören. Er versuchte herauszukriegen, wie er reagieren würde, wenn Helene etwas mit Willfort anfinge, und wurde etwas unruhig. Auf alle Fälle würde er sich nichts anmerken lassen. Nichts. Denn nichts war lächerlicher als ein Mann, der seinen Frauen nicht das gleiche Recht zugestand, das er sich selbst nahm.

Helene sorgte dafür, daß Willfort öfter eingeladen wurde. Wenn er kam, schlug er die Hacken zusammen und stellte sich jedesmal als »Colonel Willfort« vor. Einmal sagte Helene: »Nehmen Sie Ihren Schnurrbart ab, das paßt nicht zu einem Colonel. Ihr Schnurrbart macht Sie zu einem Sergeanten!« Das nächste Mal kam Willfort tatsächlich ohne Schnurrbart.

Das Eifelhaus verbesserte das Leben deutlich. Helene hatte doch immer die besten Ideen. Allerdings nicht den besten Geschmack, fand Harry. Anstatt die wunderbare Düsseldorfer Antilopenhose anzuziehen, wurden ihre Röcke und Hosen immer plustriger. »Wenn du mich liebtest«, sagte Harry, »würdest du wenigstens nicht die grauenhaften Schulterpolster tragen.«

Oft war Helene auch unter der Woche allein im Eifelhaus und übersetzte da. Oder traf sie sich mit Willfort? Das wußte der Teufel. Sie übersetzte eine Kulturgeschichte der Haartracht vom Französischen ins Deutsche. In letzter Zeit erschienen über jeden Klacks irgendwelche Kulturgeschichten. Vermutlich gab es auch schon die Kulturgeschichte des Furzes. Offenbar fiel den Kulturhistorikern nichts Besseres mehr ein. Es gab die Kulturgeschichte der Glühbirne, der Eisenbahnlokomotive, der Gerüche und Gestänke. »Lauter neunmalkluger Quatsch«, sagte Harry, der als stundenlanger Zeitungleser diese Bücher nur aus Rezensionen kannte. Seltsamerweise widersprach ihm Helene nicht und sagte nur, sie verdiene lieber ihr Geld mit solchem Quatsch, als tatenlos wie die Diplomaten zuzusehen, wie die Welt mit Waffengeschäften zugrunde gerichtet werde. Harry fragte sie, ob es auch schon eine Kulturgeschichte des Tropenhelms gäbe. Nein, die gäbe es noch nicht, aber soviel sie gehört habe, sei eine Kulturgeschichte der Hose in der Mache, möglicherweise sei da ein Kapitel über schwarze Lederhosen drin, das würde dann vielleicht auch Harrys Interesse finden.

Manchmal blieb Rita über Nacht in Köln. Angeblich bei einer Freundin von der Musikhochschule. Wenn Harry dann allein in der Bonner Wohnung war, drehte er laut den guten alten Jazz auf aus der Zeit, als er noch nicht verspielt herumtändelte, sondern gefaßt wehklagte. Hin und wieder holte er die Trompete heraus und versuchte sich ein bißchen, bis der Türke von unten gegen die Decke schlug. Oder er ließ Aretha Franklin oder Tina Turner mit ihren Songs aus den späten 60ern durch die Wohnung schreien: »You are no good, heartbreaker, you are a liar and a cheat.« Obwohl das die Art von Halbwüchsigen war, kam er sich dabei richtig erwachsen vor. Erwachsener jedenfalls als im Amt oder in den Botschaften bei diesen wichtigtuerischen, wahrhaft kindischen Beschäftigungen.

Am Wochenende fanden sie sich fast immer alle im

Eifelhaus ein. Es geschah wenig. Das Kind von Ines machte die ersten Gehversuche. Ansonsten stand die Zeit ziemlich still.

Dagegen rotierten Anfang September die Leute in der Protokollabteilung, weil der Oberspießer aus der DDR auf Staatsbesuch kam. Lächerlicher Meckermann. Unterhaltsamer schon die Schwüre dieses durchgedrehten Ministerpräsidenten von Schleswig-Holstein, er habe seinen politischen Rivalen nicht bespitzelt. Und wie er sich dann immer mehr in seine Lügen und Meineide verstrickte, das kriegte man nicht alle Tage geboten. Schließlich fand man den Kerl in Genf mausetot in einer Hotelbadewanne. Duckwitz war begeistert. Die Schwätzer im Auswärtigen Amt und sonstwo in Bonn und in den Zeitungen der blöden Republik redeten in diesem Zusammenhang vom Verfall der politischen Kultur. Der Schaden sei enorm. Kaum wiedergutzumachen. Tatsächlich saßen die Kollegen dutzendweise mit dem halben Hintern auf ihren Schreibtischkanten und schüttelten den Kopf über den Sumpf, der hier sichtbar geworden war, und über die Geschmacklosigkeit der Presse, die sich natürlich nicht die Pointe hatte nehmen lassen, den Ministerpräsidenten in seiner Badewanne zu fotografieren. »Ich muß doch bitten!« rief Duckwitz. »So ein Schauspiel brauchen wir öfter!« Sei doch toll, wenn der Sumpf endlich mal ans Tageslicht käme und das immer wieder in Vergessenheit geratende historische Grundwissen bestätige. Egal, ob Schmierspenden, Steuerhinterziehung oder Bespitzelung, jedes Sichtbarwerden dieser Schweinereien sei ein kostbarer Beweis für die Behauptung, daß die Politik das dreckigste aller Geschäfte ist.

Einmal machten sie Fotos am Auswärtigen Amt, wo die Treppe zum Rheinufer hinunterführt. Bäume, eine Balustrade, eine richtige Bühne war das, und der Rhein als Kulisse. Rita, Harry und Helene. »Wozu das Theater«, sagte Helene. Harry fand, alle paar Jahre habe man das Recht, Erinnerungsfotos zu machen. Er hatte Helene gebeten, ein Kleidungsstück ohne Schulterpolster anzuziehen, es sei denn, sie wolle sich später einmal darüber ärgern, wie lächerlich sie 1987 ausgesehen habe. Rita sagte, einfacher als diese Prozedur mit Stativ und Selbstauslöser sei es doch, jemanden zu bitten, sie zu knipsen. Harry sagte: »Ich weiß schon, ihr habt keine Hemmungen, ihr seltsamen Asiaten.« Ihm als Europäer sei das peinlich. Fotografieren sei eine Art Selbstbefriedigung, und da bitte man niemanden hinzu. Im übrigen stehe er auf Fotos, die andere machten, noch verkrampfter herum. Dann sprang er hin und her und stellte Helene hier- und Rita dorthin und sich selbst in allen möglichen Positionen dazwischen. Helene verlor bald die Geduld, streckte die Zunge heraus, und dann war der Film auch zu Ende.

Ein Teil der Fotos war aber doch gelungen, das gab selbst Helene zu. Die Bilder lagen wochenlang im Eifelhaus herum und wurden allen Besuchern vorgeführt. Fritz lachte nur darüber, und Colonel Willfort bemerkte, das sei ja das reinste Tschechow-Stück, da fehle zur Steigerung der Melancholie nur noch er selbst in der Rolle des Oberst aus der großen Welt. »Im übrigen, lieber Duckwitz, hätten Sie unbedingt einen hellen Anzug tragen sollen.«

13

Wie Harry von Duckwitz versucht, der Treue etwas abzugewinnen, und sich dabei wieder einmal in Heucheleien verstrickt und was passiert, als Harry mit Ines Würstchen ißt, nebst einigen Gedanken über Aids und enge Röcke.

»Wer geht mit spazieren?« hatte Harry nach dem Essen der Form halber gefragt. Helene war erwartungsgemäß in ihr Zimmer verschwunden, um mit ihrer Übersetzung weiterzukommen. Fritz gähnte wie immer und wollte einen Mittagsschlaf machen. Er vermisse Ritas Klavierspiel, sagte er. Rita war auf einer kleinen Konzerttournee durch Holland. »Heute spielt sie in Rotterdam«, sagte Harry. Von Rotterdam aus war Helene damals nach Quito geflogen und seitdem bei ihnen geblieben. Es gab Harry einen Stich. Das war auch schon wieder vier Jahre her. Mindestens. Rita begleitete einen koreanischen Tenor am Klavier. Schubert-Lieder. »Toll«, sagte Ines, gähnte auch, meinte aber, etwas Bewegung täte ihr gut, sie werde sich aus Vernunftgründen aufmachen. Auch jetzt fragte sich Harry, ob ihre Leidenschaftslosigkeit echt oder gespielt war, um keinen Verdacht zu erregen. Aber vermutlich klang seine Aufforderung zum Spazierengehen in Ines' Ohren ebenfalls unbeteiligt, obwohl er doch schon seit Stunden danach fieberte, mit ihr ungestört zusammenzusein. »Geht nur allein, ihr beide«, sagte Fritz, als wisse er alles. Er konnte nichts wissen.

Gleich hinter der Biegung, wo der Weg vom Haus aus nicht mehr eingesehen werden konnte, machte Harry einen Versuch, Ines an sich zu ziehen. Sie war fremd und verkrampft. Es war noch zu früh.

Ines sagte, wie so oft, es sei schwer auszuhalten. Sie frage sich wieder einmal, ob es dafürstehe, ob sich die ganze Geschichte überhaupt lohne. Harry beschwor sie, sich diese Frage nicht zu stellen. Eine Liebesgeschichte lohne sich in jedem Fall, egal, wie hoch der Preis sei.

Der Preis war die Heimlichtuerei, und eben damit hatte Ines heute ihre besonderen Schwierigkeiten. Harry sagte wie immer: »Fritz ist mein Bruder!« Offenheit in Ehren, fand er, aber man konnte nicht offen mit der Freundin des eigenen Bruders etwas haben. Das ging zu weit. Das war degoutant. Und wenn es nicht zu verhindern war, dann mußte es verheimlicht werden.

Ines stöhnte bei diesem alten Thema. Sie dachte anders darüber, wußte aber auch keine Lösung.

Es war aber nicht nur wegen seines Bruders Fritz. Auch sein friedliches Zusammenleben mit Rita und Helene wollte Harry nicht stören. Wenn etwas nicht dafürstand, dann war es diese Störung. Rita würde sich kaum gestört fühlen, glaubte Harry, aber Helene würde es unmöglich finden. Sie würde ihn jeden Morgen schon beim Frühstück mit ihren Vorwürfen wahnsinnig machen. Es würde sie quälen, und sie würde behaupten, ihr mache es nichts aus, es ginge sie auch gar nichts an, Entschuldigung, aber es sei einfach keine Art, es sei eklig, wie Harry den Hals nicht vollkriegen könne. Diese Anfeindungen wollte Harry sich und Helene ersparen, und auch Rita sollte nicht in die Lage kommen, als betrogene Ehefrau dazustehen. Betrogene logen in ihrem Zorn. Sie vergrößerten oder verkleinerten ihren Schmerz. Mit seiner Heimlichtuerei glaubte Harry eine Flut von wechselseitigen Lügen zu verhindern, die sich bei einer Eröffnung des süßen Geheimnisses über alle Beteiligten ergießen würde. Schon der Augenblick der Eröffnung würde etwas Geständnishaftes haben. Es gab aber nichts zu gestehen. Eine Liebesgeschichte war kein Verbrechen. Also brauchte sie auch nicht gestanden zu werden.

Wie immer, wenn Harry und Ines allein waren, redeten sie über nichts anderes als über die Problematik ihrer Geschichte. Je aussichtsloser und komplizierter ihr Verhältnis erschien, desto feuriger wurde es von Harry verteidigt. Schließlich wirkte Ines beschwichtigt und entkrampft.

Es wurde dunkel, und sie kehrten um. Hier war die Scheune, wo sie es zum erstenmal miteinander getrieben hatten. Im Stehen. Harry hatte Ines' Rock hochgestreift. Er war eng, er rutschte nicht leicht über die Hüften. »Das ist ein Vorhautrock«, hatte Harry gesagt, ahnungslos, weil beschnitten. »Ob es so ist, wenn man eine Phimose hat?« Ines, die Ärztin, hatte aufgehört mit ihrem unerwartet wilden Schnäbeln und hatte schallend gelacht. Vorher war Harry verrückt nach ihr gewesen, von diesem Augenblick an liebte er sie.

»Wann war das?« fragte er jetzt.

»Es ist fast ein Jahr her«, sagte Ines. Sie waren feiner geworden. Sie trieben es nicht mehr im Stehen. Leider. Immerhin war das Wort geblieben. Treiben. Es war ihr Wort geworden. Kein unübliches Wort, aber ihr Wort. Wo wollen wir es treiben? Wann können wir es wieder treiben? Und dann die krönende Aufforderung: Treib's mit mir!

Es war nicht leicht mit dem Treiben. Es fehlte die Zeit, es fehlte der Ort. Ines war nicht nur mit Harrys Bruder Fritz auf undurchschaubare Art befreundet, sie hatte auch drei Kinder aus ihrer geschiedenen Ehe. Zwei gingen zur Schule und dann noch dieser Nachzüglerzwerg. Es war schwierig, es bei Harry zu Hause zu treiben. Es war albern, ein Hotel in der eigenen Stadt nur deswegen zu mieten, um es dort zu treiben, und es war geschmacklos, Ines als Anhängsel auf eine Geschäftsreise mitzunehmen. Und ebenso geschmacklos war die Umkehrung: mit Ines auf irgendeinen Ärztekongreß zu fahren und ihr Begleiter zu sein. Hündchenhaft war sich Harry einmal dabei vorgekommen. Alles war ausprobiert, alles verworfen worden.

Und wieder redeten sie davon, wie schön und wie mühselig ihre Geschichte war, und wieder sagte Ines »Beziehung«, und wieder litt Harry unter diesem Wort. Harry hatte Ines gebeten, doch dieses glatteste aller Worte zu vermeiden, aber Ines war in diesem Punkt nicht lernbereit. Sie hat ja recht, dachte Harry, damit, daß man ein blödes Wort vermeidet, ist das Problem noch nicht gelöst. Auch gab es immer mehr Leute, die sich über den Wortschatz von Psychogruppen lustig machten. Mittlerweile war das Verspotten der Psychosprache schon fast so abgegriffen wie die Psychosprache selbst. »Unsere Beziehung ist stressig«, sagte Ines, und auch das zweite Modewort schluckte Harry verliebt und geduldig.

Daß Ines aus Bayern kam, wo Harry aufgewachsen war, machte sie ihm noch vertrauter. Mit Nachnamen hieß sie Miller, das gefiel ihm. Das schrieb er gern auf die Briefkuverts. Ines Miller. Wieviel schöner doch ein »i« als ein »ü« war.

Obwohl sie langsam gingen, näherten sie sich nun rasch dem Haus. Alles Starre war von Ines gewichen. Wie immer hatte es zwei Stunden gedauert. Nun hätten sie noch einmal zwei Stunden gebraucht.

Ehe sie ins Blickfeld des Hauses gerieten, an der Stelle, wo Harry vorhin schüchtern und vergeblich Ines zu umarmen versucht hatte, fielen sie sich um den Hals. Wie immer war Harry überrascht, mit welcher Wildheit Ines plötzlich küssen und keuchen konnte, wenn die Bedenken erst zerstreut waren. »Sieh doch«, sagte er, »sieh doch, fühl doch, wie lebendig es uns macht, warum haben wir nur zwei Stunden gefaselt über die Komplikationen, wir hätten es lieber zwei Stunden lang treiben sollen.«

Ines sagte darauf nichts, und Harry fragte sich, ob ihr Schweigen ja oder nein bedeuten sollte. Er ärgerte sich, daß er überhaupt etwas gesagt hatte, anstatt ihr den Vorhautrock, den sie auch heute trug, hochzustreifen und es hier auf der Stelle zu treiben, mitten auf dem Weg, auf dem niemand daherkommen würde. Ich bin nicht zudringlich genug, dachte er, und dann waren sie auch schon da. Immerhin, die Glut war wieder angefacht.

Fritz las Zeitung. Helene hatte Teewasser aufgesetzt.

»Ihr wart ganz schön lange weg«, sagte Fritz und ahmte dabei den Ton eines mißtrauischen Ehemanns nach. Harry lächelte gequält. Es war abscheulich, daß Fritz immer so albern tat, als ob Harry etwas mit Ines habe, wo er doch wirklich etwas mit ihr hatte. Das war belastend, weil man sich doppelt falsch vorkam. Aber es war auch entlastend, weil man hinter spielerischen Geständnissen die echte Untat verbergen konnte. Die Lüge wurde ironisiert und wog nicht mehr so schwer, fand Harry.

Aufkommende Skrupel ließen sich auch verscheuchen, wenn er sich vergegenwärtigte, wie selten Ines und er die Möglichkeit hatten, sich eine Nacht lang unbeschwert auszutoben. Bestenfalls alle vier bis sechs Wochen kam ein solches unbeschwertes Treffen zustande. Die Kinder von Ines mußten versorgt und gesund sein, das war das A und O. Wegen eines plötzlich erkrankten Kindes war schon manche Verabredung geplatzt. Dann durfte Fritz nichts mit Ines vorhaben, denn Fritz hatte als fester Freund natürlich die älteren Rechte. Am besten, er war in einer Schaffensphase und brauchte Ruhe, dann fühlte sich Ines am freiesten. Von Ines' geschiedenem Mann drohte keine Gefahr, allerdings war es auch schon vorgekommen, daß er an einem Abend, als Ines ihre allesamt gesunden Kinder endlich bei Schulfreunden untergebracht hatte und die Wohnung für das große Treiben endlich zur Verfügung stand, sich unbedingt mit Ines treffen mußte. Es ging um eine gemeinsame Steuererklärung aus alten Ehetagen, ein Termin war abgelaufen. Und schließlich konnte noch ein unerwarteter Hilferuf aus der Klinik dazwischenkommen.

Von Harrys Seite gab es weniger Hindernisse. Helene und Rita gegenüber brauchte er nur irgendeine dienstreiseartige Unternehmung vorzuschützen, und was seinen wirklichen Dienst betraf, so hatte der leiseste Ruf von Ines Vorrang vor seiner Arbeit im Auswärtigen Amt. »Es ist der ideale Beruf für Verliebte«, hatte er Ines einmal gesagt. Sie solle sich vorstellen, Harry wäre auch Arzt oder Anwalt, dann würden sie nie zusammenkommen, oder Praxis oder Kanzlei würde schnell Pleite machen.

Nach tagelangem Hin und Her von Terminen, nach anstrengender Hetzerei ergab sich selten genug die ersehnte Gelegenheit, also das, was man in einem Scheidungsprozeß analog zur vollzogenen Ehe als Vollzug des Ehebruchs bezeichnen könnte. Harrys Anwaltszeit lag nun Jahre zurück. Nur noch dumpfe und üble Erinnerungen an Scheidungsprozesse. Nie würde er sich von Rita scheiden lassen wollen. Keine Trennung von Helene, keine Scheidung von Rita und schon gar nicht ein Abbruch der Beziehung zu Ines. Es war barbarisch, eine Frau wegen einer anderen zu verlassen. Kein Verlassen, kein Verlassenwerden, keine Entsagungen, kein Verzicht. Es wäre ein Jammer ohne Rita, ohne Helene, ohne Ines. Mit Helene oder Rita allein war es schlecht auszuhalten, mit beiden zusammen war es besser, aber es bedeutete nicht gerade eine Verdoppelung der Leidenschaft. Der so entstandene Liebeshunger konnte nun mit Ines gestillt werden, oder er konnte eben nicht gestillt werden, weil so wenig Gelegenheit dazu da war. Ines und Harry hatten ein Abkommen getroffen, um ihre Raserei nicht zu belasten: Ines würde nichts von ihrer Sache mit Fritz erzählen, und Harry brauchte nichts von Rita und Helene preiszugeben. Ines hatte das vorgeschlagen, und Harry hatte sofort zugestimmt, weil er jedem Vorschlag von Ines zustimmte. Dabei hätte ihn nichts mehr interessiert als das Verhältnis von Ines zu seinem Bruder Fritz. Völlig rätselhaft war das. Und auch Helene hätte das interessiert. Und von seinem seltsamen Zusammenleben mit Rita und Helene hätte er auch gern erzählt.

Keine Sekunde hatte Harry daran gedacht, Rita und Helene wegen Ines zu verlassen. Jedenfalls nicht ernsthaft. Manchmal, wenn die verwerfliche Vorstellung sich allzu dicht aufdrängte, hatte er sich ihr versuchsweise ausgeliefert: ein sauberer Schlußstrich, kein Unglück bei Rita und Helene und Fritz hinterlassen, alle sind froh über die

Lösung – und dann ab mit Ines ins neue Leben. London, Madrid, Palermo – egal, wohin. Und es täglich drei Stunden treiben zusammen. Schnaufen, keuchen, schlenkern, toben und in den Haaren schnuppern, was Ines mag, und dabei einen kleinen Gedanken an Helene verschicken, die das Schnuppern nicht ausstehen kann. Den Kindern von Ines ständig Beatles-Platten mitbringen, damit ihr Herz erobern und in den Seelen der Bälger den Grundstock für einen anständigen Musikgeschmack legen. Daß es jetzt noch wie vor zwanzig Jahren diese Platten gab, das war beruhigend. Jedes Jahr ein Treffen mit dem alten Clan und begeistert feststellen, die Entscheidung war gut für alle: Rita hat einen traumhaften Sänger abgekriegt, Helene einen Philosophieprofessor, der nicht in ihren Haaren schnuppert, und Fritz eine Muse, die so entzückend aussieht, daß man schon wieder unruhig zu werden beginnt. Zehn Minuten lang konnte Harry das träumen. Der andere Lösungstraum war: Fritz kriegt seine neue Muse, und Ines zieht ins Eifelhaus, das groß genug wäre, auch noch ihre Kinder aufzunehmen. Rita bringt den Kindern das Klavierspielen bei. Aber das mit Helene und Ines würde nicht gehen. Nicht einmal in der Vorstellung. Auch Harry selbst hätte nicht gewußt, wie er seine unkontrolliert zuckende Liebe zu Ines mit den wohltemperierten Neigungen zu Rita und Helene innerhalb derselben vier Wände in Einklang bringen sollte. Es gab keine Lösung, außer der, daß es blieb, wie es war.

Das Wasser kochte in der Küche. Helene sah Harry plötzlich unvermittelt an und sagte:

»Die Zukunft gehört der Treue.«

»Interessant«, sagte Harry etwas erschrocken. Er fragte, ob Helene diese Weisheit von dem französischen Modephilosophen habe, dessen neuestes kulturgeschichtliches Buch sie gerade übersetzte. Nein, sagte Helene genüßlich, das habe sie aus einer Frauenzeitschrift. Sie habe sich die Freiheit genommen, in der Frauenzeitschrift zu lesen, die Ines mitgebracht habe. Das Wort »Frauenzeitschrift« sprach Helene so abfällig wie nur möglich aus. Oder bildete sich das Harry nur ein?

Jetzt fragte Helene, ob Harry den Tee aufgießen könne, sie habe schließlich das Wasser aufgesetzt. Auch das konnte eine Bosheit sein, aber es war nichts dagegen einzuwenden. Harry ging in diesen Augenblicken ungern aus dem Zimmer. Es war Helene zuzutrauen, daß sie in seiner Abwesenheit irgendwelche Spitzen gegen Ines anbrachte. Obwohl auch Helene nichts wissen konnte von der Sache.

Als Harry ins Wohnzimmer zurückkam, hörte er Helene gerade sagen: »Treulos sein ist den Leuten zu stressig.«

Es war nicht das erste Mal, daß Harry das Gefühl hatte, Helene könne Gedanken lesen. Gedanken lagen in der Luft, warum sollten sie nicht lesbar sein. Aber jetzt war er wirklich irritiert. Das klang so, als habe Helene ihren Spaziergang abgehört.

»Was heißt stressig«, sagte Harry. Er wollte nicht, daß dieser aus einer Frauenzeitschrift gepickte Satz, der auch Ines' Ansichten wiedergab, unwidersprochen blieb. Man habe ja schließlich etwas davon, sagte er.

So, woher er das wisse, sagte Helene, sie glaube Harry kein Wort, er sei ihrer Ansicht nach nur verbal treulos, er verwechsle seine Träume mit der Wirklichkeit, er könne nicht mitreden.

Harry schaute möglichst neutral zu Ines, die seinem Blick auswich. Man merkte ihr an, daß sie sich falsch vorkam. Zumindest Harry glaubte es ihr anzumerken. Ihre eben noch frisch entfachte Leidenschaft war nun sicher wieder beim Teufel. Es war nicht gut, daß sie sich alle zusammen hier im Haus in der Eifel trafen. Aber es war unvermeidlich. Harry konnte seinem Bruder nicht das Haus verbieten oder ihn bitten, ohne Ines zu kommen. Wo er nichts lieber wollte als Ines sehen. Lieber unter solchen Bedingungen als gar nicht. Man lebte nicht mehr im 19. Jahrhundert. Man erschoß sich nicht mehr, wenn man in eine andere Frau verliebt war, man wanderte auch nicht aus. Bloß keinen Verzicht. Man mußte organisieren, koordinieren, terminieren, stornieren, arrangieren. So ließ sich für eine Nebenliebe Platz schaffen. Es war anstrengend und oft genug so entnervend und entwürdigend, daß Ines und er über eine aufgeschobene Verabredung erlöster waren als über eine zustande gekommene. Beide gestanden sich ein, daß sie den Aufschub als Erholung empfanden. Sie lachten, und die Einigkeit darüber war nicht soviel wert wie das Treffen, aber es war doch ein hübscher Ersatz. Man durfte es nur nicht aufgeben. Ich habe nichts gegen Abtreibung, hatte Harry schon manchmal zu Ines gesagt, aber ich bin strikt dagegen, daß Liebe abgetrieben wird. Das gefiel Ines. Bei solchen Sätzen fingen ihre Augen an zu flackern.

Eine wirklich unangenehme Folge der im verborgenen praktizierten Untreue war, fand Harry jetzt, daß man der Treue verdächtigt wurde. Der Gewinn war nicht mitteilbar. Man war wie ein Dieb, der ab und zu in seinen gestohlenen Schätzen wühlt, sie aber niemals zeigen kann. Der Raub war perfekt gelungen, nun mußte man sich der Möchtegerndieberei bezichtigen lassen.

Untreue hatte Hunderte von Nachteilen, aber sie lohnte sich. Sie lohnt sich, sie lohnt sich, sie lohnt sich, sagte sich Harry immer wieder. Sie macht die Seele größer. Man war schließlich am Leben, um Erfahrungen zu sammeln.

Seit er mit Ines etwas hatte, war er wieder lieber mit Helene zusammen. Er konnte ihre Pluderhosen und Flatterröcke besser ertragen, wenn er ab und zu Gelegenheit hatte, Ines' Vorhautrock hochzustreifen.

Ines blätterte jetzt trotzig in dem Heft, das Helene abfällig als »Frauenzeitschrift« bezeichnet hatte, und las vor: »Einer der Gründe für den Trend zur neuen Treue ist in der Angst vor Aids zu sehen.«

»Neue Treue, neue Treue!« Harry wiederholte mehrmals höhnisch diese Worte. Wenn er etwas nicht ertragen könne, dann Trendmeldungen dieser Art. Was für ein Gewäsch. Sauber und gesund sollten wohl jetzt die Beziehungen sein, sauber wie die Umwelt. Untreue als erotische Umweltverschmutzung, darauf laufe der neue Trend hinaus.

Helene wollte wissen, seit wann Harry das Wort »Beziehungen« in den Mund nehme. Noch schlimmer sei das Wort »Trend«, rief Harry, er könne das Wort »Trend« nicht mehr hören, das Wort »neu« könne er auch nicht mehr hören und das Wort »Treue« am allerwenigsten; auch das Wort »Aids« könne er nicht mehr hören. Jahrelang habe man für sexuelle Freiheiten gekämpft, und jetzt kommen sie mit der neuen Treue daher, schrie er wütend.

Helene lachte: »Gekämpft!« rief sie, »habt ihr gehört, Harry hat für sexuelle Freiheiten gekämpft.«

Ihm fiel der Filmtitel ›Ich kämpfe um dich‹ ein, er wußte nicht mehr, ob er den Film gesehen hatte, von wem er war, worum es ging – nichts wußte er. Aber was für ein Titel: ›Ich kämpfe um dich‹, ebenso kitschig wie wahrhaftig. Um Ines kämpfen, dachte er, ich kämpfe um diese Inesliebe.

»Mit Aids ist das schon ein Problem«, sagte Fritz jetzt. Harry fand diese Bemerkung für einen Dichter etwas zu platt und sagte das auch. Im übrigen, fände er, sei Aids der allerletzte Grund, treu zu sein. Selbst die Anti-Aids-Kampagne im Fernsehen habe das begriffen und werbe nicht für Monogamie, sondern für den Gebrauch von Parisern. »Ich bin mit Parisern aufgewachsen«, sagte Harry. Schon in den frühen 60er Jahren war er nie ohne Pariser aus dem Haus gegangen. Ein Kind wäre damals für ihn ebenso tödlich gewesen wie heute Aids. Fünf Jahre lang, sagte Harry, habe er ein und dasselbe Exemplar in seinem Portemonnaie mit sich herumgetragen, bis sich im Alter von 20 Jahren endlich die Gelegenheit ergab, das treue Stück zu benützen. Es mache ihm nichts aus, heute wieder mit Parisern in der Jackentasche herumzulaufen; man dürfe nur nicht den Fehler machen, beim Würstchenessen mit dem in ein Plastikkissen eingeschweißten Pariser herumzuspielen; den verwechsle man in seiner geilen Zerstreutheit womöglich mit dem auch in ein Plastikkissen eingeschweißten Senf, der sich ähnlich anfühle; dann nämlich drücke man versehentlich statt des Senfs den Lustgummi neben die Wurst auf den Teller, und für ein Stilleben mit einer derart unfreiwilligen Symbolik habe nicht jede Frau Verständnis.

Genau dies war Harry neulich passiert, als er vom Amt in Bonn nach Köln gerast war, um mit Ines essen zu gehen. Sie mußte schon eine halbe Stunde später wieder operieren, und so hatte es nur zum Verzehr von ein paar Würstchen im Stehen gereicht. Harry war dann nach Hause zu Helene gefahren und hatte die Heimlichtuerei verflucht, die es ihm verbot, mit der Erzählung dieses eben erlebten Mißgeschicks Helene zu erheitern. Helene hatte Sinn für solche Späße. Aber man konnte nicht Helene über eine Begebenheit dreckig lachen lassen, über die drei Stunden zuvor Ines dreckig gelacht hatte. Das wäre Verrat gewesen. Harry genoß es, die Geschichte wenigstens jetzt auf diese anonyme Weise Helene mitzuteilen, die sie allerdings nicht sonderlich komisch zu finden schien. Ines hingegen warf ihm einen Blick zu, aus dem Harry Respekt vor seiner Frechheit herauslas.

»Nicht die Aids-Gefahr spricht für die Treue«, sagte Harry, »sondern die zwar nicht tödliche, aber doch ungute Verdoppelungsgefahr.« Harry machte eine Kunstpause. Zu seiner Enttäuschung fragte niemand nach, was er unter »Verdoppelungsgefahr« verstand. Die Verdoppelungsgefahr, fuhr er daher erklärend fort, bestünde darin, daß der oder die Treulose mit verschiedenen Partnern in ähnliche Situationen geraten könne. Dies müsse vermieden werden, und genau dieses Vermeiden sei eine schmerzhafte Begleiterscheinung der Untreue. »Angenommen, ich hätte was mit Ines...«, sagte Harry.

»Hättest du wohl gern«, sagte Helene und ob Harry nicht merke, daß sich Ines nichts aus Männern wie ihm mache.

»Nur mal angenommen«, sagte Harry. Ines lächelte schief.

»Dann«, sagte Harry, »würde ich vielleicht gerne mit ihr in Viscontis ›Ossessione‹ gehen. Und sie mit mir. Ich würde aber auch gern mit dir gehen, Helene. Es wäre aber stillos, mit euch beiden hintereinander zu gehen. Mit wem zuerst? Das wäre eine ärgere Verletzung der Intimsphäre als jede Vögelei. Oder: Ich sitze mit Helene beim Italiener, kaue auf den Vorspeisen herum und stelle fest, daß die Artischockenherzen so fidel quietschen, wenn man sie durchbeißt. Ich frage Helene, ob das in ihrem Mund auch so ist. Zwei Tage später sitze ich mit Ines und esse Artischockenherzen; wieder quietschen sie so fidel; es ist nicht wichtig, aber ich möchte es Ines mitteilen und sie fragen, was ich Helene fragte, ob es in ihrem Mund auch so quietscht; aber das geht nicht. Es verstieße gegen die Gebote des Stils. Oder: Ich liege bei Ines im Bett. Wir haben es miteinander getrieben. In einer Vögelpause ist mir danach zu erzählen, was ich morgens im vermischten Teil der Zeitung las, daß nämlich der Umsatz an Herrenschlafanzügen in den vergangenen Jahren um 80 Prozent zurückgegangen ist. Vermutlicher Grund: Immer mehr Männer schlafen nicht etwa nackt, sondern in Jogginganzügen. Was für ein Gesprächsthema für eine Vögelpause. Auch mit Helene würde ich mich in einer Vögelpause gerne darüber lustig machen. Aber es geht nicht. Die Verdoppelung wäre eine Gemeinheit, euch beiden gegenüber. Hieraus folgt«, schloß Harry, »nicht nur der treue Mensch übt Verzicht, auch der Treulose muß verzichten, wenn er Charakter hat.«

»Sei doch einmal ernst!« sagte Helene.

»Komm«, sagte Harry, »kann denn ein Mensch das Thema Treue noch ernst nehmen. Tut mir leid, bei Treue fällt mir nur doof ein und deutsch und Schwur und Wagnerbrei und Nibelungenunsinn. Treue kommt Kirche und Staat zupaß, weil sie zur Erhaltung von Zucht und Ordnung in der Bevölkerung beiträgt. Treue ist dumpf, klebrig und verkorkst. Treue ist nur vorstellbar als Perversion. Vielleicht ist das Treuegelöbnis die schärfste masochistische Variante. Vielleicht ist das toll für die, die es mögen: Sich einem archaischen Kodex zu unterwerfen hat vielleicht seine Reize, wie das Anketten- und Auspeitschenlassen ja offenbar für genügend Leute seine Reize hat.« Harry kniete nieder: »Komm, schöne Helene, befiehl mir, treu zu sein, damit ich mich gehorsam in Ketten legen kann und nicht länger nach der ohnehin unerreichbaren Ines lechzen muß. Doch, das hat vielleicht was«, sagte Harry.

»Idiot!« sagte Ines.

»Hör auf!« rief Helene. Harry sei nicht nur ein miserabler Diplomat, er sei früher auch ein miserabler Anwalt gewesen; deswegen wahrscheinlich sei er auf die Idee gekommen, ins Auswärtige Amt überzuwechseln. Ob Harry denn von allen guten Geistern verlassen sei: Die Treue wegen ihrer Christlichkeit zu attackieren sei ja wohl das Allerprimitivste. Schließlich morde man auch deshalb nicht, nur weil das Töten für die Kirche als Sünde gelte. Selbstverständlich gehe es weder um Aids noch um irgendeine Christenmoral, das interessiere natürlich kein Schwein mehr. Der Witz sei doch, daß sich alles verkehrt und heute keiner mehr etwas gegen Untreue habe. Untreue werde unentwegt propagiert und ausgeübt, das sei das Stinknormalste und Spießigste. Wenn Harrys Herz noch für die richtige Seite schlage, dann solle er ein Plädoyer für die Treue halten.

Vielleicht hat Helene recht, dachte Harry. Sie hatte auch damals recht gehabt, als es um die freie Liebe ging. Damals war das richtig gewesen, was heute vielleicht falsch war. Was die Früherkennung notwendiger gesellschaftlicher Veränderungen betraf, hatte Helene schon immer einen verläßlichen Riecher gehabt.

Harry dachte plötzlich an eine Fernsehdiskussion, die er in seiner unermüdlichen Medienkonsumgier neulich verfolgt hatte. Er hatte weder Helene noch Ines etwas davon erzählt. Erstens, weil er sich geniert hatte, als über vierzigjähriger Mensch eine Jugendsendung betrachtet zu haben, alles live, alles flott, alles per du, keiner älter als 23. Zweitens lauerte da wieder die Verdoppelungsgefahr: Er hätte nicht gewußt, wem er das Betrachten dieser entsetzlichen Sendung hätte gestehen sollen, Helene oder Ines? Drittens schließlich war es in dieser Sendung um Treue heute gegangen, und das größte Ekel von allen war ein glatter Typ gewesen, der munter eben das propagierte, was auch Harry für richtig befand: Er sei glücklich verheiratet, liebe sich aber ansonsten, mit wem er wolle, das empfinde er als sein gutes Recht, seine Frau dächte ebenso. Seine Ehe sei dadurch nicht gefährdet, sagte dieser esoterisch angehauchte Sunnyboy. Harry hätte diesen leidenschaftslosen Rechthaber unentwegt ohrfeigen können, die Seele dieses Menschen war ein leidensunfähiges Genprodukt. Harry schwor sich, nie wieder für offene Ehen zu plädieren. Es war besser zu behaupten, man sei treu, wenn man schon treulos war. Besser faustdicke Lügen als dieses selbstgefällige Offenheitsgeseich aus der psychologischen Retorte.

Dann war da noch ein Mädchen eingeladen worden, das tatsächlich den Standpunkt vertrat, es wolle sich seine Jungfräulichkeit aufsparen für die Ehe. Kein vorehelicher Geschlechtsverkehr. Ein mittelalterlicher Standpunkt aus dem Religionsunterricht der fünfziger Jahre. Und das 1988 von einer Zwanzigjährigen. Dieses Mädchen nun, und das war das Unfaßbare, war nicht etwa katholisch verkleistert und pickelübersät, sondern durchaus keck, und verheißungsvoll leuchteten ihre riesigen Augen, und Harry hatte sich plötzlich zu seinem Schrecken vorstellen können, einem so sanften, schönen, unmodischen Geschöpf ganz einfach ein Leben lang treu sein zu wollen und auch zu können. Nach der Sendung war er reumütig zu Helene ins Bett gekrochen und hatte sich an sie geschmiegt. Helene war aufgewacht und hatte gesagt: »Was ist in dich gefahren?«

»Also gut«, sagte Harry jetzt, »ich übernehme die

Pflichtverteidigung für die Treue. Es ist höchste Zeit, die Treue gesellschaftlich aufzuwerten. Die Verfechter der Treue gehören zu einer verfemten, zumindest belächelten Minderheit, sie haben unseren Schutz verdient. Die Befürworter der Untreue hingegen erfreuen sich der Hochachtung. Jeder Idiot kann es sich heute leisten, untreu zu sein. Jeder verkiffte Psychologe, jede auf- oder abgetakelte Sexberaterin gibt heute dem Treulosen recht, schon deshalb wäre zu bedenken, ob nicht die Treue zumindest der geschmackvollere Standpunkt ist.«

»Bravo!« sagte Helene.

Fritz sagte: »Warum habt ihr eigentlich nie Kekse zum Tee?«

Harry sah entschuldigend zu Ines hin und fuhr dann fort: »Die Treulosen haben kein Niveau, es sind läppische Figuren aus Boulevardkomödien und sonntäglichen Operetten, es ist die Kundschaft der Beate-Uhse-Läden. Die Gesellschaft billigt das enthemmte Treiben dieser Gestalten verständnisvoll und sieht die Herumvögelei als Selbstverwirklichung an. Demgegenüber erscheinen die Befürworter der Treue als die allerletzten verklemmten Trottel. Es gibt heutzutage keine moralischen Bedenken mehr gegen die Treulosigkeit, wohl aber Bedenken des Geschmacks. Ausgeübte Treulosigkeit ist nicht deswegen abzulehnen, weil man uneheliche Kinder oder Aids davon bekommen kann, und auch nicht, weil es zu stressig oder zu kompliziert wäre. Längst ist die Lebenswichtigkeit von Streß bekannt, und Komplikationen machen uns erst reif. Treulosigkeit ist deswegen abzulehnen, weil sie sich der augenzwinkernden Geneigtheit der unzurechnungsfähigen Gesellschaft sicher sein kann. Die Selbstverwirklichungsparolen sind ohne jeden Witz. Wirklich originell, weil selten, ist die Treue. Die Treue ist ein gutes Ziel. Die Treulosigkeit ergibt sich von selbst.«

Harry erhob sich, legte seine Hand auf Helenes Knie und sagte: »Hohes Gericht, wenn ich eine seit Jahren vertraute Person anfasse, wird mich diese nicht in dieselben nervösen Wallungen bringen, als wenn ich eine unvertrautere berühre.« Harry ergriff Ines' schmales Knie und fand seine Hände zu fleischig. »Das erotische Knistern«, sagte er mutig, »ist nicht unbedingt ein Verdienst der Person, sondern ein Ergebnis der Fremdheit. Diese Ungerechtigkeit darf nicht auch noch mit einem Lob der Untreue gefördert werden. Wenn schon Treulosigkeit nicht vermieden werden kann, dann sollte sie wenigstens nicht offen propagiert, sondern kunstvoll verborgen werden.«

»Etwas dürftig«, sagte Helene, »*ist* das alles?«

»Nein«, sagte Harry, »das ist nicht alles, aber jetzt ist Verhandlungspause.«

Die Pausen waren das Wichtigste, fiel ihm ein. Man mußte sich ausruhen. Die Geruhsamkeit einer treuen Ehe war natürlich eine schreckliche Vorstellung. Wenn man sich nur noch nach anderen Frauen sehnte und ihnen nicht mehr hinterherliefe, würde man nie erfahren, wie zickig die sind, die man für traumhaft hält. Auch Ines war zickig. Gott sei Dank. Das machte ihm das Zusammenleben mit Helene leichter.

Morgen würde er Ines anrufen und ihr eine Erholungspause vorschlagen. Eine Pause war die Lösung. Ausruhen. Zwei Monate keine Verabredungen. Kontaktsperre. Wehe, wenn Ines sofort erleichtert zustimmen würde. Das sähe ihr ähnlich.

Als Ines und Fritz gegangen waren, griff Harry zu der Frauenzeitschrift, die Ines vergessen hatte, um sich mit dem Trend zur neuen Treue vertraut zu machen. Helene setzte sich neben ihn auf das Sofa, zog ihm die Zeitschrift aus der Hand und sagte: »Glaub ja nicht, daß du dich jetzt ausruhen kannst!«

Was die historischen Ereignisse von 1989/90 für eine Wirkung auf den Alltag im Auswärtigen Amt haben und über die Schwerarbeit der Diplomaten. Wie Duckwitz keine Lust auf den nächsten Auslandseinsatz hat und was der Außenminister im Flugzeug sagt. Über links und rechts und Etikettenschwindel, über das Wesen der Politik und den Ursprung der Liebe und wie verschieden man ein einsilbiges Wörtchen aussprechen kann.

»Na!?«
 Auf einmal gab es diesen neuen Zuruf. Das gedehnte »a« leicht fragend angehoben. Man überquerte den Parkplatz, man stand im Lift, man ging durch die Flure – und schon riefen einem irgendwelche Kollegen die Silbe entgegen: »Na!?« Auch in der Kantine. Man setzte sich an einen Tisch, und gleich hieß es: »Na!?«
 »Was soll der Unsinn!« sagte Duckwitz. Er wollte wissen, ob das neue »Na!?« eine Eigenart des Auswärtigen Amts war oder eine Bonner Mode. Er besuchte die Kantine des benachbarten Postministeriums. Auch hier war es zu hören: »Na!?« Allerdings saßen auch hier Dutzende von Angehörigen des Auswärtigen Amts, weil die Kantine des Postministeriums im Ruf stand, eine bessere Küche zu haben.
 Es dauerte eine Weile, bis Duckwitz dahinterkam. Im Mai 1989 hatten die Ungarn schnipp, schnapp den Stacheldraht an der Grenze zu Österreich weggeschnitten. Damit hatte die rasante Bankrotterklärung des Sozialismus in Europa begonnen, die schon ein halbes Jahr später mit der Öffnung der Berliner Mauer im November so gut wie beendet war. Die ganz Fixen unter den Linken taten gleich so, als hätten sie es schon immer gewußt, was sie vielleicht auch tatsächlich schon lange gewußt, nur eben nicht deutlich gesagt und geschrieben hatten. Andere zierten sich und wollten nicht so schnell umkippen. Es fiel

ihnen nicht leicht, die in Jahrzehnten liebgewonnene Schizophrenie aufzugeben, mit der sie auf beiden politischen Systemen ungeniert herumhacken konnten. Während in allen liberalen Zeitungen wie wild diskutiert wurde, ob der Sozialismus noch zu retten sei, überhaupt noch gerettet werden sollte, oder ob man sein Hinscheiden nicht lieber ohne Tränen zur Kenntnis zu nehmen hätte, kommentierten konservative Leitartikler genüßlich den Verfall einer Ideologie, die sie schon immer für haarsträubend unrealistisch gehalten hatten.

In diesen Monaten der Eröffnung ging das Wort »Na« im Bonner Amt und wohl auch in den Auslandsvertretungen um. Vermutlich kursierte es auch in allen Behörden, Schulen, Redaktionen und Betrieben. »Na!?« Es war Ausruf, Kommentar und rhetorische Frage zugleich.

Vor allem die Rechten riefen es den Linken zu. Das heißt, die eher konservativen Mitarbeiter riefen es den eher weniger konservativen Mitarbeitern zu, da man im Auswärtigen Amt von Rechten und Linken kaum reden konnte. »Na!?« war der diskrete Ruf der Sieger, die sich noch nicht so ganz sicher sind. Ein bißchen Schadenfreude schwang mit, ein kleiner Triumph: Na, was sagen Sie nun!? Na, ihr habt wohl aufs falsche Pferd gesetzt!? Na, jetzt schaut ihr aber blöd aus der Wäsche!? Na, jetzt hat's euch aber ganz schön die Sprache verschlagen!?

Wenn sich zwei eher konservative Mitarbeiter begegneten, riefen sie sich das »Na« in einer anderen Betonung zu, kürzer und ohne Fragezeichen. Eine knappe Bestätigung. Ausrufezeichen markierten den Sieg: »Na!« Na, denen haben wir's gezeigt! Und dann gab es noch das tonlose, schüchterne »Na« der Verlierer. Mit zwei Fragezeichen: »Na??« Na, was machen wir jetzt?? In dieser Zeit, im Sommer 1989, hatte Duckwitz den Kollegen Knesebeck näher kennengelernt. »Na??« hatte Knesebeck eines Tages zu ihm gesagt, als sie am Fotokopierer standen und warteten. Duckwitz hatte Knesebeck für einen Ultrakonservativen gehalten, weil er immer so ultrakonservative

Schlipsknoten und Hemdkragen trug. Irrtum. Der Zusammenbruch des Sozialismus brachte auch dies an den Tag: Knesebeck war ein waschechter Sozialdemokrat. Linker Flügel. Die Herrschaftsverhältnisse hatten nie seine Billigung gefunden. Er war immer für eine gerechte Verteilung der Güter gewesen und gegen die Ausbeutung der Dritten Welt. Damit hatte er kein Aufsehen erregt. Wer ist nicht für eine gerechtere Verteilung der Güter und gegen die Ausbeutung der Dritten Welt.

Duckwitz galt im Amt von Anfang an als linker Vogel, als roter Baron, weil man sein unkonventionelles Gerede für links hielt. Man hatte ihm dieses Etikett angeheftet, das ihm als Nichtleser von Marx und Engels nach ideologischen Gesichtspunkten gar nicht zustand, wie er selbst fand, das er aber gerne trug. Der Etikettenschwindel gefiel ihm.

Die unentwegt als historisch apostrophierten Ereignisse dieses Sommers und Herbstes boten Duckwitz noch einmal Gelegenheit, sich über die deutschen Umtriebe zu mokieren und sein Image aufzufrischen. Jetzt, da das Linkssein immer unpopulärer wurde, tat er es besonders gern. Er hatte schon als Kind bei Würfel- oder Kartenspielen dem Verlieren einiges abgewinnen können. Ob beim Fotokopierer oder in der Kantine, ob zwischen Tür und Angel oder auf irgendwelchen Empfängen: Wenn er auf Leute traf, die auch nur den Funken eines nationalen Gerührtseins über die politische Entwicklung Deutschlands zu erkennen gaben, stichelte er, so gut er konnte.

Es sah so aus, als wäre die Vereinigung Deutschlands unvermeidlich. Nicht auszuschließen, daß es tatsächlich das geringere Übel war. Aber noch lange kein Grund zur Freude. Bei einer Morgenbesprechung wurde feierlich von einer Großtat des Ministers berichtet, die allen schon vom Fernsehen am Abend zuvor bekannt war. Freie Ausreise für haufenweise DDRler hatte der Minister durch seine Verhandlungskünste erreicht. Einigen wurde ganz groß zumute. Einen Augenblick schien die Diplomatie doch einen höheren Sinn zu haben. Da kam aus der unmittelbaren Umgebung von Duckwitz herb-verhaltenes Gelächter. Er hatte seinen Nachbarn zugeflüstert, dieser Politfick der beiden deutschen Staaten verstoße zumindest gegen die Regeln des Kamasutra. Gute Liebhaber, auch wenn es sie noch so drängt, ließen sich Zeit beim Vorspiel. »Was hier geboten wird«, sagte Duckwitz, »ist kläglich. Die leiden doch alle unter ejaculatio praecox.«

Diejenigen Kollegen, die der Ansicht waren, über ein so heiliges Thema wie das der deutschen Nation dürfe man nicht spotten, versuchten Harrys linke Geschmacklosigkeiten souverän zu überhören. Wenn wieder einmal ein Fell der Linken weggeschwommen und die Illusion weiter zerbröselt war, also etwa einmal in der Woche, rächten sie sich, indem sie ihm mit besonders boshafter Verdrucktheit das Losungswort der Saison zuriefen: »Na!?« Als habe er sich je Illusionen gemacht. Als habe er je auf den Sozialismus gesetzt.

Knesebeck ließ erkennen, daß er Duckwitz' Polemisieren auch für unseriös hielt. Aber er war wohl der Ansicht, daß echte und weniger echte Linke jetzt zusammenhalten müßten. Vielleicht rührte ihn auch, daß Duckwitz einem Spott von rechts ausgesetzt war, den er nicht verdient hatte. Aber auch die kritische Lage der Linken brachte Knesebeck und Duckwitz nicht näher zusammen, schon deswegen, weil Duckwitz die Lage gar nicht kritisch fand. Der Zusammenbruch des Sozialismus sei, wie fast jeder Zusammenbruch, eine vergnügliche Sache, sagte er, als Voyeur komme er voll auf seine Kosten. Das fand Knesebeck frivol und zynisch. Er befürchtete, der deutsche Nationalismus werde ganz fürchterlich aufschäumen, und der Kapitalismus werde jetzt noch grausamer zuschlagen. »Erbarmungslos zuschlagen«, sagte Knesebeck.

»Ich bitte Sie«, sagte Duckwitz, »mäßigen Sie sich!« Er hatte gehört, daß Knesebeck aus einer wohlhabenden Familie stammte. Das war wieder einmal typisch. Aber man konnte ihm das nicht zum Vorwurf machen. Also sagte Duckwitz: »Sie sind das letzte Exemplar der aussterbenden Gattung der Salonlinken!«

»Wenn einer ein Salonlinker ist, dann Sie!« sagte Knesebeck. Duckwitz schrie: »Ich und ein Salonlinker? Wenn Sie das noch einmal sagen, trete ich sofort in die letzte noch vorhandene marxistische Partei ein!«

Indes hielt sich der begreifliche Triumph der Konservativen in Grenzen. Er wurde schon bald von einem Arbeitseifer überdeckt, der das Klima im Amt völlig beherrschte. Wie alle Beamten klagten auch die Angehörigen des Auswärtigen Amts traditionell über die viele Arbeit, die sie sich machten oder vormachten. Im Vorfeld der angestrebten Vereinigung der Bundesrepublik mit der DDR gab es mit einemmal tatsächlich etwas zu tun. Dem unermüdlichen Minister mußte unentwegt zugearbeitet werden. Und allen 160 Ländern, mit denen man diplomatische Kontakte unterhielt, mußte beigebracht werden, daß das neue Deutschland das friedliebendste und harmloseste Land der Welt werden würde. Die Kollegen aus der politischen Abteilung berichteten erschlafft von 13 bis 14 Arbeitsstunden täglich. Eine wahre Knochenarbeit sei das, die deutsche Einheit vorzubereiten. Und dann der europäische Binnenmarkt: Arbeit, Arbeit, Arbeit! Die Leute aus dem Osteuropareferat sprachen bereits von 16-, ja 17stündigen Arbeitstagen. Aus Brüssel, Genf, New York drang Kunde nach Bonn: Schwerstarbeit ist angesagt. »Mit Fingerspitzengefühl«, hatte ein Botschaftsrat von der Vertretung in Straßburg hinzugefügt.

Es war, als hätten sich alle Mitarbeiter des diplomatischen Dienstes, egal, ob höher, gehoben, mittel oder einfach, zusammengetan, um gemeinsam die Legende vom Müßiggang der Diplomaten zu widerlegen, um sich gegenseitig einzuschärfen, daß man einen ebenso harten Job hatte wie die Typen in der freien Wirtschaft. Das Lustige war nur: Die Manager der freien Wirtschaft hatten das Prahlen schon vor Jahren aufgegeben. Es war nicht mehr schick. Mitte der 80er Jahre konnte man noch Eindruck machen mit dem Hinweis auf seine 100-Stunden-Woche. Mittlerweile hatten die knackigen Topmanager begriffen, daß das ein bißchen beschränkt wirkt, so, als werde man nicht fertig mit seiner Arbeit. Daher gaben sie neuerdings mit ihrer Freizeit an. Zeit für Frauen und Sport zu haben, das zeichnete den Erfolgsmann der Stunde aus. So war man im Auswärtigen Amt wieder einmal ein paar Jahre zu spät dran. Auch die Einführung von Computern an den Arbeitsplätzen war mit jahrelanger Verspätung erfolgt. Daß hier den flotten Moden und dem technischen Fortschritt in großem Abstand hinterhergehinkt wurde, machte Duckwitz die Behörde manchmal wieder fast sympathisch.

»Wir haben von allen Industriestaaten der Welt das kleinste, aber das am effizientesten arbeitende Außenministerium«, hatte erst vor wenigen Tagen ausgerechnet ein Mitarbeiter der Protokollabteilung gesagt und sich damit dem Spott seiner Kollegen am Tisch ausgesetzt. Denn das einzige, was man von der Protokollabteilung in letzter Zeit gehört hatte, war, daß sie sich im Juli, als alle von der Einheit und nichts als der Einheit redeten, von der Währungsunion, dem Beitrittstermin der DDR, dem Termin der ersten gesamtdeutschen Wahlen und der Frage schließlich, ob nun Bonn oder Berlin Hauptstadt werden solle, ausgerechnet in dieser Phase einen neuen roten Teppich besorgt hatte.

Duckwitz hatte damals gerade im Pressereferat Bereitschaftsdienst. Mit einer gewissen Wollust verfaßte er eine Mitteilung für die Presseagenturen: 36 Meter Kokosläufer, 2 Meter 44 breit, insgesamt also 88 Quadratmeter, was darf das kosten? Sie werden lachen, knappe 5000 Mark. Und der alte Teppich hat 30 Jahre lang gehalten. Er wurde noch von Adenauer und de Gaulle betreten, von Kennedy und Mutter Teresa.

Staatsempfänge und Paraden waren ja nun das Ultimum an Lächerlichkeit, aber das hier mit dem Kokosläufer war schon wieder gut. Vor allem der Preis. Jede Reihenhaus-Hausfrau möchte von ihrem Schnuckelmann alle paar Jahre einen neuen Teppichboden für die heimische Wohnlandschaft spendiert kriegen. Das kostete mittlerweile weit über 10 000 Mark, wie Duckwitz genau wußte, weil auch Helene einmal mit der Idee dahergekommen war, das Eifelhaus entsprechend zu renovieren. Der rote Teppich der Protokollabteilung diente einer ganzen Nation, hielt mindestens 30 Jahre und kostete weniger als ein Flug nach Lateinamerika und zurück.

Der Protokollkollege hatte für die Ironie seiner Teppichgeschichte wenig Sinn. Er rechnete statt dessen allen, die sich in seine Nähe begaben, vor, daß das bundesdeutsche Auswärtige Amt mit circa 6000 Mitarbeitern ungefähr doppelt so viel leisten müsse wie das englische Foreign Office mit seinen 12 000. Auch bei den knapp 10 000 Beschäftigten des französischen Quai d'Orsay und dem State Department der USA falle längst nicht so viel Arbeit an. Auf eine halb rührende, halb unausstehliche Art war der Protokollmensch stolz auf die enorme deutsche Effektivität. Im gleichen Ton lobte der deutsche Durchschnittsmann die enorme Leistung seines Autos bei minimalem Benzinverbrauch.

Auch im Pressereferat war man emsig dabei, die vielen diffusen Verlautbarungen des Amts nach außen zu geben. Im benachbarten Referat für Öffentlichkeitsarbeit/Inland, in dem Duckwitz beschäftigt war, gab es allerdings wenig zu tun. In diesen bewegten Zeiten interessierte sich niemand für die Selbstdarstellung des Auswärtigen Amts. Ende 1989 war die deutsche Vereinigung so gut wie sicher, und wer weiß, ob danach nicht Berlin die Hauptstadt sein würde. Es hatte keinen Sinn, jetzt Broschüren zu aktualisieren, in denen irgendwelchen rätselhafterweise interessierten Lehrern des Faches Staatsbürgerkunde die Funktionsweise und Struktur des Auswärtigen Amts in der Bonner Adenauerallee dargelegt wurde. Der Abteilungsleiter hatte schon vorgehabt, die Stelle bis zur endgültigen Klärung der deutschen Frage einzusparen.

Ein völlig richtiger Plan, den Duckwitz ihm ausreden konnte. Diese Übergangszeit, sagte er, müsse in späteren Publikationen besonders gewürdigt und daher jetzt besonders aufmerksam beobachtet und dokumentiert werden.

Der Abteilungsleiter hatte sich überzeugen lassen, Duckwitz konnte den Posten behalten, um den ihn keiner beneidete und den er genoß. Nichts war los. Er las Zeitungen und wurde dafür bezahlt. Er war der einzige im Amt, der genügend Zeit zum Zeitunglesen hatte, und so war er besser informiert als all die anderen Hektiker, über deren Fleiß er sich gerne lustig machte.

Manchmal versuchte er, die Kollegen aufzuwiegeln: Die Früchte ihrer Arbeit nehme ihnen der Minister weg. Sie würden den ganzen Tag blättern und wühlen und tüfteln und ganz präzise Berichte schreiben und diktieren, sagte Duckwitz. »Und was passiert damit? Sie verwandeln sich, nachdem sie dem Minister von seinen Beratern in letzter Sekunde vor den Verhandlungen eingetrichtert worden sind, in irgendwelche vagen Zusagen oder Mahnworte, je nachdem.« Ihre Arbeit sei nichts als die Verwandlung exakter Zahlen und Recherchen in freundliche Mehrdeutigkeiten. Und das nenne sich dann Spitzendiplomatie. Der Minister wisse doch schon gar nicht mehr, ob er gerade nach Moskau oder Washington, nach Paris oder Prag unterwegs sei. Hauptsache, er taucht möglichst schnell hintereinander an allen wichtigen Orten der Welt auf, setzt sich mit seinen hochkarätigen Verhandlungspartnern zum Abfotografiertwerden an einen Kamin und ist drei Stunden später schon wieder woandershin unterwegs. Wo geht es hin? fragt der Außenminister, wenn er schlaff im Flugzeug sitzt. Nach London geht es. Und was sage ich da? Dort sagen Sie ganz laut und mit Betonung: Die Diplomatie hat eine Chance bekommen, und diese Chance muß sie nutzen. Der Minister nickt und pennt ein. »Das ist die Weltpolitik«, sagte Duckwitz, »ebenso könnten Doubles herumgeschickt werden.«

Seit nun schon fast einem Jahr war Duckwitz' dritter Auslandseinsatz fällig. Er hatte ihn wieder einmal mit der Begründung verzögern können, die Ausbildung seiner Frau zur Pianistin ließe das nicht zu. Sowenig er gerade jetzt das vergrößerte Deutschland mochte, so hatte er doch nicht die geringste Lust, sich die nächsten drei Jahre irgendwo in Daressalam oder Lusaka oder Bangui oder Niamey oder N'Djamena oder Ouagadougou mit den Schizophrenien der Entwicklungshilfe herumzuschlagen. Dort würde er vermutlich als Botschafter eingesetzt werden. Absurde Vorstellung, am Arsch der Welt Exzellenz zu spielen. Keiner kannte diese Hauptstädte, man mußte immer dazusagen, wo das ist: Tansania, Sambia, Zentralafrikanische Republik, Niger, Tschad, Burkina Faso. Und bloß nicht nach Tokio zu den autoritätsbesessenen Japanern, um sich dort als graue Nummer in der großen Botschaft um die Rechtsgrundlagen des ekelhaften Computerhandels zu kümmern. Auch Singapur oder Manila kam nicht in Frage. Nirgendwohin bitte. Keine Trennung von Ines. Nicht einmal Trennung von Bruder Fritz. Alles sollte bleiben, wie es war. Eventuell Neuseeland, aber das konnte man ja immer noch anstreben, wenn hier kein Baum mehr stand. Lateinamerika? Nicht schon wieder! USA? Nein danke! Osteuropa? Interessant, aber ehrlich gesagt zu kompliziert im Augenblick. »Reine Reparaturwerkstätten, die Länder des ehemaligen Ostblocks«, hatte Duckwitz neulich zu einem vom Geist des Aufbaus durchdrungenen Menschen aus dem Osteuropareferat gesagt, der eben noch Botschaftsrat in Warschau gewesen war.

»Aha, lieber kritisieren als reparieren. Der feine Herr von Duckwitz will sich nicht die Finger schmutzig machen!« hatte der gekontert.

»Ganz recht«, hatte Duckwitz gesagt, »solange es noch so viele Typen gibt, die ganz geil auf Bastelarbeiten sind, sehe ich keinen Grund, dort drüben mit Hand anzulegen.«

Es war übrigens nicht unüblich, sich mit plausibel klingenden Gründen, am besten Familienproblemen, gegen willkürliche Versetzungen ins Ausland zur Wehr zu setzen. Allerdings war eine eingeschränkte Verfügbarkeit der Karriere nicht gerade förderlich. Aber das fand Duckwitz eher gut so. Denn nichts war interessanter als das Privatleben.

Während in den wildbewegten Monaten des Jahres 1989 die etwa 1600 Mitarbeiter der Zentrale unentwegt mit der deutschen Vereinigung zu tun hatten und selbst die Chauffeure ständig dafür unterwegs waren, tat Harry rasch und zügig das Nötigste, las seine Zeitungen und dachte über die Liebe nach.

Warum war er verrückter nach Ines als Ines nach ihm? Oder war es gar nicht so? Und warum war er überhaupt so verrückt nach ihr? Warum hatte er das Gefühl, sie schon seit Urzeiten zu kennen, schon länger als Helene, die er seit Urzeiten kannte?

An irgendeinem frühen Nachmittag im Oktober fiel ihm die Antwort ein: Ines' stets leicht geöffneter Mund, ihre dunklen Haare, der Schnitt ihrer Augenlider und irgend etwas an ihrer Nase erinnerten ihn an eine Präservativschachtel, die er mit zwölf oder dreizehn oder vierzehn im Klo einer Kneipe, das heißt eines Gasthofs in den bayrischen Bergen, in einem Automaten so oft wie möglich bewundert hatte. Drei Stück für eine Mark damals, aber auf die Gummis kam es nicht an. Das Gesicht der Frau auf der quadratischen Schachtel hatte es ihm angetan: ein unscharfes, grobkörniges Foto. Das mußte die Ekstase sein. Die Hingabe. Das Glück. Die Liebe. Der nach hinten geworfene Kopf, die leicht geöffneten Lippen, das verwegen gewellte Haar, die malerisch beschatteten, geschlossenen Augen – ganz auf die Lust konzentriert. Und das war Ines. Harry hatte sich damals die Schachtel nicht besorgt, aus Feigheit vielleicht, damit ertappt zu werden, vielleicht aus Verlegenheit, weil er mit den Gummis noch nichts anzufangen wußte. Sie hatten nicht unbedingt etwas mit Liebe zu tun. Soviel war ihm klar. Die Frau auf der Schachtel aber – das war die Liebe.

15

Wie Duckwitz in seiner Bonner Wohnung eine Wahlparty veranstaltet, nebst einigen Wahlanalysen und einem kurzen Rückblick auf Harrys vergebliche Schand- und Heldentaten im diplomatischen Dienst. Wie Fritz beinahe etwas zugestoßen wäre, Ines zornig wird und Rita und Helene gähnen. Wie Harry dann überraschenderweise doch noch befördert wird und schließlich eine Erinnerung daran, wie einmal im Auswärtigen Amt eine Flaschensammlung durchgeführt wurde.

»Halt's Maul!« sagte Duckwitz, als der Bundeskanzler zu reden begann. Der Kanzler sprach ungerührt weiter. Er war von einem Reporter gefragt worden, ob und wie er das Kabinett nach dem Wahlsieg umzugestalten gedenke, und er sagte zu dem Reporter: »Sie werden Verständnis dafür haben, daß ich Ihnen hier und heute keine Antwort darauf geben kann.« Er habe zwar Verständnis für die Frage, sagte der Kanzler, der Reporter müsse ihm wohl diese Frage stellen, aber er bitte auch den Reporter um Verständnis, daß er ihm hier und heute keine Antwort darauf geben werde. Jaja, sagte der Reporter, er habe dafür Verständnis, nur hoffe er, daß der Kanzler für seine Frage Verständnis habe. Der Kanzler sagte daraufhin, wie er schon sagte, habe er volles Verständnis für die Frage, dann wandte er sich dem Mikrofon eines anderen Reporters zu. Und obwohl es ein lauer Dezembertag war, bedankte er sich bei allen von der Basis der Partei, daß sie bei dieser eisigen Kälte ihren Teil zu dem großartigen Wahlsieg beigetragen hätten. »Halt's Maul!« schrie ihm Duckwitz noch einmal entgegen, alle lachten, Rita wurde von einem Kicheranfall geschüttelt, umarmte Harry und sagte: »Das kann keiner so gut sagen wie du!«

Es war früh am Abend des 2. Dezember 1990, die ersten zuverlässigen Hochrechnungen waren gerade über den Bildschirm gelaufen. Das Volk hatte erwartungsgemäß das dritte Mal für den gespenstischen Koloß gestimmt. Es war die erste gesamtdeutsche Wahl, aber es war der Regierung nicht gelungen, sie als etwas Besonderes hinzustellen. Zwei Monate zuvor hatte sich die DDR aufgelöst, die Wiedervereinigung war vollzogen worden, allerdings war das heute schon wieder ein alter Hut.

Harry hatte diesmal in seiner Bonner Wohnung nicht nur den harten Duckwitz-Clan – Rita und Helene, Fritz und Ines – um sich versammelt, sondern auch ein paar Kollegen eingeladen, Knesebeck und Sachtleben mit ihren Frauen und den kinnlosen Grafen Waldburg, zur Zeit Kulturreferent an der Botschaft in Helsinki oder Stockholm oder Oslo, jetzt auf Heimaturlaub im Lande. Ferner war ein milder Spötter aus der Protokollabteilung zu Gast, der Harry an den Onkel Benedikt seiner Kindheit erinnerte, jenen rätselhaften Verehrer von Tante Huberta, und den er deswegen Onkel Benedikt den Zweiten nannte und auch so anredete. Einige schwarze Diplomaten aus Ghana und Kamerun waren noch dabei, und Harry dachte an Hennersdorff, der ihm immer näherrückte, je länger er tot war.

Der Fernsehapparat lief, und man tröstete sich mit den üblichen Witzen über die Dummheit und Häßlichkeit des nunmehr vereinten deutschen Volkes hinweg, spottete, wie ideal der Kanzler dieser Dummheit und Häßlichkeit entsprach. Die Schwarzafrikaner lachten und zeigten ihre wunderbaren Zähne und sagten, sie verstünden die Aufregung gar nicht, und Harry sagte: »Ihr habt gut reden mit eurer schönen dunklen Haut und euren weißen Zähnen.«

Dann hatte Harry seine Geschwulst-Theorie entwickelt, die er besser fand als die übliche Intellektuellen-Theorie vom schrecklichen Kanzler als verdienter Strafe für ein schreckliches Volk. Der Kanzler sei eine Geschwulst, sagte er, was man daran erkenne, daß er Tochtergeschwülste bilde. Die meisten Leute in seinem unmittelbaren Umkreis ähnelten ihm. Sein Parteisekretär zum Beispiel habe doch genauso eine abscheuliche Physiognomie wie er. Helene sagte, sie könne das nicht mehr hören. Ines sagte, bei einer Geschwulst stelle sich die Frage, ob sie gutartig oder bösartig sei, sie halte den Kanzler wegen dieser Bildung von Tochtergeschwülsten für bösartig. Onkel Benedikt der Zweite erkundigte sich nach Ines' Beruf, und als er erfuhr, daß sie Anästhesie-Ärztin war, forderte er sie auf, das Kanzleramt zu chloroformieren.

»Richtig«, sagte der kinnlose, heute aber ganz verwegen aussehende Graf Waldburg, und Harry sagte: »Chloroformieren statt reformieren, wir brauchen keine Reform, sondern eine Chloroform!« Weil keiner seinen Kalauer angemessen würdigte, fiel ihm Elizabeth Peach aus der Kamerun-Zeit ein, die für solche Sprüche etwas übriggehabt hatte. Sie mußte jetzt auch schon ein gutes Dutzend Jahre älter sein. Morgen würde er sie vom Amt aus anrufen.

Ines sagte, sie fände den Wahlausgang nicht komisch, sondern deprimierend. Die Wahl 1987 hatte Harry auch noch deprimierend gefunden, die jetzige ließ ihn kalt. Helene hatte schon die 87er Wahl kalt gelassen, 1983 hatte sie sich zum letztenmal aufgeregt. Sie behauptete, auch Harry habe sich 1987 nicht mehr aufgeregt. »Du mußt es ja wissen«, sagte Harry. Offenbar war die politische Erregbarkeit eine Kraft, die im Lauf der Jahre verging. Jedenfalls die parteipolitische. Überraschenderweise war es Ines, die heute der Zorn packte. Ausgerechnet Ines, die unpolitische Ärztin, die vermutlich eine brave, strebsame Studentin gewesen war und nie auf die Idee gekommen wäre, gepflegt in gesellschaftlichen Zusammenhängen zu denken, ausgerechnet sie kotzte die Wiedervereinigung und dieser Wahlausgang am heftigsten an.

Harry sagte, er glaube langsam, es sei infantil, intelligente Köpfe und sympathische Gesichter zu erwarten, das sei ein Widerspruch. Intelligente Menschen gingen nicht in die Politik und sympathische schon gar nicht. Es sei offenbar nun mal so, daß Kanaillen die bessere Politik machten, das sei zwar traurig, aber auch irgendwie erlösend.

Ines sagte, man wisse bloß nicht, ob Kanaillen harmlos oder gefährlich seien, das sei das Problem.

Waldburg sah im Augenblick keine Gefahr. Er hielt es sogar für möglich, daß die Dickfelligkeit des Kanzlers auch politische Vorteile habe. So könnte sich zum Beispiel, sagte er, diese konservativ erstarkte deutsche Regierung aus lauter Bockigkeit dagegen sträuben, deutsche Soldaten in internationale Krisengebiete zu schicken, sie könnte aus lauter Dummheit und Selbstgefälligkeit das Richtige tun, während eine sozialliberale Regierung womöglich auf die Idee gekommen wäre, als Zeichen des guten deutschen Willens den amerikanischen Truppenaufmarsch am Golf mit ein paar natürlich freiwilligen deutschen Jungs zu unterstützen.

»Haarsträubend«, rief der linke Knesebeck, »das Gegenteil ist richtig.« Helene sagte, wenn Harry seine Theorie von der verkehrten Welt entwickle, daß nämlich immer die Dummen das Richtige und die Schlauen das Falsche machten, dann sei er nicht zu bremsen.

Immerhin, stellte Harry fest, habe sich der Umgangston zwischen Politikern und Reportern verändert. Noch vor vier Jahren habe ein Politiker, der vom Reporter gleich nach der Wahl gefragt wurde, was er nun konkret zu tun gedenke, losgebollert, daß diese Frage zu diesem Zeitpunkt reiner Unsinn sei. Heute versicherten sich Politiker und Reporter wechselseitig, daß sie Verständnis füreinander hätten. Sie übten die Sitte des leeren Frage-und-Antwort-Spiels zwar noch aus, ließen aber mittlerweile durchblicken, daß sie es für absurd hielten.

»Ist das ein Fortschritt, oder ist das noch perverser?« fragte Knesebeck.

»Der Fortschritt ist pervers«, sagte Duckwitz.

»Das ist Glasnost in der Volksverarschung«, sagte Helene.

Vom Fernseher her kam höhnisches Geschrei. Der

Kanzler hatte sich gerade beim lieben Gott für seine Kondition bedankt. Tatsächlich, das hatte er. Beim lieben Gott. Nur die gute Kondition ermögliche es ihm, sein anstrengendes Amt durchzustehen.

»Politik besteht nur noch aus Kondition«, sagte Harry, »das hat er völlig richtig erkannt.«

»99 Prozent Kondition, ein Prozent Inspiration«, sagte Fritz, »frei nach Oscar Wilde.«

»Sehr gut, sehr gut«, sagte Onkel Benedikt der Zweite.

Dann mußte Harry von dem Essen erzählen, das neulich vom Auswärtigen Amt für den Kanzler gegeben worden war, um sein verkrampftes Verhältnis zu den Diplomaten aufzulockern. Er hatte natürlich keine Zeit wegen des ganzen DDR-Vereinigungsrummels, aber den angekündigten 17 Gängen konnte er dann doch nicht widerstehen. Der Kanzler saß neben einem völlig vertrockneten Ministerialdirigenten, der einmal Gesandter in Washington oder Paris gewesen war, ein unglaublich dürrer Graf, aber nein, Waldburg war es nicht, sagte Harry. Der Kanzler habe schweigend vor sich hin gemampft und nach einer Weile seinen Tischnachbarn gefragt: »Wissen Sie, worum ich Sie beneide, lieber Graf?« Und während der Graf artig seinen schmalen Kopf schüttelte, sagte der Kanzler: »Daß Sie so viel essen können, ohne dick zu werden.« Als der Kanzler diese fade Scherzfrage, die er offensichtlich für volkstümlich hielt, zum drittenmal stellte, war Duckwitz aufgestanden, hatte ans Glas geschlagen und einen alten Spruch zitiert: »Hunger hat nur die Kanaille / und der Pöbel frißt sich satt / echter Adel hält auf Taille / apropos wenn er sie hat.« Das ist gut, hatte der Kanzler gerufen, das müsse er sich merken, das solle man ihm aufschreiben, nur in der DDR dürfe er den Spruch nicht anbringen.

Das war irgendwann im Sommer dieses angeblich historischen Jahres 1990 gewesen. Duckwitz hatte den Kanzler noch nie so lange aus nächster Nähe beobachten können. Seine Menschenkenntnis, auf die sich Harry im allgemeinen verlassen konnte, schmolz beim Anblick dieses Hormongespenstes dahin. »Diese Reaktion zum Beispiel auf meine kleine Einlage«, sagte Harry, »war sie nun schlau oder dumm?«

»Das werden wir nie erfahren«, sagte Onkel Benedikt der Zweite. Harry nahm dieses große Geheimnis der Diplomatie zum Anlaß, auf die kleinen Rätsel seiner Diplomatenlaufbahn zu sprechen zu kommen. Wieso schadeten Entgleisungen der diplomatischen Karriere offenbar nicht im geringsten? Schon in seiner Ausbildungszeit vor nunmehr fast 15 Jahren hatte Duckwitz die Politik der innig verbündeten Amerikaner heftig attackiert, sich damit aber nur Pluspunkte eingehandelt. Auch bei seinem ersten Auslandsaufenthalt in Kamerun hatte er sich des öfteren danebenbenommen, und nicht nur bei Tisch. Er hatte seine Pflichten verletzt und die Interessen der deutschen Wirtschaftsvertreter nicht unterstützt, sondern durchkreuzt, hatte den Militärattaché vor der versammelten Botschaft als Waffenwichser bezeichnet, deutschen Afrikatouristen nur widerwillig aus der Klemme geholfen, nicht ohne ihnen klarzumachen, daß sie auf diesem Kontinent nichts zu suchen hätten.

Harry habe offenbar etwas von jener Kraft, sagte Fritz, die stets das Böse will und stets das Gute schafft.

»Guck mal, unser Mephisto«, sagte Helene, und Rita hielt die Zeigefinger wie Hörnchen an die Stirn und wakkelte erstaunlich obszön mit dem Hintern.

»Ich wußte gar nicht, daß du ein Teufel bist«, sagte Ines, wunderbar hintersinnig, wie Harry fand.

»Er ist ein Friedensengel«, sagte Sachtleben und erinnerte daran, wie Duckwitz im Herbst 1981 bei der großen Morgenbesprechung in Bonn das Auswärtige Amt aufgefordert hatte, eine Abordnung auf die große Friedensdemonstration am 10. Oktober im Hofgarten zu schicken. Abgesehen von seinem persönlichen Bedürfnis, gegen die Nachrüstung zu demonstrieren, hatte Duckwitz argumentiert, ginge er jede Wette ein, daß die Abordnung einiger Diplomaten den zweifelhaften Ruf des Amts als einer Ansammlung untätiger Banausen wirkungsvoll entkräften könnte. Selbst diesen grotesken Vorschlag hatte man ihm nicht verübelt, sondern lediglich überhört.

»Gott, ja«, sagte Duckwitz, etwas peinlich berührt von der Erinnerung an diese mißlungene revolutionäre Aufwallung, »damals war ich gerade aus Kamerun zurückgekommen. Das ist jetzt neun Jahre her.«

Später, in Ecuador, hatte er alle möglichen Diplomaten mit seinen Zoten vom Kanzlerschwein traktiert. Auch dort hatte er, wie in Kamerun, deutsche Firmen so gut es ging auflaufen lassen. Manchmal war er sich dabei wie ein Geheimagent vorgekommen, aber das sagte er hier nicht. Ganz im stillen und ohne Aufsehen zu erregen, hatte er Anträge deutscher Firmen abgelehnt, mit einigen Tricks immerhin den Bau einer Straße durch den Urwald wenn auch nicht verhindern, so doch wenigstens verzögern können, und sogar Anfragen deutscher Schriftsteller eigenmächtig abgewiesen, die auf ihrer Lesetour durch die Goethe-Institute Lateinamerikas mit Hilfe der Botschaft unbedingt auch noch Quito und Guayaquil mitnehmen wollten. »Das war keine Heldentat«, unterbrach Helene Harrys kleinen Rückblick, »sondern eine Gemeinheit.«

Zu Harrys Beruhigung war Fritz durchaus seiner Meinung, deutsche Literaten hätten in Goethe-Instituten nichts zu suchen und schon gar nicht in Lateinamerika. Um ein paar Altnazis und ihrem verklemmten Nachwuchs irgendwelche Texte vorzulesen, dafür brauche man nicht um die halbe Welt zu fahren. Fritz hatte erst vor einem halben Jahr eine Einladung nach Kuwait ausgeschlagen. Dort gab es kein Goethe-Institut, aber einen deutschen Kulturklub, der ihm ein königliches Angebot gemacht hatte: 6000 Mark und 14 Tage in einem Klassehotel. Für eine zweistündige Lesung. Als Fritz im Mai oder Juni davon erzählte, hatten ihm alle zugeraten, auch Harry, allerdings mit dem Hintergedanken, sich in dieser Zeit unbeschwerter mit Ines treffen zu können. Aber Fritz war hart geblieben. Vor stumpfsinnigen Ingenieuren lese er nicht für alles Geld der Welt. Als dann im August die Iraker in Kuwait eingefallen waren und alle westlichen Besucher des Landes nicht mehr ausreisen konnten, war Harry ganz starr geworden vor Schuldgefühlen bei der Vorstellung, daß sein armer Bruder Fritz um ein Haar zu den Geiseln gehört hätte.

Die Geschichte von Fritzens Beinahetragödie führte zu lebhaften Gefühlsreaktionen unter den Gästen von Harrys Wahlparty. Schließlich war Fritz in gewisser Weise soeben einer tödlichen Gefahr entgangen. »Wieso, was habt ihr denn«, sagte Fritz, »mittlerweile wäre ich ja schon wieder da. Im übrigen hätte ich gerne einige der deutschen Gangster in Bagdad etwas näher kennengelernt.«

Nun geschah etwas, das Harry aufs allerhöchste irritierte: Ines führte Fritzens Bemerkung aus ihrer Sicht fort und sagte, das seien doch die letzten Kriminellen gewesen, die Deutschen da unten, skrupellose Rüstungshändler und Rüstungstechniker, was man mit denen für ein Gedöns gemacht habe, könne sie überhaupt nicht verstehen, wenn es zu einem Krieg komme, dann hätten die es nun wirklich verdient, an dem Zeug, das sie hergestellt und vertrieben hatten, zu krepieren.

»Bravo, die Dame!« rief Graf Waldburg und klatschte, während Harry ganz sprachlos war. Noch nie war es vorgekommen, daß Ines eine Bemerkung von Fritz wie eine vertraute Ehefrau aufgegriffen und sogar noch radikal verstärkt hatte.

Schließlich sagte Harry: »Du hast so recht« und wollte ihr die Hand küssen. Aber Ines entzog sie ihm und sagte: »Du gehörst doch auch zu der Bande.«

Onkel Benedikt der Zweite rief: »Macht doch mal die Glotze aus, wir wollen den Tölpelkanzler nicht mehr sehen, das hier ist viel interessanter!«

Dann wurde über die deutsche Einheit gelästert und über den Bundespräsidenten und natürlich auch über den Außenminister, und Harry mußte noch einmal die Geschichte erzählen, die Onkel Benedikt der Zweite noch nicht kannte, wie er nämlich in Quito die Fußballmannschaft brüskiert und sich einen Rüffel des Ministers eingehandelt hatte, einen der wenigen, erstaunlicherweise, in seiner Diplomatenlaufbahn.

Harry hatte in Quito dafür gesorgt, daß niemand von der Botschaft die siegreiche deutsche Fußballmannschaft auf dem Flughafen begrüßte. Der Botschafter hatte allerdings auf einem Empfang der Mannschaft in den Kanzleiräumen der Botschaft bestanden, nein, nichts Großes, nur ein kleiner Umtrunk und nicht in der Residenz. Die Fußballer waren gekränkt. In Santiago und Lima hätten deutschstämmige Fußballfans bei ihrer Ankunft Spalier gestanden, und die Botschafter hätten in ihren Residenzen rauschende Feste für sie gegeben. Da war Duckwitz der Kragen geplatzt. »Wer ist denn der Teamchef hier?« Die Frage war für einen Witz gehalten worden, denn der Teamchef war bekannt wie ein Kaiser, es gab überhaupt niemanden, der ihn nicht kannte, und natürlich kannte auch Duckwitz sein Gesicht aus der Zeitung und vom Fernsehen. Duckwitz hatte dann den besagten Teamchef angebrüllt, er denke nicht daran, eine Proletenbande vom Flugplatz abzuholen. Fußball sei ein Sport von Idioten für Idioten. Der Chef des Deutschen Fußballbundes hatte sich später beim Minister persönlich beschwert. Nach ungefähr einem halben Jahr kam die kleine Rüge aus Bonn. Er bedaure, hatte Duckwitz geantwortet, Kritik am Fußball sei eigentlich unter seinem Niveau. Das nächste Mal werde er die Golfspieler als Proletenbande beschimpfen.

»Hervorragend«, sagte Onkel Benedikt der Zweite, als die Geschichte fertig erzählt war. Nur würden solche hübschen Mitteilungen in der Zentrale leider nicht gelesen, wie Duckwitz selbst am besten wisse, nicht einmal die offiziellen Berichte würden zur Kenntnis genommen, wenn es nicht gerade um Krieg oder Kidnapping ginge. Gefährlicher als einen Fußball-Teamchef anzupöbeln sei es allerdings, sagte er, eine Fußballmannschaft komplett zur Asylnachsuche, sprich Republikflucht, zu animieren, zum Beispiel eine aus der DDR, was sich ja heute gottlob erledigt habe. Aber vor einigen Jahren war das auf Zypern passiert. Der bundesdeutsche Botschafter in Nikosia hatte den DDRlern Asyl in seiner Botschaft angeboten. Er konnte sich einfach nicht vorstellen, daß die nicht in den freien Westen wollten. Aber die wollten nicht. Statt dessen hagelte es Proteste von Ost-Berlin nach Bonn, so daß der Außenminister, der doch sonst für nichts und niemanden im Amt Zeit hatte, den Mann aus Nikosia herbeizitierte und ihn abmahnte. Und da der Außenminister ein liberaler Mensch war und der Botschaftsmann ein stockschwarzer, hat der Minister, so vermutete Onkel Benedikt der Zweite, bei seiner Strafpredigt nicht einmal mit einem Augenzwinkern zu erkennen gegeben, daß er die diplomatische Untat menschlich billige.

»Was lernen wir aus solchen Fällen?« fragte Sachtleben und fügte die Antwort gleich hinzu: »Im Auswärtigen Amt ecken nur die wirklichen politischen Trottel an. Lästermäulern wie Duckwitz sieht man ihre Entgleisungen freundlich nach.«

»Der tolle Baron, der rote Freiherr bringt Farbe in unsere graue Behörde«, sagte Knesebeck giftig.

Es war kurz nach Mitternacht. Ines sah müde aus. Wie immer, wenn sie viele Nachtdienste hinter sich hatte, waren ihre Backen eingefallen. Das stand ihr besonders gut, fand Harry. Sie und Fritz gingen. Auch die anderen verabschiedeten sich allmählich. Die Wahlergebnisse waren längst analysiert und kommentiert worden. Wie vorauszusehen, würde das Auswärtige Amt in den Händen desselben Erfolgsministers bleiben. Seit 15 Jahren war Duckwitz nunmehr im Amt, und noch nie hatte er einen Ministerwechsel erlebt.

Helene gähnte unflätig, wie Harry fand, und er dachte an das entzückende Gähnen von Ines. Er ging zu Rita, umarmte sie etwas unbeholfen und sagte: »Entschuldige, daß ich dich in dieses blöde Deutschland verschleppt habe, wie hältst du es hier nur aus.« Er hoffte, daß Helene ins Bett gehen würde, damit er sich, von ihr unbemerkt, zu Rita legen konnte.

Sie saßen herum und konnten sich zu nichts aufraffen, und Harry sagte, er wisse nicht, ob es gut oder schlecht sei, daß ihm der Wahlausgang so unwichtig vorkomme. »Vielleicht ist es normal, sich für den ganzen Quatsch nicht mehr zu interessieren.«

»Das ist ein gutes Gesprächsthema für Silvester«, sagte Helene und ging ins Bett. Rita begann nun auch, unerotisch zu gähnen, und verschwand im Bad.

Harry legte eine Duke-Ellington-Platte auf und trug nach und nach das Geschirr in die Küche. War Duke Ellington doch überschätzt? Die guten alten Nummern aus den dreißiger Jahren kamen ihm auf einmal flach und belanglos vor. Er probierte es mit King Oliver, 1929, Chicago. Das war gut. Das war nicht so heiter.

Langsam aufräumen, dabei Musik hören und ungestört seinen Gedanken nachhängen. Es ging nicht so weiter mit ihm und dem Diplomatenleben. Ein paar Jahre lang hatte er die Sinnlosigkeit dieses Berufs, die der Sinnlosigkeit des Lebens entsprach, genossen. Aber die 15 Jahre, die er bedeutungslos vor sich hin gewerkelt hatte, waren einfach zuviel. Er mußte aufhören. Aber was dann? Nie wieder zurück in den Anwaltsberuf, das wußte er genau. Er hatte plötzlich das Gefühl, vor einem verpatzten Leben zu stehen, und schüttete schnell ein großes Glas Whisky in sich hinein. Er würde jedenfalls nicht kündigen. Die sollten ihn loswerden wollen. Daß er für dieses verfluchte Amt offenbar nicht untragbar war, sprach nicht für ihn, stellte er zerknirscht fest. Aber Beamte waren grundsätzlich schwer loszuwerden. Das war das Problem. In der freien Wirtschaft schmiß man die Leute einfach vor die Tür. Sie erstritten Abfindungen, dann waren sie weg. Nur hohe Beamte konnten suspendiert werden, wenn sie politisch nicht mehr tragbar waren. Sie wurden diskret in den vorzeitigen Ruhestand versetzt. Erst vom Vortragenden Legationsrat 1. Klasse aufwärts war man so wichtig, daß man untragbar werden konnte. Das entsprach im Auswärtigen Amt einem Botschafter in einem mittelgroßen Land, zwei Stufen höher als Duckwitz. Er müßte noch einmal acht bis zwölf Jahre im Amt bleiben, um sich die Möglichkeit eines solchen Abgangs zu verschaffen. Das war keine Lösung.

Harry wusch die Teller und Gläser mit der Hand ab. Die Spülmaschine war so laut, daß man die Musik nicht hören konnte. Der alte Jazz war eine Wohltat. Die King-Oliver-Platte war mit ›Call of the Freaks‹ und ›The Trumpet's Prayer‹ zu Ende gegangen, und Harry dachte, daß ein Drei-Minuten-Stück von einem schwarzen Jazzer hundertmal mehr wert war als sämtliche Reden des Kanzlers und Außenministers zusammen, und er dachte daran, daß er selbst eine verdammte Memme war. Wenn er schon den Job als Anwalt satt gehabt hatte, dann hätte er den Mut haben sollen, Musiker zu werden, und wenn es zum Trompeter nicht gereicht hätte, wenigstens eine Plattenfirma zu gründen. Sich um alte Aufnahmen kümmern, kleine Texte zum großen King Oliver auf Plattenhüllen schreiben – das alles wäre sinnvoller gewesen als dieser erbärmliche Diplomatenjob, den Ines zu Recht verachtete. Harry von Duckwitz, das war ein Diplomatenname. Es wäre auch ein Name für einen Trompeter gewesen.

Vor zwei Jahren etwa, Ende 1987, erinnerte sich Harry, während er ›Long, deep and wide‹, 1928!, von Clarence Williams auflegte, da hätte es im Auswärtigen Amt eigentlich knallen müssen, da wäre sein Rausschmiß fällig gewesen. Damals war eine heftige Diskussion über die Äußerung eines Arztes, der Soldaten öffentlich als »potentielle Mörder« bezeichnet hatte, durch die Presse gegangen. Ein neurotischer Offizier hatte Anzeige erstattet, der Arzt war tatsächlich verurteilt worden. Diesen Richter hätte man sofort in eine Wespe verwandeln und mit einer Klappe erschlagen müssen, fand Harry. In zweiter Instanz gab es dann Freispruch. Harry hatte sich allerdings über die Urteilsbegründung aufgeregt, in der vorsichtig um den Brei der eigentlichen Wahrheit herumgeredet worden war, anstatt die Richtigkeit der Äußerung klipp und klar zu bestätigen. Alle anderen, die in den Medien zu Wort kamen, hatten sich über das Urteil aufgeregt, sogar der Bundespräsident hatte bei einem Vortrag vor irgendwelchen potentiellen Mörderoffizieren sein weises Haupt über das sträflich liberale Urteil geschüttelt. »Diese Pfeife, diese verdammte Meerschaumpfeife!« hatte Duckwitz damals in der Kantine gerufen, und natürlich waren wieder alle seiner Meinung gewesen, denn natürlich nervte der Bundespräsident sie alle mit seinem pastörlichen Getue.

Trotzdem war man froh, daß es ihn gab. »Er ist so eine Art Katalysator«, hatte Duckwitz gesagt, »er versucht die Schadstoffe, die der Kanzler produziert, ein bißchen zu entgiften.« Großes Gewieher. Duckwitz war in Form. »Genau das ist er«, hatte Knesebeck vor Entzücken geschrien, »ein Katalysator-Präsident. Ganz aus Platin, der feine Herr.«

»Auch ein Katalysator kann ganz schön giftig werden«, sagte Duckwitz, aber das interessierte die anderen schon wieder nicht mehr.

Doch dann hätte es klappen können mit seinem Provokationsprogramm. Ein Journalist einer alternativen Zeitung befragte Duckwitz, der damals manchmal in der Pressestelle aushalf, nach der Meinung des Auswärtigen Amts zu dem Gerichtsurteil. »Für das Auswärtige Amt kann ich keine Stellungnahme dazu abgeben«, sagte er. »Ich persönlich finde das natürlich gut, wenn auch lächerlich, weil das Urteil lediglich bestätigt, daß man eine Wahrheit straffrei aussprechen darf.« Und dann fügte er hinzu, er fände allerdings die Behauptung, »Soldaten sind potentielle Kadaver« besser, weil sie mehr zum Nachdenken anrege.

Dieser von dem Journalisten veröffentlichte Satz hatte denn doch einigen Staub aufgewirbelt. Vor allem das Verteidigungsministerium war entsetzt. Duckwitz benutzte für eine schriftliche Rechtfertigung die Rückseite seiner Gehaltsabrechnung, ausgerechnet jenes Papier, das ein guter deutscher Beamter ängstlich geheimzuhalten pflegt. Er wurde in dieser Sache zu seinem Abteilungsleiter zitiert. Aber dann zerbröselte in den Ländern Osteuropas der Kommunismus. Das Verteidigungsministerium hatte andere Sorgen und der Abteilungsleiter sowieso. Heute, am 2. Dezember 1990, war längst Gras über die Sache gewachsen.

Harry leerte die Aschenbecher aus, zog den Teppich gerade und lüftete. Es war halb drei. Es lohnte sich nicht mehr, ins Bett zu gehen. Er tanzte durch das große Wohnzimmer im Rhythmus des ›Kansas City Man Blues‹ oder war es der ›Mean Blues‹? So gut die Nummern waren, so waren sie doch seltsam verwechselbar. Dann legte er sich aufs Sofa, die Füße hoch, las noch ein bißchen Zeitung und schlief schließlich ein.

Als es dann soweit war, hatte er nicht mehr damit gerechnet. Zu oft waren die Dinge im Sand verlaufen. Auf einmal ging alles sehr schnell. Eine Woche nach der Wahl wurde Duckwitz zu seinem Abteilungsleiter bestellt. Der wedelte mit einer Modezeitschrift. Auf dem Umschlag war eine Frau mit einem Giraffenhals und riesigen Ohrringen abgebildet. »Schon gesehen?« Nein, das hatte Duckwitz noch nicht gesehen.

Der Abteilungsleiter schlug eine Seite auf und hielt sie Duckwitz hin. Große Schlagzeile: »Was wir vom vereinten Deutschland halten.« Fünfzig Antworten. Duckwitz brauchte nicht lange zu suchen, die Stelle war dick angekreuzt. Ein briefmarkengroßes Foto aus seiner Strohhutserie. Wo hatten die das her? Von Rita? Daneben der Satz: »›Mit einem schwarz-rot-gelben Lumpen würde ich mir nicht einmal den Arsch ausputzen.‹ Harry von Duckwitz, Auswärtiges Amt.«

»Unglaublich«, sagte Duckwitz.

Der Abteilungsleiter atmete hörbar. »Eine Katastrophe. Das Blatt ist seit zehn Tagen auf dem Markt, eine einstweilige Verfügung sinnlos.«
»Wirbelt auch zuviel Staub auf«, sagte Duckwitz.
»Und nun?« fragte der Abteilungsleiter.
»Aussitzen«, sagte Duckwitz, »so eine Schande muß man aussitzen, auf Bonner Art.«
»Sie müssen dementieren«, sagte der Abteilungsleiter scharf.
»Ich denke so, ich rede so, was soll ich dementieren«, sagte Duckwitz. »Die Bemerkung ist nur nicht autorisiert, das ist alles.«
»Dann lassen Sie sich eben was einfallen«, schrie der Abteilungsleiter.
Soviel war klar: Wenn Duckwitz nicht dementierte, wenn er stur bliebe, würden sie etwas unternehmen müssen. Ein sauberes Dementi, eine Verwechslungskomödie, und die Sache könnte noch einmal glimpflich für ihn ausgehen. Doch wenn er dementierte, machte er sich lächerlich. Es war aber auch lächerlich, über so einen Satz in einem albernen Modemagazin zu stolpern, über eine kleine Zeitungsvolontärin, die keine Ahnung hatte, was man veröffentlichen durfte und was nicht. Was sollte er tun? Mit seiner Karriere war es ohnehin aus, so oder so. Sie würden ihn ins Archiv abschieben oder sonst wohin.

Helene war verreist. Paris. Übersetzerkongreß. Unerreichbar. Ausgerechnet. Er rief Ines in der Klinik an. »Es geht um meine Zukunft«, sagte Harry, als sie ihren Ärger über die Störung durchblicken ließ. »Das mußt du selbst wissen«, sagte sie, »du wolltest doch immer aus dem Laden raus.«

Harry verließ das Amt. Hier konnte er nicht nachdenken. Er unterdrückte das Bedürfnis, auch noch Fritz anzurufen. Er fuhr in seine Wohnung und ließ die Zeit verstreichen. Es wurde zwei, es wurde drei, zu spät, um ein Dementi in die morgige Zeitung zu setzen. Keiner weiß, wo Duckwitz ist. Am besten gar nichts tun. Alte Anwaltsweisheit.

Harry wollte nicht gestört werden und nahm den Hörer von der Gabel. Um einen Anrufbeantworter würde er in Zukunft nicht herumkommen. Die Frage war nur, wie die Zukunft aussehen würde.

Weil ihm der abgenommene Hörer nach einer Weile dann doch albern vorkam, rief er Knesebeck an. Knesebeck hatte ihm einmal die Geschichte von der Flaschensammlung erzählt, vor Jahren in ihrer gemeinsamen Ausbildungszeit. Vor 15 Jahren, genaugenommen. Mein Gott, die Zeit! Nichts gemacht seitdem. Nur Blödsinn. Harry stellte sich Knesebeck in seinem kleinen Zimmer vor. Die Amtsstube. Vorher war er Botschafter in Maputo/Mosambik gewesen. Jede Menge Bedienstete. Für ihn als Linken nicht das reine Vergnügen. Er würde demnächst nach Quito kommen. »Sie Armer«, sagte Duckwitz, als er davon hörte, »die Botschaft ist in einem abscheulichen Gebäude untergebracht.«

Knesebeck lachte. »Wir kriegen wahrscheinlich das Gebäude der ehemaligen DDR-Botschaft«, sagte er. »Das werden Sie nicht kennen, in die DDR-Botschaft hat sich ja wohl nie ein westlicher Diplomat verirrt.«

»Ich kenne das Haus«, sagte Duckwitz, »es ist schön, Sie können sich freuen, gratuliere.«

Als Knesebeck sich jetzt meldete, bat ihn Harry, noch einmal die Geschichte von der Flaschensammlung zu erzählen.

»Es muß Ende der sechziger Jahre gewesen sein«, begann Knesebeck bereitwillig. »Der Vorgänger oder Vorvorgänger des jetzigen Außenministers hatte damals im Bonner Amt eine Art ideologische Inventur gemacht. Im Umfeld der sozialliberalen Koalition waren die ultrakonservativen, sprich erzreaktionären, sprich Altnazi-Diplomaten besonders aufgefallen. Sie waren auch besonders frech geworden, lästerten gegen die Ostpolitik der

Regierung, weil man Kommunisten nicht entgegenkommen dürfe, keinen Schritt.«

»Wäre natürlich spannend, den damaligen Antikommunismus von heute aus zu bewerten«, sagte Duckwitz. »Wenn man den Ostblock damals entschlossen ignoriert hätte, was wäre passiert? Der Kalte Krieg wäre noch kälter geworden, und vielleicht wäre der Kommunismus schon zehn Jahre früher zusammengekracht, das heißt, halsstarrige Idiotenpolitik hätte sich wieder mal als die effizientere erwiesen.«

Knesebeck sagte, er habe leider keine Zeit, sich auf Duckwitz' Lieblingsthema einzulassen. Die fatalen Gesetze der verkehrten Welt wolle er ein andermal mit ihm besprechen. Er erwarte einen Anruf aus Rumänien. Da sei einiges im Busch. Das werde nur von der Golfkrise überschattet. Nein, soviel Zeit habe er schon noch, die Sache mit der Flaschensammlung zu erzählen. Es ging damals darum, ein gutes Dutzend untragbar gewordener höherer Diplomaten unauffällig loszuwerden. Also in den vorzeitigen Ruhestand mit ihnen, und weg sind sie. Eins, zwei, drei sind ihre Bezüge ausgerechnet, sie gelten als Frühpensionäre und erhalten einen ihren Dienstjahren entsprechenden Teil der Pension. Das Einsammeln und Wegstellen der alten Flaschen hatte nur einen Schönheitsfehler: Man hatte den untragbar gewordenen Gestalten gesagt, warum man sie nicht mehr haben wollte. Das war fair, aber nicht klug. Nach dem Beamtengesetz können höhere Beamte zwar suspendiert werden, aber nicht unter Angabe von Gründen. Man entläßt sie und sagt ihnen nicht, warum. Der Gesetzgeber wollte ihnen offenbar ersparen, hören zu müssen, was in der freien Wirtschaft jeder Gescheiterte unverblümt zu hören bekommt: Sie taugen nichts mehr. Sie sind untragbar geworden. Das Beamtenrecht liebt die Verschwiegenheit. Die Anwälte der in den Ruhestand versetzten Flaschen fochten die vorzeitige Entlassung an und bekamen recht. Man durfte die Flaschen nicht entlassen, sondern ihnen nur den Arbeitsplatz wegnehmen. Das heißt, sie kassierten weiter ihr volles letztes Botschafter- oder Gesandtengehalt, und später floß ihnen die Pension in voller Höhe zu. »Und wenn sie nicht gestorben sind, kassieren sie noch heute«, sagte Knesebeck abschließend.

»Danke«, sagte Duckwitz, »eine schöne Geschichte« und legte den Hörer auf.

»Schade«, sagte der Staatssekretär eine Woche später. Duckwitz war zum erstenmal in seinem Büro. »Schade, daß Sie neulich nicht erreichbar waren wegen des Dementis, vielleicht hätte sich die Sache noch ausbügeln lassen.«

Duckwitz starrte den Staatssekretär ungerührt an.

»Ich habe den Eindruck, Sie nehmen die Sache nicht allzu tragisch«, sagte der Staatssekretär.

»Kann schon sein«, sagte Duckwitz.

Der Staatssekretär reichte Duckwitz ein Papier: »Der Legationsrat 1. Klasse, Dr. Harry Freiherr von Duckwitz, wird mit sofortiger Wirkung zum Vortragenden Legationsrat 1. Klasse befördert. Bonn, 17. Oktober 1990. Der Minister des Äußeren.«

»Aha«, sagte Duckwitz, »ich ahne etwas.«

Der Staatssekretär reichte ihm das zweite Papier über den Schreibtisch: »Der Vortragende Legationsrat 1. Klasse, Dr. Harry Freiherr von Duckwitz, wird mit sofortiger Wirkung in den vorzeitigen Ruhestand versetzt. Bonn, 18. Oktober 1990. Der Minister des Äußeren.«

»Elegant«, sagte Duckwitz. »Und wo bleibt die Begründung?«

Der Staatssekretär lachte. »Sie sind keine Flasche«, sagte er, »den Fehler wie bei der Flaschensammlung machen wir nicht noch einmal.« Er hatte es ausgerechnet, es hatte ihn selbst interessiert: Duckwitz würde ab sofort etwa 70 Prozent seiner Pension bekommen. 3600 Mark zur Zeit.

»Wenn Sie gekündigt hätten«, sagte der Staatssekretär,

»dann hätten Sie keinen Pfennig bekommen. Was wollen Sie mehr. Sie wollen sich doch wohl nicht zur Ruhe setzen?«

»Der Trick mit der Beförderung ist gut«, sagte Duckwitz.

»Den Tip haben wir aus dem Innenministerium. Die sind häufiger darauf angewiesen, Leute auf diese Art loszuwerden. Bei uns im Amt sind Sie der erste.«

»Immerhin«, sagte Duckwitz, »24 Stunden lang war ich ein ernst zu nehmender politischer Beamter.«

»Relativ ernst zu nehmen«, sagte der Staatssekretär.

»Wir haben es uns erspart, Sie zum Staatssekretär zu befördern, das wäre natürlich lukrativer geworden.«

»Haben Sie nicht Lust, mir nachzueifern?« sagte Duckwitz.

»Manchmal schon«, sagte der Staatssekretär und sah aus dem Fenster auf den Rhein. »Am glücklichsten war ich als Botschafter in Kopenhagen. Wo waren Sie am glücklichsten?«

Duckwitz wurde es ganz warm ums Herz. Vor einigen Jahren noch hätte er bei dieser Frage nur laut lachen können: Glück, was ist das? Er wußte es zwar immer noch nicht, merkte aber plötzlich, daß ihm die Frage nicht mehr albern erschien wie früher. »Vielleicht bin ich jetzt am glücklichsten«, sagte er, »ich weiß es noch nicht.«

»Wenn man Ihre Akte durchliest, hat man den Eindruck, Sie hätten es von Anfang an darauf angelegt«, sagte der Staatssekretär.

»Vielleicht«, sagte Duckwitz versonnen, »vielleicht ist das so.«

Irgendwie konnte keiner das Gespräch beenden. Und so fragte Duckwitz, ob der Staatssekretär seinen Namensvetter kenne, der während des Krieges auch in Kopenhagen an der deutschen Botschaft gewesen sei und nach dem Krieg auch Staatssekretär.

»Georg Ferdinand Duckwitz, jaja, guter Mann. Im Gegensatz zu Ihnen unadelig – aber untadelig!« sagte der

Staatssekretär und lachte über seinen Reim. »Er hat im Krieg dänischen Juden das Leben gerettet, ihnen zur Flucht verholfen.«

»Ja«, sagte Duckwitz, »ich habe niemandem das Leben gerettet. Ich hätte das gerne getan.« Sekundenlang war ihm fast zum Heulen zumute. »Vielen Dank, ich werde jetzt gehen. Ein großer Abgang ist es nicht.«

»Nein«, sagte der Staatssekretär, »den können Sie nicht auch noch haben. Aber Sie sind ja noch jung!«

»Jung? Ich bin 45.«

»Na also«, sagte der Staatssekretär.

16

Wie Harry von Duckwitz noch einmal das Auswärtige Amt betritt, um seine Habseligkeiten abzuholen, wie er dann im Autoradio eine bemerkenswerte Sendung über Deutschland hört und keinen Parkplatz zum Pinkeln findet und obendrein nicht weiß, ob er zu Ines nach Köln oder zu Helene und Rita ins Eifelhaus fahren soll. Wie er tankt und Musik hört und es ihm schließlich gelingt, sich von der Lage der Welt am Ende des Jahres 1990 nicht die Laune verderben zu lassen.

Um halb drei hatte sich Duckwitz mit Sachtleben verabredet. »Ja, Samstag. Sonnabend. Eingangshalle Auswärtiges Amt. Am 29. Richtig. Dezember natürlich, 1990, Sie Spaßvogel.«

Nun war es schon dreiviertel drei. 14 Uhr 45. Wo blieb Sachtleben? Das kam davon, wenn man nicht 14 Uhr 30 sagte. Aber wer sagte schon 14 Uhr 30. Eisenbahnschaffner und Militärs. Ab 5 Uhr 45 wird zurückgeschossen, hatte Hitler am 1. 9. 39 im Reichstag gesagt. Das war eine Kriegssprache. Tröstlich nur, daß sich zivilisierte Menschen die Digitaluhr nicht hatten aufschwatzen lassen. Anfang der 80er Jahre war die noch modern gewesen. Dieser Quatsch wenigstens hatte sich nicht durchgesetzt. Zumindest am Handgelenk wollte man die guten alten Zeiger haben, wenn schon jedes Radio, jeder Küchenherd, jedes Auto mit einer Digitaluhr gerüstet war. Lediglich die Schwarzen in Afrika und die Indios in den Anden waren noch wild auf Digitalarmbanduhren, aber auch nur, weil ihnen die Zeit egal war.

Seit 1976, seit nunmehr 14 Jahren, war Duckwitz hier ein und aus gegangen. Die Zentrale. Adenauerallee. Nach Kamerun hatte er drei Jahre in Bonn abgesessen, nach Ecuador vier, ein paartausendmal die Eingangshalle durchquert, aber noch nie hier auf jemanden gewartet. Nun war er ein Besucher.

Zehn vor drei. 14 Uhr 50. Wo blieb Sachtleben? Er hatte Duckwitz dringend gebeten, doch endlich seine Sachen abzuholen. Nach der Suspendierung neulich vor zwei Wochen hatte Duckwitz hopplahopp sein Büro räumen müssen. Als käme es auf den Tag an. Auf einmal waren sie pingelig. Da gab es Weisungen. Und Beamte folgten Weisungen. Duckwitz hatte kein Auto dabeigehabt. Es war in der Werkstatt. Er hatte Sachtleben gebeten, seine Privatsachen einstweilen in seinem Büro aufzuheben. Klar geht das – Zwischenlager, haha. Die Kernenergie bescherte einem doch immerhin eine Reihe von neuen Metaphern.

Fünf vor drei. Da konnte etwas nicht stimmen. Samstag vor Silvester. Kein Mensch durchquerte die Halle. Irgendwo in diesem Gebäude saßen Leute und hatten Bereitschaft. Der Bau war Harry immer als das letzte an Architektur erschienen. Aber mittlerweile gab es so viele scheußlichere moderne Bauten, daß der vertraute Kasten wie ein Krankenhaus wirkte, in dem man durchaus gesund werden, wie eine Schule, in der man durchaus etwas lernen konnte.

Endlich kam Sachtleben. Er entschuldigte sich nicht. Er war sichtlich verärgert, daß er am Samstag vor Silvester ins Amt kommen mußte, nur um Sachen loszuwerden, die der Ex-Kollege Duckwitz bei ihm deponiert hatte und die er nach vielen Aufforderungen ausgerechnet an diesem Tag abzuholen bereit war.

Als sie durch die menschenleeren Gänge zu seinem Büro gingen, wurde Sachtleben etwas versöhnlicher: Duckwitz kenne doch den Platzmangel. Die winzigen Räume. Das alte Lied. Das alte Leiden. Jedes Regalfach kostbar. Gleich Anfang Januar müsse er einen EG-Entwurf bearbeiten. Preisvergleiche von landwirtschaftlichen Produkten. Der Preis des Hühnereis in der EG und in den Ländern, die den EG-Beitritt beantragten. Das türkische Hühnerei. Das ungarische Hühnerei. Sachtleben schüttelte den Kopf. Manchmal frage er sich schon. Jedenfalls habe er zum 2. Januar vierzig Leitzordner bestellt. Dafür brauche er Platz. Deswegen sein Drängen.

Duckwitz nickte. Sachtleben schloß die Tür seines winzigen Büros auf. Als Duckwitz zur Tat schritt, wußte er, warum er diesen Akt tagelang herausgeschoben hatte. Nichts schlimmer, als sich trennen zu müssen. Sich bloß nie trennen, nicht von den Frauen und nicht von den Dingen des Lebens. Sich von einmal gemachten Vorstellungen zu trennen war übrigens auch nicht leicht, aber wenigstens brauchte man dafür keine Behälter.

»Wo soll ich das Zeug hintun?« fragte Duckwitz. Sachtleben wurde wütend. Darum hätte sich Duckwitz kümmern müssen. Keine Kiste hier, kein Karton. Duckwitz kniete sich vor das einzige Regal. Die unteren drei Fächer waren mit seinen Habseligkeiten vollgestopft. Er zog an einem Papier. Es war ein Brief an Marida Böckle. Quito. Ecuador. Nicht abgeschickt. Schofel von ihm, sich einfach aus dem Staub zu machen. Immerhin hatte er etwas gehabt mit ihr. Auch wenn es nicht der Himmel gewesen war. Manchmal, wenn weder mit Rita noch mit Helene noch mit Ines etwas anzufangen war, und das war gar nicht so selten der Fall, dachte er lüstern an Marida zurück. Einfach nichts anderes wollen als das eine – mit einer Frau, die auch nichts anderes will. In dieser Stimmung hatte er ihr damals geschrieben. November 1987. 25 Prozent Gewissensbiß weil wortlos verschwunden, 75 Prozent Gutwettermachen, falls man sich wieder einmal begegnen sollte. Reservieren. So ein Schleimer war er. Duckwitz war sich unschlüssig, ob er den Brief zerknüllen oder als Dokument aufbewahren sollte.

»Bitte!« sagte Sachtleben und klimperte mit dem Schlüsselbund.

»Moment noch«, sagte Duckwitz.

Mein Gott, hier eine Postkarte an Ines, aus Genf, auch nicht abgeschickt, weil zu verliebt geraten. Dann eine Postkarte an Helene, auch aus Genf, damals hatte er 14 Tage an der internationalen Botschaft zu tun gehabt. Der

Postkarte merkte man deutlich an, daß er vorher eine an Ines geschrieben hatte. Heuchlerisch.

»Bitte!« sagte Sachtleben. »Ich habe noch was anderes vor heute!«

»Gleich!« sagte Duckwitz und sah zu ihm hoch. »Sie machen mich nervös, wie Sie da so rumstehen!«

Sachtleben dachte nicht daran zu verschwinden. Wohin auch? Er konnte schließlich nicht auf dem Gang warten wie ein Schüler, der aus dem Klassenzimmer hinausgeworfen worden war.

»Stellen Sie sich doch nicht so an«, sagte er, »Sie zerkleinern hier doch keine Leiche!«

»Doch«, sagte Duckwitz, »ich zerkleinere eine Leiche.« Er bat Sachtleben, ihm den Büroschlüssel zu geben und schon mal zum Parkplatz zu gehen. »Ich komme gleich nach«, sagte er, »ich kann einfach nicht hier in meiner Vergangenheit herumkramen, wenn jemand dabeisteht. Das macht mich wahnsinnig.«

»Kommt überhaupt nicht in Frage«, sagte Sachtleben.

Was war denn das? Hielt Sachtleben ihn für einen Spion? Gab es eine Weisung, den vorzeitig in den Ruhestand versetzten Herrn von Duckwitz auf dem Terrain des Auswärtigen Amts nicht unbeobachtet zu lassen? Das war denen zuzutrauen. Oder hatte Sachtleben Sorge, Duckwitz könnte seinen Schreibtisch durchwühlen? »Sie sind doch wohl nicht ein Stasizuarbeiter gewesen«, sagte Duckwitz, »und haben nun Angst, zu guter Letzt enttarnt zu werden?«

Sachtleben lachte schallend. »Sie Komiker!«

»Man weiß nie«, sagte Duckwitz. »Ich bin jedenfalls ein Spion. Ich spioniere in meiner Vergangenheit herum.«

»Nehmen Sie den ganzen Scheiß doch einfach mit, und fertig«, sagte Sachtleben. »Das Zeug können Sie doch wirklich zu Hause aussortieren, verdammt noch mal.« Er müsse seine Tochter nach Bad Honnef und seinen Sohn nach Königswinter zu Kindergeburtstagen fahren und seine Frau zu ihrer Mutter nach Düsseldorf. Duckwitz könne sich den Ernst seiner Lage offenbar nicht vorstellen. Er lachte plötzlich wieder: »Sie sind kinderlos, Sie haben keine Ahnung, was Hetze ist. Und die Schulsorgen! Kinder, die nur schlechte Noten schreiben und ständig durchfallen. Schulwechsel, Privatschulen, sündhafte Kosten, eine ständig mit Scheidung drohende Ehefrau! Das ist was ganz anderes, als ein Regalfach ausräumen zu müssen.«

Duckwitz blätterte verlegen in einem kleinen halbleeren Fotoalbum. Ecuador 1985/86. Ein Mann und zwei Frauen. Immer Selbstauslöser, damit auch alle drei drauf sind. Sie hatten Harmonie gespielt. Aber unharmonisch war es auch wieder nicht gewesen. Rita, Helene und er auf der Terrasse des Hauses in Quito. Beste impressionistische Konstellation. Korbmöbel. Teetassen. Dann in den Anden oben. Ein Ausflug. Drei Figuren. Drei Rückenansichten. Ein Mann und zwei Frauen, die Berge betrachtend. Gestellte Fotos, aber nicht unwahr. Harry mit Helenes Strohhut. Helene trug ständig einen Strohhut. Sie hatte Angst vor Hautkrebs. In der Höhe. Der Hut stand ihr nicht. Sie wußte es. Beim Fotografieren nahm sie ihn ab. Harry war ein Hut lästig. Er hatte keine Angst vor Hautkrebs. Aber Helenes Hut stand ihm. Also setzte er ihn auf, wenn fotografiert wurde. So ergänzten sie sich.

Sachtleben stöhnte: »Sie brauchen Plastiktüten, das hat sonst keinen Sinn.«

Wo sollte Duckwitz am Samstag hier im Amt Plastiktüten auftreiben. Sachtleben fluchte und sagte, er werde im Keller nachsehen.

Endlich allein! Duckwitz kramte weiter. Hier ein Kreisel, den er einmal Ines' Tochter mitbringen wollte. Eine norwegische Streichholzschachtel, wie früher aus Spänen gefertigt. Er hatte sich nie entscheiden können, ob er sie Helene oder Ines schenken sollte. Eine Chopin-Platte für Rita und diese furchtbaren Gehaltsabrechnungen. Und hier ein gelber Zettel mit seiner Schrift: »Es ging vorrangig darum, eine sachliche Atmosphäre für das prozeduale Vorgehen zu garantieren.« Was waren das für absurde Worte? Duckwitz studierte den Rätselspruch. Dann fiel es ihm ein. Bei einer Krisensitzung vor einem Jahr hatte der Abteilungsleiter diesen Unsinn von sich gegeben, und Duckwitz hatte sich das notiert für seine Sammlung mit Nullsätzen. Vor Jahren hatte er diese Sammlung angefangen. Irgendwo in der Bonner Wohnung oder im Eifelhaus mußte ein Schuhkarton stehen mit der Aufschrift »Null & Nichtig«, dort lagen Dutzende solcher in Sitzungen protokollierten Nullsätze.

Das Wegzuwerfende aufheben. Dieser Tick. Joseph Beuys hatte seinen Abfall wenigstens den Museen als moderne Kunst andrehen können, der Glückliche. Jeder Mensch ist ein Künstler. Stimmte schon irgendwie. Jeder kann ja auch Millionär werden, sagen die Millionäre. Hunderttausend Mark war das Zeug hier schon wert. Bitte nicht berühren. Titel: »Auswärtige Abfälle«. Hier ein Foto: Rita und Helene auf dem Motorrad. Auch das null und nichtig. Sie fuhren nicht mehr Motorrad, und sie waren nie richtig Motorrad gefahren. Ein Lügenfoto und doch schön. Die beiden Ritterinnen. Hier war festgehalten, wie sie sein sollten: kühn und schön.

Mitte Vierzig und nicht in der Lage, solchen Krempel auf den Müll zu werfen. Stimmte schon: Es war Kunst, und Kunst warf man nicht weg. Und dann das allerletzte: eine besonders miese Fernsehzeitschrift, die er einmal gekauft hatte, weil die Frau auf dem Titel Ines ähnlich sah. Irgendein auf- oder absteigender Fernsehliebling. Wie Ines lächelte sie mit dezent geöffnetem Mund ausdruckslos und lodernd zugleich den Betrachter an, die Beine übereinandergeschlagen, ihr kurzer Rock war hochgerutscht und erinnerte an den Vorhautrock von Ines. Weil Harry keine Fotos von Ines besaß, geschweige denn ein Foto von Ines im Vorhautrock, hatte er dieses Heft aufgehoben.

Und schließlich noch ein paar Fotokopien zusammen mit einem Brief von jenem reisenden Berater, den er einst in Quito vergeblich zu provozieren versucht hatte. »Wie Sie den Anlagen entnehmen können, lieber Herr von Duckwitz, stehen Sie in bester Tradition«, hatte ihm der Berater im März 1986 nach Quito geschrieben. Briefkopf vom Kanzleramt. Die beigelegten fotokopierten Buchseiten stammten aus einer damals gerade erschienenen ›Geschichte der Diplomatie‹. Am Rand große rote Ausrufezeichen und unterstrichene Textpassagen. »Ein gewisses Spannungsverhältnis zwischen Zentrale und Auslandsvertretung gehört in allen Ländern zum diplomatischen Alltag. An Klagen von beiden Seiten hat es nie gefehlt. Graf Münster, kaiserlicher Botschafter in London und Paris, bezeichnete die damalige Zentrale in der Berliner Wilhelmstraße als ›Zentralrindvieh‹ und die dort arbeitenden Beamten ausschließlich als ›Rindvieh‹.« Darunter wurde in süffigen Worten die bekannte Anekdote nacherzählt, wie Napoleon eine halbe Stunde lang den gestürzten Talleyrand beschimpft: »Rasend gemacht durch den Gleichmut seines Opfers, stürzt der Korse schließlich auf Talleyrand zu, als ob er ihn ohrfeigen wolle, und schreit ihm ins Gesicht, er sei nichts weiter als ›ein Haufen Scheiße in seidenen Strümpfen‹.« Daneben in roter Beraterschrift: »Duckwitz zur Anregung!« Mit einer weiteren Seite hatte der Berater dann noch auf Harrys Zweifrauenhaushalt angespielt, der ihm offenbar nicht verborgen geblieben war. Von Graf Kaunitz war da die Rede, der, bevor er Maria Theresias Staatskanzlei leitete, Gesandter ihres Reichs gewesen war. Mätressen in Paris, in Brüssel und Wien. Keine Kutschfahrt ohne Mätressen, Sängerinnen, Tänzerinnen. Wenn er Besprechungen hatte, warteten sie in der Kutsche auf ihn. »Als ihm Maria Theresia deswegen einmal Vorhaltungen machte, antwortete Kaunitz ungerührt: ›Majestät, ich bin hier, um Ihre Angelegenheiten zu erörtern, nicht die meinigen.‹« Darunter eine Erinnerung an den dreimal verheirateten, ständig verliebten Metternich mit seinen unzähligen Affären: »Allerdings gewährte er seinen Gattinnen die gleichen

Freiheiten, die er sich selbst herausnahm: Ihre elf Kinder stammten nur zum kleineren Teil von ihm.«

Duckwitz faltete die Kopien zusammen und steckte sie in die Innentasche seiner Jacke. Das mußte er Silvester vorlesen. Übermorgen. Ines hatte Weihnachten Dienst gehabt, Silvester würde sie mit ihren beiden Kindern und Fritz ins Eifelhaus kommen. Harry freute sich.

Das dem Harem vorlesen! Mit anschließender Diskussion. Was will uns diese Stelle sagen? Natürlich, daß Monogamie ein Verbrechen ist. Reine Schutzbehauptung von krallsüchtigen Kleinherzen. Gehet hin und treibet es, das ist die Botschaft. Treibt es wie Metternich, wie Kaunitz und wie der Fürst Pückler. Kein Mensch kann mit einem anderen allein zufrieden sein. Drei Frauen braucht der Mann, und drei Verehrer braucht die Frau, sonst ist es nicht auszuhalten in dieser Dreckswelt. Habt ihr gehört, Rita, Helene, Ines, los, liebt mich mehr und laßt euch mehr lieben, macht mehr Männer verrückt! Es gibt nur eine Spielregel dabei, und das ist der Stil. Die Hingabe ist eine Kunst, sie darf nichts, aber auch nichts Privatfernsehsenderhaftes an sich haben. Nur die freie Liebe macht einen freien Kopf, nur wer genug liebt und geliebt wird, kann sich über diese hirnverbrannte Liebe zu Gott schieflachen, die irgendwelche armseligen Frömmler den Zahnlosen aufschwatzen wollen wie einen Greisenbrei. Wer um die Liebe eines Gottes bettelt, der ist nicht ganz gebacken. Die einzige Anstrengung, die sich auf Erden lohnt, ist, den Frauen hinterherzulaufen und zuzusehen, daß einem einige hinterherlaufen. Quatsch Quotenregelung! Als wenn es nicht jede Menge Schreckschrauben im politischen Gewerbe gäbe. Nicht Frauen machen die bessere Politik, sondern Verliebte. Deswegen ist die Politik so miserabel.

»Das ist doch das letzte!« Sachtleben stand in der Tür. »Sie sind ja kein bißchen weitergekommen!«

Er hatte ein Bündel Plastiktüten unter dem Arm. Es waren jene Tüten, mit denen die Botschaften versorgt werden. Seit einigen Jahren gab es die. Muß auch so ein Typ aus der Abteilung für Öffentlichkeitsarbeit erfunden haben. Touristen, Geschäftsleute und rundreisende Abgeordnete in Canberra und Kuala Lumpur, in Kairo und Ankara brauchen immer wieder mal eine Plastiktüte. Und da eine Plastiktüte eine kostenlose Werbefläche ist, stand schwarz auf weiß darauf, welcher Firma sie entstammte: Bundesrepublik Deutschland, darunter auf arabisch, darunter Federal Republic of Germany, darunter République Fédéral d'Allemagne, darunter República Federal de Alemania, darunter República Federal da Alemanha. Unerklärlich, warum nicht wenigstens noch Kyrillisch dabei war, zumal der größte Bedarf an diesen Plastiktüten aus Moskau gemeldet wurde. Rundherum lief ein schwarz-rot-gelber Streifen, und auf der Rückseite streckte ein besonders scheußliches Exemplar von Bundesadler seine falsche Zunge heraus.

Harry ließ die Fernsehschauspielerin mit dem Inesmund und dem Inesrock als erstes in einer der Tüten verschwinden. Nachdem er sieben Tüten gefüllt hatte, waren die Regalfächer leer.

»Endlich«, sagte Sachtleben gequält und nahm eine halbvolle Tüte, um Duckwitz anzutreiben. Der griff mit jeder Hand drei pralle Tüten und schleppte die Last durch den Gang. Sachtleben hielt ungeduldig die Lifttür auf.

»Ein Freiherr zieht aus«, sagte Duckwitz.

»Sie sehen aus wie ein Penner«, sagte Sachtleben.

Im Lift lachte Sachtleben schon wieder und sagte: »Irgendwie haben Sie recht, der Laden hier ist das letzte.«

Auf dem Parkplatz half er Duckwitz, die schwarz-rot-gelb-gestreiften Tüten in den riesigen Kofferraum des alten Ford zu hieven. »Machen Sie nicht so ein bitteres Gesicht«, sagte er.

»Ich kann diese Farben nicht mehr sehen«, sagte Duckwitz.

Plötzlich boxte ihn Sachtleben an die Schulter. So hatten sich damals in der Ausbildungszeit die Attachés an die

Schultern geboxt, jungenhaft, gutgelaunt, als Ersatz für große Worte. Harry hatte das abscheulich gefunden. Jetzt rührte ihn diese Bekundung.

»Schade«, sagte Sachtleben, »schade, daß Sie gehen.«

»Warum haben wir uns nie geduzt?« fragte Harry.

»Sie sind so reserviert«, sagte Sachtleben. »Sie waren immer der unnahbare Herr von Duckwitz.«

»Quatsch«, sagte Harry. »Ich und unnahbar!«

»Ja«, sagte Sachtleben. »Aber nett. Etwas arrogant, aber nett. Jedenfalls ein Verlust.« Er schüttelte Duckwitz die Hand und sagte: »Das meine ich ernst.« Dann drehte er sich um und ging in der Dämmerung zu seinem Auto.

Duckwitz schloß den Kofferraum. Angenehm, daß Sachtleben nicht gefragt hatte, was er jetzt zu tun gedenke. Beruflich. Keine Ahnung. Erst mal nichts.

»Dekadent!« hatte neulich Graf Waldburg mit leuchtenden Augen gesagt, als er von Duckwitz' Suspendierung erfuhr. Auch von den anderen Kollegen kam nur Zuspruch. »Einwandfrei!« war Knesebecks Kommentar gewesen. »Respekt!« hatte Willfort gesagt. Von allen Seiten Wohlwollen, Heiterkeit, Glückwünsche. Der tolle Baron hatte einen tollen Abgang geschafft.

Jetzt im Auto merkte Duckwitz, daß die Lage so heiter nicht war. Er merkte es daran, daß er keine Musik für seine Stimmung fand. Zwei Dutzend Kassetten lagen im Handschuhfach, er probierte eine nach der anderen, nichts war ihm recht. Der alte Jazz wollte nicht ins Herz. Weder die Klarinette von Johnny Dodds noch das Kornett des frühen Louis Armstrong entwickelten ihre Zauberkraft. Das war ein schlechtes Zeichen. Die sonst so resistent machenden Bluesgitarren von Big Bill Broonzy und Muddy Waters aus den vierziger Jahren zeigten keine Wirkung, ebensowenig Memphis Minnie mit ihrem normalerweise die Lebensgeister erweckenden ›Me and my Chauffeur Blues‹. Selbst das von der zwei Zentner schweren Lil Green mit federleichter Katzenstimme 1941 in Chicago gesungene ›Why dont you do right?‹, bei dem Rita,

Helene und Ines gleichermaßen schmolzen, bei dem überhaupt alle vernünftigen Menschen schmelzen mußten, verfehlte jetzt seine Wirkung.

Man sollte nie ohne Frauen Auto fahren. Ein Mann allein im Auto, das war ungut. Ein Vertreter. Allerdings besser als zwei Männer, das war Polizei. Ein Auto mit drei oder vier Männern war noch krimineller. Die waren unterwegs zu einer ganz brutalen Vorstandssitzung. Auf den Nebensitz gehörte eine Frau, eine Frau, die im Rhythmus der Musik mitwippte. Der Graf Kaunitz in seinem 18. Jahrhundert hatte schon gewußt, warum er nie ohne Frauen eine Kutschfahrt machte. Was übrigens auch noch für ihn sprach, war, daß er absolut nichts vom Adel hielt und sich Söhne von Schustern und Donauflößern ins Kabinett holte.

Wenn Duckwitz schon keine Frau im Auto hatte, so fuhr er doch wenigstens zu einer hin. Die Frage war nur, zu welcher. Entweder zu Ines nach Köln oder zu Rita und Helene, die bereits seit Weihnachten im Eifelhaus waren.

Da vorn, wo die kleine Zufahrtsstraße in die Adenauerallee mündete, stand Sachtlebens Auto, den Blinker links, Richtung Bad Godesberg. Duckwitz fuhr rechts an ihn heran. Beide machten das Fenster auf.

»Vielen Dank«, sagte Duckwitz.

Sachtleben lächelte freundlich.

»Schaffen Sie Ihre Kindergeburtstagstour noch?«

Sachtleben nickte.

»Vielleicht sieht man sich mal wieder«, sagte Duckwitz.

»Bestimmt«, sagte Sachtleben.

Vielleicht sieht man sich mal wieder – es tat gut heute, solche Floskel zu verwenden. Das waren Formeln, die das Leben zusammenhielten. Dann gab es eine Lücke im vorbeifließenden Verkehr, und Duckwitz bog nach rechts ab.

Ein windiger Abgang. Kein Knall, kein Trompetenstoß, kein Glanz, keine Größe und politisch sowieso völlig daneben. Was hatte Ines neulich am Wahltag gesagt?

Wenn die deutschen Geiseln im Irak bei einem möglichen Golfkrieg hopsgehen würden, dann hätten sie es mehr oder weniger verdient. Natürlich hatte Ines diese Giftmischer gemeint. Das hätte er neulich der Journalistin sagen sollen. Nicht den Quatsch mit dem schwarz-rot-gelben Lumpen. Das wäre ein Satz gewesen, über den zu stolpern sich gelohnt hätte. Besonders delikat, weil die Geiseln ja von dem ehrenwerten sozialdemokratischen Ex-Bundeskanzler herausgeholt worden waren. Selbst die konservativsten Scharfmacher wagten nicht, die humanitäre Mission dieses ehrenwerten Herrn öffentlich zu kritisieren. Dies nun aus der Ecke eines zynischen Pazifismus zu tun wäre eine schön verwirrende Tabuverletzung ganz nach Harrys Geschmack gewesen.

Dieses trübsinnige rheinische Winterwochenendwetter drückte nicht nur aufs Gemüt, sondern auch auf die Blase. Mit einem Gang aufs Klo hatte er Sachtleben nicht auch noch aufhalten wollen.

Jimi Hendrix half nicht, ging nur auf die Nerven, auch Bob Dylan. Selbst sein ›Ramona‹, das einen fast immer rettete, versagte heute. Janis Joplin war zu schrill. Schlimm übrigens, daß neulich irgendein besonders unerfreuliches Exemplar von Politiker ›Bobby McGee‹ zu seinem Lieblingssong erklärt hatte. »Freedom is just another word for nothing left to lose« – solche Weisheiten, von einem frustrierten College-Girl 1969 oder '70 raubtierartig herausgekrächzt, wurden heute bereits von konservativen Bundestagsabgeordneten begrüßt.

In dieser Stimmung auf die Autobahn war tödlich. Tödlich war übertrieben, Harry hatte nicht vor zu verunglücken, es gab keinen Grund. Man befand sich hier nicht in einem Land, wo der Staatssekretär, nachdem er einem die Entlassungsurkunde ausgehändigt und man sein Zimmer verlassen hat, mit dem Finger schnalzt, und ein böser Knecht erscheint. Duckwitz weiß zuviel, sagt der Staatssekretär, und sein finsterer Helfer weiß, was zu tun ist. Bremsleitung ansägen. In einem solchen Land lebte man nicht, man wußte nicht zuviel, sondern zuwenig, und also mußte man nicht sterben. Man mußte nur etwas aufpassen. Verunglücken war eine zu billige Lösung. Das Leben mußte durchgestanden, durchgehalten werden. Ziviles Durchhalten – warum nicht. Jetzt, da es mit links und rechts nicht mehr so klar war, sollte man sich vielleicht nur noch als ziviles Wesen definieren. Was sind Sie? Zivilist, meine Dame, sonst nichts. Ich stehe nicht stramm, ich spucke, auf wen ich will.

Wie angenehm war der Winter in den bayrischen Bergen der Kindheit gewesen. Wenn man jetzt dort Ski fuhr, trug man zur Erosion der Alpen bei, wenn man Silvester eine Rakete in die Luft schoß, verhinderte man eine wohltätige Spende. Heute vormittag war in den Nachrichten gekommen, die Welthungerhilfe habe die Devise »Brot statt Böller« ausgegeben. Mehr als 100 Millionen Mark schossen die Deutschen in die Luft, der Tierschutzverein hatte sich dem Aufruf angeschlossen, weil die Katzen und Hunde neurotisch wurden. Gut, auf Feuerwerke konnte man verzichten, Harry mochte das Geknalle auch nicht, es klang immer so, wie man sich Krieg vorstellte, und doch gehörte es dazu. Ein lautloses Silvester würde allerdings auch nach Krieg klingen, im Augenblick klang alles nach Krieg wegen dieser kritischen Lage im Nahen Osten, wo sich in einer Mischung aus Fanatismus und Gelassenheit, aus Angst und Großmäuligkeit ein paar hunderttausend potentielle Kadaver gegenüberstanden. Diesen Einbruch des Dinosaurierdenkens am Ende des 20. Jahrhunderts hätte auch keiner mehr erwartet. Daran durfte man gar nicht denken, sonst wurde die Trübsal noch größer. Schon das Wort Truppenaufmarsch war zuviel. Ich bin Zivilist. Wenn ihr euch massenhaft umbringen müßt, dann woanders. Waren Soldaten wirklich nur dazu da, sich in Kadaver zu verwandeln? Es hatte überhaupt keinen Sinn, diesen Wahnsinn der Befehlsgeber verstehen zu wollen. Welche Lösung stellen Sie sich denn vor, lieber Herr von Duckwitz? Ich bin nicht hier, um Lösungen vorzuschlagen, schrie Duckwitz gegen die Windschutzscheibe. Ich bade nicht aus, was andere versiebt haben. Ich weise nur darauf hin, daß wieder mal Leute am Werk sind, denen man ins Hirn geschissen hat.

Seht ihn euch an, Rita und Helene, den Amipräsidenten: ein zeternder Puter, verrückt vor Angst und Trotz, weil er sich nicht zu helfen weiß, ein Waffenwichser wie sein Gegner, den man nicht mehr als Irren bezeichnen darf, weil das die ›Bild‹-Zeitung tut. Möglicherweise wäre es das beste, die beiden schleunigst zu entfernen. Morgen früh um acht will ich die beiden Köpfe neben meiner Zeitung vor der Tür liegen haben. Ich kann auch Ultimaten stellen. Bis zum 15. Januar hat die verrücktgewordene UNO auf Drängen der verrücktgewordenen USA dem verrücktgewordenen Irak Zeit gegeben, das komische Kuwait zu verlassen, sonst knallt's.

Wir sollten in einer überregionalen Zeitung einen Mordaufruf annoncieren, dachte Harry, das wäre doch mal eine Tat. Aber rasch, es ist nicht mehr viel Zeit! Hallo, die Anzeigenabteilung bitte. Folgende Anzeige, ganzseitig, jaja, ich weiß, ca. 30000 Mark plus Mehrwertsteuer, kein Problem, hören Sie, schreiben Sie, ich diktiere, nein, ich kann nicht faxen, ich sitze im Auto, verdammt, ich habe kein Autofax, hier spricht Krisenagentur Duckwitz, hören Sie, ich bestelle eine Anzeige, ganzseitig, schreiben Sie bitte:

Mordaufruf! – ganz dick und fett. Darunter: 10 Millionen Mark Belohnung für die Ermordung des US-Präsidenten, ja, Sie haben richtig gehört, bis zum – sagen wir, 10. Januar. Attentäter aus der arabischen Welt oder Moslems ausgeschlossen. Es geht um Kriegsverhinderung, nicht um Rache. Loyaler US-Bürger bevorzugt, patriotischer Vietnamveteran angenehm. Kein Geistesgestörter. Der Attentäter – ja Attentäter, es handelt sich um einen politischen Mord! – muß aus dem eigenen Land oder den Reihen der verbündeten Nationen kommen, sonst geht der Schuß nach hinten los. Ex-DDR-Bürger geht auch. Ohne Stasivergangenheit! Wir hoffen, daß sich der US-Vizebubi durch diesen Anschlag einschüchtern läßt, wenn nicht, ist er dran. Was meinen Sie?

Ach, Sie meinen nichts, Sie nehmen nur den Anzeigentext auf? Ach, Sie meinen doch etwas? Daß der Anzeigentext etwas einseitig ist? Warten Sie, ich bin noch nicht fertig. Jetzt machen Sie eine Linie oder drei Sternchen, und dann schreiben Sie bitte: 10 Millionen für den malerischen Kopf des Irren von Bagdad. Hier gilt analog: Der Attentäter muß Araber sein, damit sich das Wutgeschrei nach dem Mord nicht nach außen, sondern nach innen kehrt. Amerikanische Scharfschützen zwecklos. Und jetzt das quadratische Sonderangebot: 10 mal 10 gleich 100 Millionen werden ausgeschüttet, wenn beide Gockel dran glauben. Das sind 50 Millionen pro Attentäter. Nein, nicht Dollar, die D-Mark ist doch hart genug. Bewerben Sie sich, meine Damen und Herren, wetzt eure Krummsäbel, ihr Muselmanen, der Hals eures Beherrschers ist ziemlich stämmig. Justiert eure Zielfernrohre, ihr wahren amerikanischen Freunde, oder holt euch Indios mit Blasrohren und Giftpfeilen, das wäre mal was anderes als dieses ewige Geballere. Haben Sie das? Was, Sie bezweifeln, daß Ihr Chef die Anzeige annimmt? Geben Sie mir die Memme! Was, der Mann ist nicht da? Skiurlaub? Er versaut unsere Alpen!

Wie bitte, Sie finden den Anzeigentext zynisch? Ich muß mich doch wundern! Ein paar hunderttausend Leute in den möglichen Tod zu schicken ist ein paar hunderttausendmal zynischer, finde ich. Wo überhaupt das Geld herkommt? Das sind die 100 Millionen von den nicht hochgeschossenen Silvesterraketen!

Duckwitz wußte immer noch nicht, ob er zu Ines nach Köln fahren sollte oder ins Eifelhaus. Er war jetzt auf der Autobahn Richtung Köln. Es regnete. Die Autos rasten an ihm vorbei. Er fuhr neunzig. Bei diesem Tempo würde er gut 20 Minuten bis Köln brauchen, Zeit zu überlegen, wohin.

Es war bald fünf und schon dunkel. Noch pinkeln und tanken, dann sah die Welt wieder erträglicher aus. Daß ihm heute keine einzige Nummer seiner favorisierten Musik gefiel, war verwirrend. Ob die Suspendierung einen Schock in ihm ausgelöst hatte? Seine Erotik wenigstens schien unter der Suspendierung bisher nicht gelitten zu haben. Das fehlte noch. So etwas gab es. In der letzten Zeit war es allerdings nicht gerade leidenschaftlich zugegangen, weder mit Rita noch mit Helene. Es gab überhaupt nur noch Vögelchancen, wenn eine von beiden nicht im Eifelhaus war, und das war selten genug der Fall.

»Sind wir eigentlich schon vergreist oder was!« hatte Helene gesagt, aber auch nichts zur Aufbesserung ihres Liebeslebens getan. So trug sie immer noch diese rostigen Herbstfarben und dieses Hosengepluder, zu kurz und zu weit. »Wenn du von solchen Äußerlichkeiten abhängig bist, tust du mir leid.« Das war Helenes strenges Urteil. Protestantisch, fand Harry. Sofort fühlte er sich mehr zu Rita hingezogen, die sich die Schultern wenigstens nicht mit diesen degoutanten Schaumpolstern unsinnig verbreiterte. Sie trug meistens normale Bluejeans, nicht die grauen, die auf einmal modern geworden waren und rußig und staubig aussahen, von irgendeinem Sadisten erfunden, dem es gefiel, die Menschheit noch häßlicher zu machen, als sie ohnehin schon war.

Für eine Doppelpartie war die Zeit offenbar auch so gut wie vorbei. An ihm lag es nicht, er hatte es seinerzeit lange genug propagiert. Oder vielleicht lag es gerade daran. Unerfindlich. Schon in Quito hatten sie sich nur alle Jubeltage zu dritt im Bett geaalt, und seit sie aus Ecuador zurückgekehrt waren, seit vier Jahren also, nur ein einziges Mal, eine Art Initiationsritual auf neuem Terrain.

Und dann neulich, kurz vor Weihnachten, ein paar Tage nach seiner Entlassung. »Seht mal, wie traurig unser Suspendierter ist«, hatte Helene gesagt und ihn umarmt, und hinter der leisen Ironie war so etwas wie Liebe gewesen. Und plötzlich hatte auch Rita am Klavier mit ihrem keuschen Bach aufgehört und Harrys geliebten ›West End Blues‹ angeschlagen, erstaunlich wehmütig. Die Akkorde lechzten nach einer heiseren Trompetenbegleitung. »Eigentlich wollte ich dich Weihnachten damit überraschen«, sagte sie, »aber ich kann ja schon mal üben: ›Take your trumpet, Baby!‹« Doch dazu war es nicht gekommen, denn auf einmal waren sie in Ritas Schlafzimmer gelandet, und ohne Scheu, ohne Gift und Galle, ohne Worte geschah wie von selbst, was rätselhafterweise seit Jahren nicht mehr geschehen war: verspielt, schamlos, sanft, aber doch feurig genug, daß sie ins Schwitzen gerieten. Harry roch in Ritas und Helenes Achselhöhlen und sagte, es sei wunderbar, wie verschieden Schweiß duften könne. Helene sagte: »Jetzt findet unser armer Frührentner vielleicht wieder etwas Sinn im Leben«, Rita schüttelte ein richtiges Lachen, und Harry konnte nicht verstehen, warum er Ines hinterherlief. Aber als sie dann in bester Laune das Abendessen machten und Helene am Salat roch, den Harry wusch, und Pestizide witterte und plötzlich herumzeterte, daß der Salat sicher nicht im Gesundheitsladen gekauft worden sei, da wußte Harry wieder, warum er Ines brauchte. Es war gut so, wie es war. Die Liebe zu Ines war ein Segen. Da gab es keine penetranten Streitereien über die Rolle der Chemie beim bevorstehenden Untergang der Welt.

»Du bist und bleibst eine Hysterikerin«, sagte Harry ohne Aggressivität zu Helene. Und Helene sagte milde: »Du bist und bleibst ein Idiot.« Damit hatte sich die Sache erledigt, sie waren guter Laune, aber die Liebe war schon wieder weg.

Harry machte das Autoradio an. Ein furchterregender Christenchor brüllte ein Lob Gottes. In einem anderen Sender wurden Passanten in einem Rückblick auf das glorreiche Jahr 1990 befragt, wie sie sich als Gesamtdeutsche fühlten, und einer sagte: Dies ist die Stunde der Freude. Das mußte man sich mal vorstellen. Der brachte es fertig, einen waschechten Kanzlersatz ins Mikrofon zu sagen. Was anderes fiel dem nicht ein. Man stopft dem Volk Dummsätze in die Ohren, und das Volk gibt diese Dummsätze von sich wie eins dieser neuen Telefaxgeräte, in die man einen Idiotentext hineinschiebt, und auf der anderen Seite der Leitung kommt er ebenso idiotisch heraus.

Warum werde ich eigentlich nie gefragt, dachte Harry. Darf ich mal fragen, wie Sie sich als Gesamtdeutscher fühlen? Dürfen Sie, würde er sagen, früher war es mir peinlich, ein Deutscher zu sein, jetzt hat sich das geändert, ich habe da gar kein Gefühl mehr, verstehen Sie, taub bin ich da. Ich fühle mich weder als Deutscher noch als Gesamtdeutscher. Als Europäer? Ich bitte Sie, das wäre eine faule Ausrede. Ich fühle mich, Sie werden es nicht glauben, mit meinen 45 Jahren zu jung für solche Frage. Die beantworte ich erst mit neunzig. Ich kenne nur Frühlingsgefühle und Herbstgefühle, und jetzt, nach Weihnachten, nach dieser elenden Lebkuchenfresserei, habe ich wie immer dieses Völlegefühl. Das war es doch, was man den Idioten von Reportern in ihr Mikrofon sagen mußte.

Pinkeln müssen und kein Parkplatz in Sicht. Wozu lebte man in einer Industrienation, wenn es nicht einmal genügend Pinkelmöglichkeiten gab. Was das betraf, war es im Busch komfortabler. Obwohl auch das nicht stimmte. Zumindest Afrika war streckenweise dicht besiedelt. Hielt man auf irgendeiner schnurgeraden Straße durch den Urwald an, schon kam ein neugieriger Schwarzer hinter einer Palme hervor, und unverrichteter Dinge steckte man den Pimmel wieder in die Hose, um nicht als ungehobelter Kolonialpatron dazustehn.

Harry drehte weiter am Radio herum. Schon wieder ein Jahresrückblick. Ein paar Intellektuelle hatten sich im Studio eingefunden, sogenannte Kinder der Republik, wie man vom Moderator erfuhr, also etwa so alt wie Duckwitz. Sie wurden als Ex-Linke vorgestellt – ich darf das, glaube ich, sagen, sagte der Moderator, und alle in der Runde schwiegen reumütig zu dieser Bezichtigung. Eine

Frauenstimme sagte, man könne gegen den Kanzler sagen, was man wolle, er habe mit dieser rasant vorangetriebenen Vereinigung der beiden deutschen Staaten genau das Richtige getan. Und Harry dachte, mein Gott, im nachhinein sieht mancher Blödsinn richtig aus. Und selbst wenn das tatsächlich nicht ganz falsch gewesen sein sollte, was dieser Kanzlerkloß getrieben hatte, so war das noch lange kein Grund, dem öffentlich zuzustimmen. Das mußte nicht sein. Nun meldete sich eine geübte Männerstimme, die einem Politologieprofessor gehörte. Jaja, sagte das professorale Kind der Republik, jetzt müsse man den Gürtel enger schnallen und die Ärmel aufkrempeln, das sagte er wirklich, und Duckwitz fuhr aus lauter Fassungslosigkeit an einem Pinkel-Parkplatz vorbei, so staatstragend war das Gerede seiner Altersgenossen. Die Frauenstimme sagte, den Wiederaufbau der DDR dürfe man nicht den Politikern überlassen, jetzt sei es Zeit, mit anzupacken, man habe schon einmal versagt, nämlich '68, damals habe man nur sein Bewußtsein verändert, heute gelte es, eine neue Gesellschaft zu schaffen. Dem Moderator schien das alles langsam peinlich zu werden, er versuchte, einen Satiriker, der bis jetzt geschwiegen hatte, aufzuwiegeln: »Und was denken Sie?« Der Satiriker stöhnte und sagte, er fühle sich fehl am Platz hier im Studio, er komme sich vor wie bei einem Teebesuch beim Bundespräsidenten. Es verschlage ihm, ehrlich gesagt, die Sprache, wie hier von Verantwortung gefaselt werde, er jedenfalls fühle keine Verantwortung und werde auch keine übernehmen. Der Moderator atmete hörbar. Offenbar ging sein Konzept nicht auf. Also, wenn er sich die Bemerkung erlauben dürfe, sagte er, der Herr Satiriker sei schon mal witziger gewesen, er falle hinter seine übliche Form zurück. Darauf schwieg der Satiriker, und die anderen Kinder der Republik machten sich über das Thema »multikulturelle Gesellschaft« her, die jetzt durch den Zustrom von Aussiedlern aus dem zerbröselnden Osten entstünde, und diesmal erkannte Harry rechtzeitig den rettenden Parkplatz.

Gut, daß es dunkel war. Im Hellen an einem Autobahnparkplatz zu stehen und zu pinkeln war nicht so erleichternd. Man hatte immer die Mißgunst von irgendwelchen vorbeifahrenden Feministinnen im Rücken. Es würde noch soweit kommen, daß die Männer aus Solidarität mit den Frauen im Freien auch im Hocken pinkelten. Die letzten Privilegien dahin.

Eine Autobahn ist nicht immer die Pest. Verglichen mit einem dunklen, einsamen Autobahnparkplatz, ist sie geradezu eine Lebensader. Wenig Verkehr jetzt zwischen den Feiertagen. Die meisten Leute waren woanders. Keine Unfälle, keine Staus, kein Glatteis, keine Frontberichte im Radio von stundenlang verstopften Nadelöhren.

Der Regen hatte nachgelassen. In jedem Fall würde Duckwitz bei der nächsten Gelegenheit tanken, egal, wohin es heute noch ging. Beim Gongschlag ist es 17 Uhr, es folgen Nachrichten. Die einen Staatsmänner halten einen Krieg am Golf für unausweichlich, die anderen für vielleicht noch vermeidbar. So wird das Unvorstellbare in den Bereich des Vorstellbaren hineingeschwätzt. Jede Putzfrau würde eine bessere Politik machen. Danach ein Hintergrundbericht. Ein Korrespondent aus Washington ist an der Strippe und soll dem Redakteur im Kölner Studio sagen, ob es nun Krieg gibt. Die beiden Stimmen haben die Lage voll im Griff, sie unterhalten sich, als ginge es um ein hochkarätiges Tennismatch, als gelte es, die Topform der Kontrahenten fachmännisch zu kommentieren. Der Mann in Washington sagt, man rechne im Pentagon bei einem ersten militärischen Schlagabtausch mit nicht mehr als 2000 toten amerikanischen Soldaten und sechsmal so vielen Verwundeten. Diese Zahlen nehme die amerikanische Öffentlichkeit nach inoffiziellen Umfragen noch hin. Sollte es mehr Tote und Verletzte geben, könnte die Stimmung der Bevölkerung gegen die Politik der US-Regierung umschlagen.

Das ist die Hauptsorge des Präsidenten. Mit Zensurmaßnahmen kann allerdings gegengesteuert werden. Ein US-Journalist wird zitiert. Der sagt, wenn man konsequent im Fernsehen keine Leichen zeigt, dann läßt sich die amerikanische Öffentlichkeit auch einen verlustreichen Krieg eine Weile bieten.

In diesem Augenblick war Harry erlöst bei dem Gedanken, wenigstens nicht mehr in diesem Versagerministerium aktiv am Versagen der westlichen Politik mitarbeiten zu müssen. Der kinnlose Graf Waldburg meinte neulich in der Kantine, die Diplomatie werde keineswegs versagen, sondern einen Triumph feiern. Er habe zur Zeit mit der internationalen Vertretung in Genf zu tun, dort sehe man die Sache ziemlich cool. Das Ganze sei ein Ausreizen aller Trümpfe, ein Bluffen und Pokern, und das funktioniere natürlich nur, wenn man seine Drohungen so echt wie möglich demonstriere. Die Entsendung von Kriegsschiffen gehöre eben mit zu solchem Poker, einen Krieg werde es natürlich nicht geben, der werde eben genau damit verhindert. Dieser frohen Botschaft, die nichts anderes als eine saloppe Version der offiziellen Regierungsansichten war, lauschten die anderen gern.

Bis auf Knesebeck, der nur den Kopf geschüttelt hatte. Er verstünde diese seltsame Ruhe nicht. Die Friedensbewegung sei wie gelähmt. Bei der Raketennachrüstung Anfang der achtziger Jahre seien Hunderttausende auf die Straße gegangen, die Tschernobyl-Katastrophe habe das Bewußtsein von Millionen verändert, und jetzt, wo es zum erstenmal wirklich brenzlig werde, starre man wie gebannt auf den Ablauf des Ultimatums.

Schulterzucken. Das konnte sich keiner erklären.

Harry hatte an das Wort »Vorabend« erinnert. Die seltsame Ruhe am Vorabend von Kriegen.

»Schauerromantik!« hatte Waldburg gesagt. »Ihr werdet sehen, es passiert nichts.«

Jetzt im Auto fiel Harry plötzlich eine mögliche Erklärung für diese Lähmung ein. Das hatte natürlich mit der desolaten Lage der Linken zu tun. Nachdem sich die sozialistischen Utopien vorerst in schweflige Dämpfe aufgelöst hatten und der Kapitalismus mit seiner freien Marktwirtschaft als Sieger hervorgegangen war, schaute die Linke erst mal enteignet aus der Wäsche und schwieg. Die von den Verhältnissen belehrten Systemkritiker wollten nicht schon wieder ins Schußfeld der Kritik geraten. Könnte ja sein, daß das Säbelrasseln der Amis doch die richtige Methode ist. Daß man einem Irren eben nur irre kommen kann. Daß der Unvernünftige nur die Sprache der Unvernunft akzeptiert. Daß der Irre von Bagdad sonst tatsächlich mit Atombomben herumschmeißt. Daß es tatsächlich richtig wäre, auch Soldaten der Bundeswehr an den Golf zu schicken. Daß nur so und nicht anders Israel zu retten ist. Daß nur so und nicht anders ein dritter Weltkrieg verhindert werden kann. Daß man also den Amis auch noch verdammt dankbar für ihre Opferbereitschaft sein muß. Daß der US-Botschafter völlig zu Recht mit leicht geöffneter Hand auf die 300 Milliarden Dollar verweist, die das friedliebende amerikanische Volk für die Erhaltung des Friedens, sprich für die Rüstung, jährlich springen läßt, weil dem Menschen eben nur im Märchen das Glück eines Gratis-Friedens vergönnt sei. Deswegen verhielten sich die Linke und die Friedensbewegung mucksmäuschenstill. Wenn es dann doch zum Knall kommen sollte, konnten sie immer noch darauf verweisen, daß sie von jeher gegen die Aufrüstung gewesen seien.

Wenn das tatsächlich der Grund für die unheimliche Vorabendruhe war, dachte Duckwitz, dann steckte doch ein Denkfehler dahinter. Auch wenn es nicht zum Krieg kommen sollte, wenn der Irre von Bagdad sich zurückzöge und hoch und heilig verspräche, nie wieder irgendein Land zu überfallen, und sich bei den Israelis entschuldigte, wäre das noch lange kein Beweis für die Richtigkeit der amerikanischen Reaktion. Denn selbst die völlig unwahrscheinliche friedliche Lösung wäre immer auch ein Triumph des Militärs, erkauft mit der großspurigen Drohgebärde, Hunderttausende in den Tod zu schicken. Schlimm genug. Käme es aber zum Krieg, dann würden die Verantwortlichen ihr Gemetzel als das geringere Übel hinstellen. Ein Sieg der US-Kriminellen und ihrer Verbündeten würde sofort zu einer Rechtfertigung der Rüstungsindustrie und der modernen Waffen verdreht werden. Nur die katastrophalste Niederlage der Alliierten könnte paradoxerweise einen verspäteten Sieg der Vernunft und der Einsicht herbeiführen. Dann würden die Verantwortlichen vielleicht zugeben, daß es falsch war, auf den Raubzug eines Idioten wie ein Heer von Idioten zu reagieren.

Trübe Gedanken. Und ein vertrauter Gestank. Kurz vor Köln die chemischen Werke, die nach einer Mischung aus Präservativen und Räucherschinken rochen. Nicht nur die Politik, auch die Chemie war ein Rätsel.

Jetzt raus mit dem Winker und rein in die Tankstelle. Wenn man ein Auto hat und wenig Benzin darin, dann ist eine Tankstelle Heimat und Zuflucht. 60 Liter verbleites Superbenzin liefen in den Tank. Ewige Anfechtung von Helene, doch endlich ein neues, kleineres, sauberes Auto anzuschaffen. Ewiges Argument von Harry: Dinge, die noch funktionieren, wegzuschmeißen sei noch schlimmer, als sie bis zu ihrem Ende zu benutzen.

Harry kaufte zwei Äpfel und Zeitungen. Eine Tankstelle hatte alles. Tag und Nacht war hier Leben, nicht so wie die Fußgängerzonen, die nach Geschäftsschluß tot waren. Eine Tankstelle war keine Provinzstadt, sondern eine hellerleuchtete Metropole. Selbst die wütendsten Autofahrer benahmen sich hier, an der Quelle, wo sie ihren Stoff kriegten, erstaunlich human.

Harry fuhr den Wagen an die Seite. Jetzt war die Entscheidung fällig: Ines oder das Eifelhaus. Er begann einen Apfel zu essen. Er könnte Ines von hier aus anrufen, ob sie überhaupt da war und Lust hatte. Die Telefonzelle war ausnahmsweise nicht besetzt. Aber er rief doch lieber von einer Zelle bei ihr um die Ecke an. Auf ihre Frage »Wo bist du denn?« konnte er dann sagen: »Ich kann in zwei Minuten bei dir sein.« Das war eines Liebhabers würdiger, fand er.

Oder doch gleich ins Eifelhaus fahren? Aber was würde ihm der Verzicht auf Ines zugunsten des guten Gewissens einbringen? Er würde unter Helenes rostrot geblümter Strumpfhose leiden, und wenn er endlich in die vermutlich langweilige Fletcher-Henderson-Platte mit dem Saxophon von Coleman Hawkins reinhörte, würden Rita und Helene im Chor rufen: »Nicht schon wieder alten Jazz!«

Es mußte jetzt entschieden werden, aber es war nicht entscheidend. Das wäre mal eine neue Situation: eine Entscheidung zwischen zwei Frauen fällen zu müssen. Entweder – oder! Sie oder ich! Du hast 24 Stunden Zeit. Mit solchen Frauen, die ein Ultimatum für Leidenschaft hielten, hatte es Harry bisher nicht zu tun gehabt. Das war Amerika. Hollywood-Plemplem.

Harry nagte am Kernhaus des Apfels und blätterte erst mal in den Zeitungen. Wozu kaufte er sie? Den Kanzler hatten die Engländer zum Mann des Jahres gemacht. Typisch. Aber kein Grund zur Aufregung. Lachhaft. Die armen ehemaligen DDRler dagegen. Die wollten tolle Autos fahren und hatten das Geld nicht. Harry hatte das Geld, mochte aber keine tollen Autos.

Wie immer waren die vermischten Seiten in den Zeitungen irgendwie trostspendend. Erstmals seit 1953 rangierte unter den Weihnachtswünschen nicht der Wunsch nach Gesundheit auf Platz eins, sondern der Wunsch nach Weltfrieden. Der Wunsch nach »Harmonie in Familie und Partnerschaft« war auf Platz drei zurückgefallen. Doch, ja, dieser statistischen Rangfolge konnte man zustimmen, auch wenn man sich damit als Durchschnittsbürger erwies.

Im großen und ganzen Glück gehabt. Glück, kein Ami zu sein, der es okay findet, in den Krieg zu ziehen, um sein Land in der Wüste Arabiens zu verteidigen. Ein Glück, kein Präsident zu sein oder Redenschreiber eines Präsidenten. Diese Weihnachtsansprache des Bundespräsidenten war wieder ein Ausbund an redlicher Vernunft. Er beschwor die Deutschen aus Ost und West ganz erotisch: »Aber wir wollen doch einander wirklich begegnen und eins werden. Da soll niemand warten, bis der andere gekommen ist, sondern lieber auf ihn zugehen.« Das waren doch Sätze, die eher Romy Schneider in ihrer Rolle als Kaiserin Sissi zu Gesicht gestanden hätten. Oder einer kirchlichen Eheberatungsstelle. Diese lauwarm tröpfelnde Vernunft. War nicht jede Wahrheit falsch, bei der es nicht ein Gelächter gab? War nicht vielleicht dieser überwältigende Mangel an Witz mitverantwortlich für die elende Lage? War es nicht an der Zeit, 2000 Jahre nach der Geburt dieses Tragikers aus Bethlehem einen Abbau der pastörlichen Töne zu fordern, die doch alles noch mehr verkleistern?

Als Harry 45 geworden war, im Oktober, hatte es natürlich das alte Geburtstagsgefrotzel gegeben, wozu es andere in seinem Alter schon alles gebracht hatten! Minister mindestens. Da war Harry plötzlich ganz zufrieden gewesen, das zu sein, was er war. Und heute, am 29. Dezember, um Viertel nach fünf auf einer Tankstelle, im vorzeitigen Ruhestand, war er plötzlich auch wieder zufrieden. Eigentlich war alles in Ordnung. Eigentlich konnte es jetzt losgehen. Eigentlich war alles offen.

Harry hatte seinen Apfel verspeist und legte die Zeitungen beiseite. Die Autofahrer tankten wie immer. Auch er hatte gerade wie immer getankt. Schade, daß der Saft nicht ausging. Kam vielleicht noch. Aus der Stoff. Haha. 1000 Mark der Liter, aber auch nur an gute Freunde.

Vor einem halben oder dreiviertel Jahr hatten sie im Eifelhaus herumgesponnen, wie nach dem Zusammenbruch des Dogmas vom Sozialismus als ausbaufähiger Alternative die anderen Dogmen zerbrechen würden, zum Beispiel das Dogma der modernen Kunst. Zusammenbruch der geltenden Kunstwerte. Na schön, hatten Fritz und Helene gesagt, aber wie sollte diese Krise ausgelöst werden? Kein Mensch geht wegen der modernen Kunst auf die Straße, weil sich keiner dafür interessiert, ob sie was taugt oder nicht oder von Profihändlern vermarktet und wie Aktien gehandelt wird.

Hier, an der Autobahntankstelle bei Köln, stellte sich Harry plötzlich vor, wie es aussehen könnte, wenn die moderne Kunst und ihr Marktwert platzten. Das mußte er den anderen Silvester erzählen. Er sah es vor sich: Ein Golfkrieg war gar nicht nötig. Benzin ist von heut auf morgen kostbarste Mangelware. Also eine Situation wie 1945 folgende: Teppiche gegen Speck und Eier. Und jetzt fährt der Amischlitten eines Kölner Kunsthändlers mit seinem letzten Tropfen Sprit an der Tankstelle vor und läßt ihn zur Zapfsäule rollen. Der riesige Kofferraum ist halb geöffnet, es ragen Bilder heraus, große Formate, alles, was heute Rang und Namen hat und Millionen kostet, Baselitz, Penck, Lüppertz und wie die alle heißen. Überschätztes Zeug. Der Händler will tanken. Geld ist nichts wert. Benzin gegen Bilder. Der Tankstellenmann hat noch ein paar Liter, aber dafür will er einen bleibenden Gegenwert. Er geht zum Kofferraum und läßt sich die Bilder zeigen. »Das war vor einem Jahr noch drei Millionen wert«, sagt der Händler und zeigt ein Bild. Der Tankstellenmann grinst und schüttelt den Kopf: »Dafür kriegen Sie nicht einen halben Liter von mir.« Natürlich kommt das alte Argument: »Ich habe eine dreijährige Tochter, die kann das auch.« Der Kunsthändler rauft sich die Haare. Begreift er, daß es die Wahrheit ist? Begreift er, daß er das falsche System unterstützt hat? Daß er eine Art Mitglied des Politbüros der Kunst ist? Daß sein Stündlein geschlagen hat? Unter den Bildern liegt schon seit ewigen Zeiten ein billiges Kunstbuch: »Meisterwerke europäischer Malerei von der Renaissance bis zum Expressionismus«. »Zeigen Sie mal«, sagt der Tankstellenmann. Das kann seine Tochter wahrscheinlich später mal in der Schule brauchen. »Dafür kriegen Sie drei Liter«, sagt er, »damit kommen Sie gerade bis zur nächsten Tankstelle.«

Diese Vision versetzte Harry in beste Stimmung. Nieder mit der modernen Kunst. Nieder mit der Politik, hoch das Privatleben, die leeren Tanks und die Spaziergänge. Ganz egal, ob er heute nacht mit Ines, mit Rita oder mit Helene schlafen würde oder, was am wahrscheinlichsten war, allein, morgen war Sonntag und übermorgen Silvester, und sie würden spazierengehen, egal, wie das Wetter ist. Die Eifel war eine blöde Landschaft. Er nahm sich vor, wenn dieser Winter vorbei war, in die Voralpen zu fahren und die Orte seiner Kindheit aufzusuchen, erst allein, dann mit Helene, dann mit Rita, dann mit Rita und Helene, dann mit Ines. Er würde die alten Wege abgehen, er würde seinen Frauen zeigen, auf welchen Steinen er als Kind gesessen hatte und wo Regina mit ihrem NSU-Fahrrad – oder war es Wanderer oder Miele? – vorbeigefahren war.

Er hatte Zeit, er hatte Geld. Wenn das Benzin ausging, würden sie mit der Bahn fahren, wenn die Bahn pleite machte, würden sie mit dem Rad fahren. Wenn der Staat pleite machte und seine Pension nicht mehr zahlen konnte, würde er einen Job als Anwalt in einer Konkursverwaltungsfirma annehmen. Wenn sie nichts mehr zu essen hätten, würde er sein Buch mit den europäischen Meisterwerken gegen Schinken und Eier eintauschen. Wenn der Kanzler strafrechtlich gesucht werden würde und im Eifelhaus um Unterschlupf bäte, würden sie ihn erst mal in den Keller sperren und dann gemütlich beraten, was man mit so einem macht. Dito der Außenminister. Wenn der Strom ausginge, weil plötzlich die an der Macht befindlichen Grünen alle Atomkraftwerke wahnsinnigerweise auf einen Schlag stillgelegt hatten, wäre das zwar bitter, denn Harry liebte das Telefon und das elektrische Licht und vor allem seine Schallplatten, aber es wäre auch kein Malheur. Er würde dann endlich wirklich mal dazu kommen, mit Rita auszuprobieren, ob sich ›Little Red Rooster‹ nicht doch auf Klavier und Trompete ganz passabel übertragen ließe. Und dann ›St. James Infirmary‹. Dann gäbe es keine Werbung mehr mit diesen aufgeputzten Saxophonspielerinnen, dann wäre das Saxophon nicht mehr ein Modeinstrument, und er würde sich eins besorgen. Und Ines und natürlich auch Fritz würden zu ihnen in die Eifel ziehen, und sie würden das Eifelhaus ihren Eifelbunker nennen, und das Leben wäre so übel nicht. Was hatten die Tanten für ein lustiges Leben geführt in den fünfziger Jahren, als es nichts gab.

Fritz hatte gerade sein fünftes Buch geschrieben, und Harry hatte noch nicht einmal sein erstes gelesen. Das nahm er sich jetzt vor. Ein Neujahrsvorsatz. Die Bücher von Bruder Fritz lesen! Daß der sein Bruder war! So blond, so kahl. Gut, ein anderer Vater war am Werk gewesen. Harrys Haare wucherten wie eh und je wild aus dem Kopf heraus. »Deine Haare sind das Beste an dir!« sagte Helene manchmal, wenn sie ihm durch den Schopf fuhr. Kein Verdienst leider. Ohne sein Zutun wuchs ihm die Widerspenstigkeit aus dem Kopf heraus. Kein graues Haar übrigens, und das mit 45! Das sollte ihm einer nachmachen! Heutzutage rannten sie schon mit Anfang Dreißig schlohweiß herum. War das früher auch so? Auch das mußte untersucht werden. Das Entscheidende verpennten die Statistiker immer. Höchst interessantes Phänomen. Überhaupt war das Leben sehr interessant. Wunderbar, sich im vorzeitigen Ruhestand zu befinden.

Haut und Haar waren in Ordnung. Ines lobte seine glatte Haut, Helene seine Haare. Was wollte er mehr. Keine Schuppen. Harry war der einzige Diplomat in Bonn, der keine Schuppen hatte. Diplomat gewesen! Bei Empfängen, wenn sie ihre albernen dunklen Sachen trugen, rieselten allen die weißen Flocken auf die schwarzen Jackenschultern. Allen, außer Harry. Er war nicht dick, er war nicht dumm. Nicht arm, nicht einsam. Na also. Kein Gebiß. Ein toter Zahn ganz hinten, das konnte man in Kauf nehmen mit Mitte Vierzig. Keine Brille. Keine Anzeichen für Weitsichtigkeit. Er hätte Jetpilot werden können mit der Gesundheit. Manchmal Kreuzschmerzen, das würde schon nicht gleich Rückenmarkkrebs sein. Manchmal Hodenweh, aber auch das sicher kein Krebs, eher ein Zeichen der Sehnsucht.

Das eigene Aussehen konnte man selber schlecht beurteilen. Er konnte weder Ines noch Rita noch Helene fragen: Sag mal, wie sehe ich eigentlich aus? Wie wirke ich auf dich? Unmögliche Fragen. So weit würde es nicht kommen. Obwohl das schöne, höhnische Antworten gegeben hätte. Vor zehn Jahren etwa hatte ihm Helene nach dem Vögeln einmal gesagt: »Du siehst aus wie Wittgenstein.« Harry hatte nicht gewußt, wie Wittgenstein aussah. Das war der Philosoph, der wie alle Philosophen viel dummes Zeug schrieb. Nicht so schlimm wie Heidegger, aber so richtig brauchbar war das doch alles nicht. Harry war dann tatsächlich in die Bonner Universitätsbibliothek gegangen und hatte sich Bücher von und über Wittgenstein bestellt. Es waren auch Fotos darin. Wenn er dem ähnlich sah, konnte er zufrieden sein. Dann hatte er den Texten Andeutungen über Wittgensteins Homosexualität entnommen. Sofort war er aufs Bibliotheksklo gegangen und hatte sich im Spiegel geprüft. Sah er irgendwie schwul aus? Aber was war das überhaupt, schwules Aussehen? Gab es das? Schwules Reden gab es. Dieses gezierte Reden. Wie kam das eigentlich zustande? Redete er womöglich schwul? Helene hatte immer wieder behauptet, eigentlich hätte Harry schwul werden müssen, weil er ja ohne Vater aufgewachsen war. Und wenn er protestierte, sagte sie: »Siehst du, wie du das ablehnst, das ist nicht normal, du bist latent schwul, du gibst es nur nicht zu!« Das mußte er sich ausgerechnet von Helene sagen lassen, dem analen Ferkel. Nicht schwul sein vereinfachte die Sache zweifellos. Ein Weiberheld hatte es leichter. Auch dieser Scheiß mit dem Aids jetzt. Das war schlimm genug. Bei den armen Warmen wütete die Pest bekanntlich besonders heftig. »Warmer Bruder« war auch so ein Ausdruck, den es nicht mehr gab. Starben einfach aus, solche Bezeichnungen. Auch dem mußte nachgegangen werden.

Harry war in guter Laune. Im Mund der frische Geschmack des Tankstellen-Apfels. Boskop gespritzt. Mit 45 beginnt man immun zu werden gegen Pestizide. Es nieselte immer noch, aber das Sauwetter gefiel ihm jetzt. Der Tank voll, die Blase leer, Geld im Portemonnaie und von Januar an 3600 Eier fürs Nichtstun.

Nicht mehr an den kleinkarierten Abgang denken, sondern etwas anderes anfangen. Alles besser machen. Sich beraten mit Helene und Ines und Rita. Die Ratschläge schöner Frauen erwägen. Die Ratschläge auch von Fritz, dem Dichter. Und dann etwas Vernünftiges tun. Einen Verlag gründen. Mit Helene tolle Bücher machen. Eine Plattenfirma. Verschollenen Jazz verlegen. Ritas Konzerte managen. Antiamerikanische Konzerte geben. Nicht immer nur nölig für den Frieden sein. Den Leuten einheizen, damit sie nicht immer nur christendoof in die Gegend lieben und von der Bergpredigt faseln, sondern auch mal die richtigen Mitmenschen verachten. Gescheite Musik kam aus der Verachtung und nicht aus der Liebe. Die Wut auf die Hindernisse der Liebe hatte den Blues und den frühen Jazz und die guten Protest- und Popsongs der Vergangenheit hervorgebracht. Bloß nicht für etwas singen. Die Verantwortlichen mußten in Grund und Boden gesungen werden.

Zwanzig nach fünf. Irgendwie war so eine Tankstelle eine Oase. Harry mochte sich noch gar nicht trennen. Er drückte eine der zwanzig Lieblingskassetten ein. Jetzt wirkte die Musik auch wieder. »You say that it's over, Baby«, krächzte Janis Joplin, und dann ihr samtweiches Angebot: »Won't you move over?«

Nichts war vorbei, außer der albernen Diplomatenzeit. Jetzt konnte es losgehen. Was war das für ein Verein, dem Ines neuerdings beigetreten war? Ärzte gegen irgendwas. Gegen was war immer gut. Gegen den Atomkrieg oder den Atomtod. Obwohl das eigentlich selbstverständlich war, dagegen zu sein. Und für den konventionellen Krieg oder was? Nicht durchdacht. Vielleicht brauchten die einen Geschäftsführer. Duckwitz und seine Erfahrung mit Presse und Öffentlichkeitsarbeit. Er würde ihnen gleich einmal ein aggressiveres Image verpassen. Eine Anzeige: »Wir heilen nicht jeden, wenn es soweit ist!« Und dann eine Liste mit den größten Drecksäcken der Nation. Dann Prozesse führen! Ist die geplante Verletzung des hippokratischen Eids der Ärzte strafbar? Oder zählt der hippokratische Eid vor Gericht nicht? Gibt es eine vorsätzlich unterlassene Hilfeleistung beziehungsweise deren Androhung? Alles sehr spannend. Und wie ist es mit dem Mordaufruf in der Anzeige? Der Mordaufruf als Metapher. Als Denkanstoß. Das wäre schon irgendwie hinzukriegen. Das Wort »Denkanstoß« zu verwenden war allerdings hart. Doch wenn es der Wahrheitsfindung diente – bitte. Oder war der Verein nicht sauber?

Gerade hatte er in einer linken Zeitung einen Kommentar überflogen. Der Autor hatte dem Verein vorgeworfen, seine Haltung Israel gegenüber sei in der jetzigen Krise nicht konsequent. Immer noch die alten Schuldgefühle. Aber als Pressemann oder Geschäftsführer könnte Harry den Verein schon vernünftiger steuern, obwohl die Sache mit Israel wirklich haarig war. Da konnte man eigentlich nur Fehler machen. Was hatten die Israelis nicht auch für eine Dreckspolitik gemacht. Sie hatten sich mit ihren Besatzerallüren zum Teil selbst in diese verzweifelte Situation gebracht. Wenn man sich aber eine Minute lang Israel auf der Landkarte ansah und sich die Wut der arabischen Nachbarn vergegenwärtigte und die Bilder von den auf die Palästinenser knüppelnden und schießenden Israelis vergaß, dann konnte man eigentlich nur noch ein Hohelied auf die Amis singen und dafür plädieren, daß die Bundeswehr sofort gegen die Stimmen zeternder Sozialdemokraten geschlossen ins nahöstliche Krisengebiet verlegt wird, wenn so etwas wie Wiedergutmachung keine Phrase sein sollte. Dieses verdammte Israelproblem versaute einem den ganzen Antimilitarismus! Stell dir vor, es ist Krieg, und keiner geht hin – das war ja ein netter Friedensslogan. Aber stell dir vor, eine Israelin funkelt dich an, drückt dir ein Gewehr in die Hand und sagt, wenn du ihr nicht Feuerschutz gibst und notfalls ein paar von diesen vermummten Gestalten wegputzt, dann ist sie dran. Einfach hinhalten und abdrücken, wie im Western! Und jetzt stell dir dasselbe mit einer Palästinenserin vor: Sie funkelt dich genauso überzeugend an und sieht im übrigen genauso aus. Lieber nicht sich vorstellen, das alles.

Harry warf die Zeitungen auf den Rücksitz. Auf nach Köln! Wenn Ines nicht da war oder keine Zeit hatte, würde er eben wieder umdrehen. Etwas albern von ihm, die Sache überhaupt zu einer Entscheidungsfrage hochzustilisieren. Das mußte an der Autobahn liegen. Diese elenden Autobahnen veränderten das Bewußtsein. Eine simple Ausfahrt, ein Autobahnkreuz hatten etwas geradezu Schicksalhaftes an sich. Als gäbe es keinen Weg mehr zurück. Was sollte der Quatsch. Es gab Geisterfahrer, aber eine Autobahn war nichts Mythisches.

Bonn–Köln, das war keine Entfernung. Gute 30 Kilometer. Was die Leute immer mit ihrer Sehnsucht nach Weite hatten. Sie fuhren von Alaska bis Feuerland, Tausende von Kilometern, und kamen dort nicht klüger an. Feuerland war häßlich. Die Häßlichkeit konnte man in der Eifel näher haben. Entfernung war Alptraum und Dummheit. Die Enge und die Nähe waren das Wahre. Bonn–Köln. Kein Glück durfte weiter weg sein als dreißig Kilometer. Maximal fünfzig. Bei Krisen auch zu Fuß erreichbar. Im Zwergstaat lag die Zukunft. Das gemeinsame Europa war ein Anachronismus. Die Sowjetunion zerbrach an ihrer Größe. Bonn–Köln–Eifelhaus, ein kleines Dreieck, groß genug.

Los, jetzt nach Köln rein und ein Bier gezischt. Wie lange hatte er schon kein Bier mehr in einer Kneipe getrunken, allein in einer Kneipe. Immer nur Wein zum Essen und Essen immer nur mit Frauen. Und Whisky, um die Frauen und das Leben auszuhalten. ›Whisky and Women‹ – den Blues gab es schon, den brauchte er nicht mehr zu schreiben. Harry, der Heimkehrer. Harry Ohneland fährt in Köln ein. Die Fenster des Autos öffnen. Den Säcken vorspielen, was Musik war und immer noch ist: Beatles, Abbey Road, »You never give me your money«. Und dann: »See no future, pay no rent, all my money's gone, nowhere to go«. Der reine Hohn: Vier stinkreiche Twens singen das Lied der Armut und Verlassenheit. »Oh that magic moment, nowhere to go.« Natürlich wußten sie genau, wohin es ging. Eine hingefetzte Lüge und seltsamerweise dennoch die Wahrheit und nichts als die Wahrheit. Alle Zeugenaussagen und Gerichtsurteile der Welt waren nichts gegen diese kleine, genäselte Melodie und ihre paar lässigen Rhythmen. »She came in through the bathroom window... she said she'd always been a dancer, she worked at fifteen clubs a day, and though she thought I knew the answer, well I knew, but I could not say.« Warum wurde solcher Unsinn so gesungen zu einer solchen Erkenntnis? Seid umarmt, ihr Fabulous Four, seid umschlungen, Millionen. Ob alle Menschen Brüder werden würden, das war, ehrlich gesagt, zu bezweifeln, war auch nicht unbedingt nötig. Alle-Menschen-sind-Vertreter, das paßt auch zu der großen Hymne, und richtig ist es auch. Erst hatte Harry Mandanten vor Gericht vertreten, dann in Auslandsvertretungen der Bundesrepublik den Vertreter gespielt, und in Zukunft würde er etwas anderes vertreten, hoffentlich keine Staubsauger, lieber irgendwelche vertretbaren Interessen. »See no future, pay no rent« – vom elenden Leben konnte man nur singen, wenn es einem gutging.

Hört euch das an, ihr Kölner Schnöselinnen und Schnösel! Was seit Mitte der 70er Jahre an Popmusik entstand, könnt ihr vergessen. 99 Prozent überflüssig. Anderthalb Jahrzehnte für die Katz. Fehlentwicklung. Sackgasse. Auch ich habe anderthalb Jahrzehnte lang

Mist gemacht. Los, wir fangen noch einmal an. Stürmt die Funkhäuser, fesselt die Discjockeys, ins Archiv mit der Hoppelmusik.

Harry ließ ›Stand by me‹ von John Lennon auf die Straße dröhnen. Er fuhr langsam, weil er eine Kneipe suchte, die seiner Stimmung entsprach. Hinter ihm hupte ein Auto. Überholen lassen. Defensiv sein. Keine Unfälle, der Tod war keine Lösung. Der Tod war das allerletzte. In jeder Beziehung. Der Tod kam nicht in Frage. Der Tod war ein Meister aus Amerika. Der Tod kam aus Hollywood. Der Tod kam aus dem Golf. Im Erdöl war der Tod. Der Tod kam aus deutschen Fabriken. Der Tod war etwas für Opernfreunde. Für Leute, die mit der Banalität des Lebens nicht klarkamen, die nicht leben konnten, ohne einen Schlußstrich zu ziehen. Etwas für Saubermänner, für Kriminelle, für Zwangsneurotiker. Der Islam war der Tod. Und das Christentum. Jede Religion war der Tod. Religionen waren witzlos. Die Witzlosigkeit war der Tod. Der Tod war kein Witz. Der US-Präsident war der Tod. Der Irak-Präsident war der Tod. Zwei Irre halten unter Berufung auf einen Glauben die Welt in Atem. Na servus, sagen die Österreicher. Deswegen empfiehlt der Chef des Hauses Duckwitz heute das, was noch eben als das Allerverwerflichste galt: Eskapismus. Flucht. Macht euren Dreck alleine. Wir quittieren den Dienst. Wir ziehen uns vorläufig ins Privatleben zurück.

Nein, diese Kneipe sah schon von außen indiskutabel aus. Also weiter. Es gab nichts Besseres, als mit dem Türkenschlitten langsam in Köln einzufahren und nach einer angenehmen Kneipe zu suchen. Morgen war Sonntag, übermorgen Silvester. Er mußte noch den obligatorischen Sekt besorgen, obwohl Sekt niemandem schmeckt und man davon Kopfweh kriegt, aber man kann nicht gegen alle Traditionen auf einmal sein. Champagner war keine Spur besser. Nur affiger.

Ines wird ihre Kinder mitbringen. Das Übervölkerungsproblem sollte man dann nicht anschneiden. Im übrigen taten die Kinder Ines gut, und er fand es aufregend, eine Geliebte mit Kindern zu haben. Die normale Geliebte war selbstverständlich extrem kinderlos. Eigene Kinder hatte er nie haben wollen. Ihm hatten die Familienväter unter seinen Diplomatenkollegen gereicht. Wenn er nur an Sachtleben dachte! Lieber als Kinder hätte er der Welt ein paar Songs hinterlassen. Doch was solche Hinterlassenschaften betraf, sah es nicht gut aus. Immerhin, irgendwann würde er einmal einen Blues für Ines schreiben mit dem Titel: ›A Mean Mother's Lover‹ oder so ähnlich.

Am Montagvormittag außerdem nicht vergessen: Mineralwasser, eine Flasche Whisky, Scotch natürlich, Bourbon kommt mir nicht ins Haus, nicht nur, weil ich der letzte Antiamerikaner bin, sondern weil dieses Feuerwasser nicht schmeckt. Papier wegbringen, Flaschen wegbringen, die üblichen Wohlstandsverrichtungen. Ritas Motorrad in die Werkstatt. Zwar fuhr niemand damit, doch sollte die Maschine startbereit sein. Man mußte davon ausgehen, daß das Leben weiterging.

Endlich eine Kneipe, die annehmbar aussah. Er suchte eine Parklücke. Natürlich hatte Helene recht, ein kleines Auto wäre praktischer. Aber er liebte den alten Türkenschlitten. Er paßte zu Rita, Helene und Ines. Unmöglich, sie sich in einer rostfreien Limousine vorzustellen – Mercedes, BMW, igitt. Was heißt schon sicher. Volvo? Ihr habt wohl einen Vogel. Ines versank in den durchgesessenen Polstern des Gastarbeiterschlittens wie eine Türkin. Einmal war Harry mit ihr ins Sauerland gefahren. Ines hatte in einem Kaff nach dem Weg gefragt, und so ein Kaffer, so ein Rentner mit Plastikhut, hatte sie beide offenbar für Asylanten gehalten und gesagt: »Fahrt doch dahin, wo ihr hergekommen seid, ihr Türkenbande!« Sie waren nicht wütend geworden, weil der Singsang des Dialekts die reaktionäre Äußerung ganz unglaubwürdig klingen ließ und weil sie beide die Vorstellung lüstern machte, unerwünscht und heimatlos zu sein. »Meine Türkin, meine Asylantin«, hatte Harry gesagt.

Sie waren ein Stück aus dem Ort herausgefahren und hatten dann die Liegesitze runtergedreht! Eine Premiere. Harry hatte sie für bequemer gehalten. Ein Hochgefühl: Nicht jeder Diplomat und nicht jede Anästhesieärztin vögelten in vergammelten Autos. Ines hatte eine Türkin imitiert: »Viel gut treiben – treiben viel gut.« Und Harry hatte gesagt: »Ich Türkmann, du Türkfrau, wir Treibgut.« Treibgut, ein schönes Wort übrigens, das er leider nicht hatte durchsetzen können. Dann hatte er Ines die letzte Strophe des alten schönen Kinderlieds von den totgeschossenen Hasen vorgesungen, die gar nicht tot sind, weil nämlich der Tod dazu da ist, daß man ihm entgeht: »Und als sie sich aufgerappelt hatten / und sich besannen, / daß sie noch am Lebenleben warn, / daß sie noch am Lebenleben warn, / liefen sie von dannen.« Das war es. Sich dukken, wenn der Jäger kam, und dann nichts wie weg.

Als Harry den Schlitten in die Parklücke gequetscht hatte, ging er die paar Schritte zurück zur Kneipe. Der Nieselregen störte ihn nicht. Kein Mantel, kein Schirm, auch kein Husten und keine Schwindsucht, das war ihm erspart geblieben. Kein Klumpfuß, kein Fettbauch, mein Gott, was hatte er für ein Glück gehabt.

Eigentlich war die Lage höchst erfreulich, eigentlich konnte es jetzt richtig losgehen, es war nur noch zu klären, wie. Eigentlich hatte man noch alles vor sich, eigentlich konnte einem der Kanzler egal sein, eigentlich war er einem schon längst egal, eigentlich wären Berufssatiriker doch bessere Staatschefs als diese entsetzlichen Dilettanten. Eigentlich waren die Leute, die über das Wort »eigentlich« die Nase rümpften, die allerdümmsten. Da gab es doch so eine Kultschrift von Adorno, fiel Harry ein, die hieß, soweit er sich erinnerte, »Jargon der Eigentlichkeit«. Nie gelesen. Vermutlich handelte es sich um eine kolossale Kritik der Eigentlichkeit, die dann von Leuten nachgeplappert worden war, die den Text vermutlich auch nie gelesen hatten, und wenn, dann hatten sie ihn sicher nicht verstanden. Wie auch immer. Es lebe die Eigentlichkeit. Die Eigentlichkeit war das Gegenteil von Beliebigkeit. Die Eigentlichkeit war die reine Entschiedenheit, nur eben nicht vernagelt. Ein Urteil, aber offen.

Eigentlich war es nicht schlecht, verheiratet zu sein, oder? Eigentlich war Rita eine höchst angenehme und attraktive Frau. Eigentlich spielte sie wirklich verdammt gut Klavier. Eigentlich konnte er heilfroh sein, daß sie viel Schubert, Mozart und Chopin spielte und selten den Brei von Schumann oder Brahms oder die sterilen Fugen von Bach. Und vor allem nicht dieses entsetzlich moderne Geklimper. Auch gut, daß sie nicht Geige spielte oder sang. Ständig irgendwelche schwülstigen Arien im Haus. Nicht auszudenken. Und eigentlich war Helene eine tolle Gefährtin. Eigentlich hatte sie meistens recht. Eigentlich war Ines eine tolle Geliebte. Eigentlich war es nicht so schlimm, daß sie die Freundin von Fritz war, eigentlich war Helene auch eine tolle Geliebte. Im übrigen war der Zitterorgasmus von Rita auch nicht von Pappe. Und Fritz war eigentlich der beste Bruder der Welt. Wahrscheinlich waren seine Gedichte eigentlich gar nicht so schlecht. Eigentlich ging Rita gar nicht dauernd in die Kirche, sondern, genaugenommen, höchstens zweimal im Jahr.

Allerdings sollte man eigentlich nicht zu viele Zugeständnisse machen, sonst kam man noch so weit zu sagen: Eigentlich ist es gar nicht so schlecht, wenn die Amis den Irak von der Landkarte pusten, dann ist wenigstens Ruhe! Eigentlich ist so eine Atombombe doch ein wirkungsvolles Druckmittel! Also bitte! Also was? Eigentlich sollte der Krieg nicht mehr die Fortsetzung der Politik mit anderen Mitteln sein, das war einmal. Heute galt eigentlich die Kriegsdrohung als Voraussetzung für diplomatische Aktivitäten. War es nicht eigentlich so? Und war das nicht eigentlich zum Kotzen? Doppelt gut, daß er den Diplomatenjob los war. Ohne eigentlich.

Eigentlich war Harry nicht unbedingt ein schlechter

Name, auch wenn neuerdings schon wieder die verschiedensten Männer so hießen. Es war kein Diplomatenname. Es war eigentlich eher ein Name für einen Trompeter.

Harry sprang die paar Stufen zur Kneipe hoch. Guten Riecher gehabt. Keine böse Überraschung. Nicht zu voll, nicht zu leer und lauter Leute, mit denen man es eine Weile aushalten konnte. Er freute sich auf den ersten Schluck Bier. Den hatte er verdient. Dazu eine Zigarette. Die anderen rauchten zuviel, und natürlich behauptete Harry, er rauche zuwenig.

Harry schüttelte sich den Regen aus den Haaren. Eigentlich schade, daß Männer keine Hüte mehr trugen. Warum eigentlich? Er setzte sich an einen freien Tisch. Das war seine Welt. Keine Amtsräume, Residenzen, Hotelhallen, Flughäfen und was es da so gab. Das Mädchen lachte ihn an, als er sein Bier bestellte. Zwischen Theke und Tür zum Klo war ein Telefon an der Wand. Er freute sich darauf, das Mädchen um Münzen zu bitten, wenn sie gleich das Bier brachte. Sie würde in ihrem schönen, großen Kneipenportemonnaie nach Münzen graben.

Dann den ersten Schluck Bier und zum Telefon, bevor jemand hinging und sich stundenlang da herumräkelte und einem die Freude am Leben wieder nahm. Ines anrufen oder nein, erst im Eifelhaus und peilen, wie die Stimmung war. Vielleicht hatten sie ihn zum Essen eingeplant. Ein Suspendierungsfestessen. Dann würde er natürlich sofort das Bier hinunterschütten und hinrasen. Wenn nichts dergleichen vorgesehen war und er davon ausgehen konnte, daß es Helene und Rita egal war, wann er käme, würde er Ines anrufen. Das Freizeichen anhören und dabei dem Mädchen an der Theke in die Augen sehen – ein Blick, der sofort abreißt, wenn Ines abhebt.

Entweder es geht heute, oder es geht nicht. Dann eben nächste Woche. Silvester sehen wir uns sowieso.

Ach ja?

Allerdings!

So oder so war es gut, so oder so ging es weiter.

Erinnerung an Ursula von Kardorff. Über die erste Duckwitz-Geschichte, die ich 1982 veröffentlichte, hatte ich die große alte Berliner Literatin kennengelernt. Ich weiß nicht, ob ich ohne ihr Interesse für Duckwitz und ohne ihr Lachen im Ohr einen mehr oder weniger ausgewachsenen Roman um diese Figur geschrieben hätte. Die Kardorff wollte immer Neues von Duckwitz hören und lesen, von diesem »fabelhaften Anarchisten«, wie sie ihn nannte. Als ich im Sommer 1987 naiv genug war, beim Klagenfurter Dichterwettstreit zwei Duckwitz-Episoden vorzulesen und damit baden ging, sagte die Kardorff: »Ist doch klar, daß die Spießer so was nicht kapieren. Los, machen Sie weiter! Beeilen Sie sich, ich sterbe bald!« Im Januar 1988 starb sie in München. Und ich komme drei Jahre zu spät mit dem Roman. Duckwitz habe ich zu ihrem Neffen gemacht. Die Bonmots und Zoten, mit denen im 5. Kapitel an Tante Ursulas Tod erinnert wird, stammen von der sterbenden Kardorff. »Scheiße, das ist das Wort.« Sei gegrüßt, tote Tante. Es sterben immer die Falschen. Verflucht sei der Tod, verflucht das Segnen des Zeitlichen.

»Maldigo profano y santo«, heißt es bei Violeta Parra – Verflucht sei Profanes und Heiliges. Im 9. Kapitel ist von dieser endlosen Litanei die Rede, in der die Erscheinungen des Kosmos der Reihe nach verflucht werden – das Land und das Wasser und das Feuer und das, was frei ist und gefangen, das Sanfte wie das Angriffslustige: »Maldigo lo libre y lo prisionero, lo dulce y lo pendenciero.« Heute, im Februar 1991, gibt es Anlaß genug, die Verfluchungen auf den neuesten Stand zu bringen: Verflucht seien die Generäle und die Präsidenten, verflucht Befehl und Gehorsam, verflucht die Werte, in deren Namen gekämpft wird, verflucht sei die Flugbahn aller Geschosse, verflucht, wer Waffen herstellt, verkauft und abfeuert, verflucht die Industrie, die Chemie und das Erdöl. Verflucht seien die pornografischen Filme, die sich Bomberpiloten vor ihrem Einsatz betrachten, verflucht alle Heiligtümer, die Elektronik und die Zensur, verflucht sei die BBC, die ihren Redakteuren empfiehlt, nicht mehr John Lennons freundlichen Ohrwurm zu spielen, in dem es so passend heißt: »Imagine, there's no countries, it isn't hard to do, nothing to kill and die for, and no religion too.«

Bisher nicht beanstandet wurde der ›Paperback Writer‹ von den Beatles: »Dear Sir or Madam, will you read my book, it took me years to write, will you take a look.«

Joseph von Westphalen

High Noon
Ein Western zur Lage der Nation

Ein Schimpfbuch zur deutschen Lage der Nation, ein Weckruf zur allheilenden Wut, witzig, entlarvend und äußerst befriedigend.
224 Seiten, gebunden

◆

"You call it madness, but I call it love."
Harry von Duckwitz

Mit seinem Schelmenroman *Im diplomatischen Dienst* aus dem Leben des Harry von Duckwitz, eines unangepaßten Zeitgenossen, der die Frauen und alles andere auf der Welt mehr liebt als seinen Diplomatenberuf, beweist der gebildete Politik- und Kulturschocker Joseph von Westphalen einmal mehr, daß er auch und vor allem ein Erzähler ist.

Nachdem sich Harry von Duckwitz am Ende des Romans *Im diplomatischen Dienst* von der Mittelmäßigkeit des Auswärtigen Amtes verabschiedet hat, kann *Das schöne Leben* beginnen. Freiheit, Geld, Zeit, Sex, Liebe, alles ist da. Doch dann kommt der Frust. Wie Harry zu seiner alten Wut zurückfindet und auch zu Rita, Ines und Helene, das ist eine witzige Attacke gegen die Sehnsucht nach dem schönen Leben im Elfenbeinturm.

Verlassen von den „bösen Frauen" macht der Ex-Diplomat im dritten Band der Duckwitz-Romane in Südostasien windige Geschäfte. Joseph von Westphalen läßt seinen Helden viel aufs Spiel setzen und viel gewinnen: Geld, Liebe und ein paar neue Erkenntnisse.

Im diplomatischen Dienst
Roman, 365 Seiten, gebunden

Das schöne Leben
Roman, 384 Seiten, gebunden

Die bösen Frauen
Roman, 416 Seiten, gebunden